세상이 아무리 바쁘게 돌아가더라도
책까지 아무렇게나 빨리 만들 수는 없습니다.

길벗은 독자 여러분이
가장 쉽게, 가장 빨리 배울 수 있는 책을
한 권 한 권 정성을 다해 만들겠습니다.

독자의 1초를 아껴주는 정성을 만나 보세요.

미리 책을 읽고 따라해 본 2만 베타테스터 여러분과
무따기 체험단, 길벗스쿨 엄마 2% 기획단,
시나공 평가단, 토익 배틀, 대학생 기자단까지!
믿을 수 있는 책을 함께 만들어 주신
독자 여러분께 감사드립니다.

하루 1시간, 취미처럼

PPT 디자인으로 월급 벌기

김다솔 지음

길벗

하루 1시간, 취미처럼
PPT 디자인으로 월급 벌기
Make Money with PPT Design

초판 발행 · 2023년 10월 20일

지은이 · 김다솔
발행인 · 이종원
발행처 · (주)도서출판 길벗
출판사 등록일 · 1990년 12월 24일
주소 · 서울시 마포구 월드컵로 10길 56(서교동)
대표 전화 · 02)332-0931 | **팩스** · 02)322-0586
홈페이지 · www.gilbut.co.kr | **이메일** · gilbut@gilbut.co.kr

기획 및 책임 편집 · 최근혜(kookoo1223@gilbut.co.kr)
제작 · 이준호, 손일순, 이진혁, 김우식 | **영업마케팅** · 전선하, 차명환, 박민영
영업관리 · 김명자 | **독자지원** · 윤정아, 전희수

디자인 및 전산편집 · 이도경
CTP 출력 및 인쇄 · 교보피앤비 | **제본** · 신정문화사

ISBN 979-11-407-0646-4 03000
(길벗 도서번호 007165)

가격 25,000원

독자의 1초를 아껴주는 정성 길벗출판사

길벗 | IT교육서, IT단행본, 경제경영서, 어학&실용서, 인문교양서, 자녀교육서 www.gilbut.co.kr
길벗스쿨 | 어학학습, 수학학습, 어린이교양, 주니어 어학학습, 학습단행본 www.gilbutschool.co.kr

페이스북 | www.facebook.com/gilbutzigy
네이버 포스트 | post.naver.com/gilbutzigy

하루 1시간, 취미처럼

PPT 디자인으로 월급 벌기

김다솔 지음

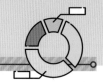

PPT로 경제적, 시간적 자유를 이루기까지

"PPT로 돈을 벌 수 있다고?" 몇 년 전의 저는 반신반의 했습니다. 제가 직접 PPT로 돈을 벌기 전까지는요. 광고회사 기획자였던 저에게 PPT는 그저 기획서를 쓰는 툴이었습니다. 퇴사하고 잠시 생활비를 벌만한 일을 찾다가 재능마켓에 PPT 디자인 서비스가 등록된 것을 보았죠. 디자인을 배워본 적은 없었지만, '이 정도면 나도 할 수 있겠다.' 싶어서 시작했습니다. 그 결과, 서비스 오픈 날부터 프로젝트 수주는 물론 문의가 쉴 새 없이 들어왔습니다. 그렇게 오픈 2주 만에 월급을 넘어가는 수익을 보고, 'PPT 디자인이 돈이 되는구나!' 를 깨닫습니다.

누구나 PPT 디자인으로 돈 벌 수 있다는 말, 진짜일까?

"나도 PPT 디자인하는 법 가르쳐줄래?" 노트북 하나로 자유롭게 일하는 제 모습을 보고 배우고 싶다는 사람이 생겼습니다. 디자인을 한 번도 해본 적 없는 저희 아빠였습니다. PPT의 기본 기능부터 배우기 시작해, 몇 달 뒤 실무에 투입될 정도로 실력이 금방 늘었습니다. 초안을 멋지게 변화시키는 일이 재밌다고 느낀 아빠는 이제 전업으로 PPT 디자인 작업을 함께 하고 있습니다.

저희 아빠의 성공 사례를 통해 'PPT 디자인은 정말 누구나 도전할 수 있는 분야구나!'를 알게 된 이후, 클래스 101에 PPT 디자인 부업 강의를 론칭했습니다. 그리고 다양한 수강생들의 후기들을 받게 되었죠. 육아를 병행하는 엄마들, 부업을 원하는 직장인들, 회사 밖 워킹 라이프를 꿈꾸는 프리랜서들. 원하는 시간, 원하는 장소에서 일할 수 있게 되어 고맙다는 후기들을 보면 가슴이 벅차올랐습니다.

PPT 회사 대표가 되기까지 배운 찐 노하우

혼자서 감당 안 될 정도로 문의가 쏟아져서 PPT 회사를 창업하기로 합니다. 고객에게 멋진 프레젠테이션을 선물하겠다는 의미인 '프레젠트랩'의 시작이죠. 지금은 압구정 로데오의 사무실에 출근하며 여러 대기업과 협업하고 있습니다. 디자인을 모르던 프리랜서부터 시작해, PPT 사업으로 확장해 나가기까지. 현장에서 구르며 배운 모든 노하우를 이 책에 담았습니다. 이제는 여러분이 PPT 디자인으로 돈을 벌 차례입니다.

김다솔 드림

이 책 미리 보기

PPT 비전공자가 PPT 디자인으로 월 500만 원 벌게 된 리얼 방법

디자인과 관련된 일은 한번도 해 보지 않은 광고기획자였던 저자가 PPT 디자인 회사 대표가 되어 연 2억을 벌게 된 리얼 방법을 따라 하다 보면 여러분도 PPT 디자인으로 돈 벌 수 있습니다.

내 스타일에 맞게 디자인하기

따라하기에서 옵션 값을 별도로 표기해 두었습니다. 책에서 안내하는 옵션 값을 똑같이 설정할 필요는 없습니다. 자신이 원하는 옵션 값을 설정하여 나만의 디자인 결과물을 만들어 보세요.

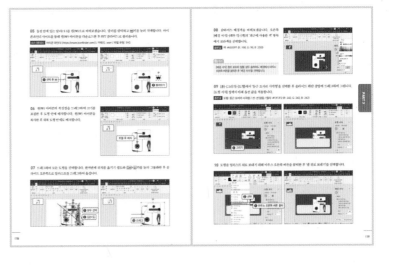

무작정 따라 하며 기능 익히기

친절하고 자세한 설명을 따라가다
보면 초보자도 PPT 디자인에 금세
익숙해질 수 있습니다. 어려워 말
고 지금 당장 도전하세요!

궁금증 해결! TIP

헷갈리기 쉬운 부분은 Tip으로 설
명합니다. 학습할 때 생기는 궁금증
을 바로바로 해결할 수 있습니다.

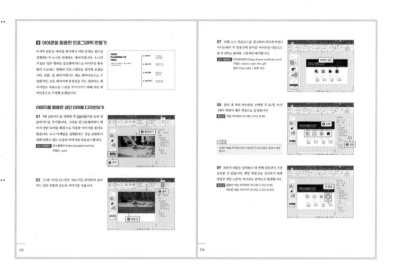

리얼 디자이너 도전하기

책의 내용을 모두 마스터했다면 저
자가 대표로 있는 프레젠트랩에 프
리랜서 디자이너 구인 모집에 참여
해 보세요. 그리고 저자가 운영 중
인 'PPT 맛집' 인스타그램을 팔로
우하여 책에 공개되지 않은 PPT
디자인 팁도 얻길 바랍니다!

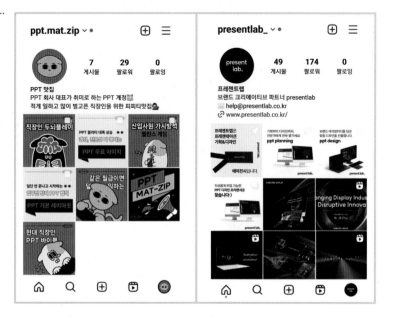

PPT 디자이너 적성 텍스트

본격적으로 시작하기 전에 나에게 PPT 디자인 일이 얼마나 잘 맞는지 체크해 보세요!

디자인 적성도 편

- **디자인 적성 점수 : 총 _____ 점**

Ⓐ 학교나 회사에서 PPT를 다뤘을 때 재밌다

1	2	3	4	5
절대 기피한다	그럭저럭이다	할만 하다	꽤나 좋아한다	PPT가 재밌다

Ⓑ 트렌드에 뒤처지는 것은 견딜 수 없다

1	2	3	4	5
요즘 애들이 뭐하더라	한 템포씩 늦는다	찾아보려 노력한다	트렌드에 빠삭하다	다음 트렌드까지 예상한다

Ⓒ 비뚤어지거나 잘못된 것을 찾아내는 매의 눈을 가지고 있다

1	2	3	4	5
남들이 지적해도 잘 모르겠다	오류가 있는 편이다	가끔 놓치는 편이다	바로 발견한다	내 눈을 피할 수 없다

Ⓓ 세상의 예쁜 것들에 관심이 많다

1	2	3	4	5
관심없다	찾아보지는 않는다	가끔 찾아보는 편이다	자주 찾아보는 편이다	삶의 낙이다

Ⓔ 필요할 땐 과감히 포기할 수 있는 미니멀리스트 마인드가 있다

1	2	3	4	5
어떤 것을 빼야 할지 모른다	덜어내는 것이 어렵다	일부 덜어낼 수 있다	과감하게 덜어낼 수 있다	핵심 요소만 남길 수 있다

- 디자인 적성 점수 16~25점 & 업무방식 적성 점수 16~25점: **운명적 PPT 디자이너형**
- 디자인 적성 점수 16~25점 & 업무방식 적성 점수 5~15점: **부업형 PPT 디자이너형**
- 디자인 적성 점수 5~15점 & 업무방식 적성 점수 16~25점: **예비 PPT 디자이너형**
- 디자인 적성 점수 5점 & 업무방식 적성 점수 5점: **본업에 충실형**

자세한 내용은 49쪽을 참고해 주세요.

업무방식 편

· 업무방식 적성 점수: 총 ____ 점

Ⓐ 적극적인 팀워크 보다는, 혼자 일하는 것이 효율이 높다

1	2	3	4	5
무조건 팀워크다	조직을 선호한다	상관없다	혼자를 선호한다	효율이 가장 높다

Ⓑ 업무 일정을 칼 같이 지킨다

1	2	3	4	5
상습 지각범이다	종종 놓친다	아슬아슬하게 지킨다	정확히 맞춘다	여러 일정을 여유있게 관리한다

Ⓒ 본업 외의 시간 활용이 가능하다

1	2	3	4	5
퇴근과 함께 하루가 끝난다	시간 내기가 어렵다	시간을 만들 수 있다	여유 시간이 있는 편이다	매일 여유 시간이 있다

Ⓓ 글을 꼼꼼히 잘 읽고, 핵심 내용을 잘 파악한다

1	2	3	4	5
잘못 이해할 때가 있다	놓치는 것이 있다	그럭저럭이다	잘 파악하는 편이다	정확히 파악한다

Ⓔ 상대방의 말을 잘 이해하고, 나의 의사를 정확히 전달한다

1	2	3	4	5
오해가 생기는 편이다	여러 번 확인이 필요하다	다시 확인이 필요하다	잘 이해하고 전달한다	명확히 이해하고 전달한다

실제 PPT 디자인으로
월급 벌고 있는 사람들의 리얼 후기

케이스 A

처음 배운 디자인으로 부업 하는 50대 남성 A님

A님은 한평생 디자인의 '디'자도 몰랐는데, PPT 디자인을 배우고 현재 월 2~3백만 원 이상 벌고 있습니다. 사실 저희 아빠가 50대의 나이에 새로운 도전을 한 것인데요. 제가 노트북 하나로 자유롭게 일하는 모습을 보고, 먼저 가르쳐달라고 요청했습니다. 처음에는 아빠가 PPT 디자인을 할 수 있을지 걱정했습니다. 하지만 포토샵이나 일러스트레이터처럼 배우기 허들이 높은 디자인 프로그램이 아닌, 친숙한 파워포인트여서 도전해 볼 만하다고 생각한 것이죠. 본가도 멀어서 카톡으로만 피드백을 주면서 PPT 디자인 업무를 코칭하며 실무에 투입까지 하게 됩니다. 아직 본업이 있으시기 때문에 퇴근 후나 주말을 활용해서 부업을 하고 계십니다.

케이스 B

6개월 아기를 돌보며 경력을 이어가는 육아맘 B님

육아맘 B님은 무려 아이가 5개월 무렵일 때 저에게 연락을 주셨습니다. 제 PPT 강의를 듣고 틈틈이 부업으로 용돈벌이하셨는데 출산 후 잠시 쉬다가 프리랜서 모집에 지원해 주신 거죠. 아이를 돌봐야 해서 아이를 재운 후의 저녁 시간이나, 남편분이 도와주시는 주말에 짬을 내서 PPT 디자인 작업을 해주고 있습니다. 모든 업무 커뮤니케이션은 메신저로만 이루어지고 있죠. 일정이 자유로운 편이고, 육아와 함께 업무를 병행할 수 있어 만족도가 높으십니다.

케이스 C

전업 PPT 디자인 프리랜서로 일하는 C님

회사 웹사이트를 통해 먼저 연락해 온 프리랜서 C님도 있습니다. 프리랜서 디자이너로 활동하고 있었고, 프로젝트가 있을 때 연락 달라고 적극적으로 어필했죠. 저희가 추구하는 디자인 스타일과도 잘 맞아 여러 프로젝트를 진행했습니다. 앞으로도 정기적으로 함께 좋은 파트너십을 유지할 예정입니다.

목차

머리말   4

이 책 미리 보기   6

PPT 디자이너 적성 텍스트   8

실제 PPT 디자인으로 월급 벌고 있는 사람들의 리얼 후기   10

PART 1
PPT 디자인 부업과 친해지기

01 PPT 디자인으로 돈을 벌 수 있다고?   20

1. 수익 파이프라인의 다각화, N잡 전성시대   20
2. 월급으로부터의 독립, 안정적인 수익이 필요하다!   23
3. 그래서, PPT 디자인으로 돈 벌 수 있는 건가요?   25

02 노트북 하나로 일하는 디지털 노마드 라이프   30

1. 정해진 곳에서 일하는 틀을 깬 '리모트 워크'   30
2. 원하는 곳에서 일하는 디지털 노마드   32
3. 디지털 노마드를 유지하는 노하우, '재능마켓 플랫폼'   37

03 누구나 시작할 수 있는 PPT 디자인 부업   39

1. 새로운 블루오션, PPT 디자인 시장   39
2. 쉽게 시작할 수 있는 낮은 진입장벽   42
3. 내가 투자한 시간만큼 올리는 수익   42
4. PPT로 돈을 버는 다양한 실제 케이스   44

04 먼저 알아보는 PPT 디자이너 적성 유형 맵 45

　1 PPT 디자이너 적성 테스트 45

　2 SWOT MIX로 전략 세우기 50

PART 2
작업 시간 줄여서 시급 올리는 PPT 꿀팁

01 작업 효율 UP! PPT 기본 세팅하기 56

　1 시간을 줄이는 것이 중요한 이유 56

　2 PowerPoint 버전 선택하기 57

　3 빠른 작업을 위한 PPT 세팅하기 60

02 디자인 필수 단축키 활용하기 64

　1 복사, 붙여넣기 필수 단축키들 64

　2 보조키 Shift, Ctrl, Alt의 역할 66

　3 여러 개체를 묶어주는 그룹화 단축키 68

03 나만의 빠른 실행 도구 모음 커스터마이징 하기 70

　1 빠른 실행 도구 모음이란? 70

　2 개체들을 정렬하는 데 필수, 맞춤 기능 72

　3 이미지들의 순서를 정하는 맨 앞, 맨 뒤로 보내기 75

　4 이미지를 비율대로 자르기 77

04 테마 글꼴과 색상 1000% 써먹기 78

　1 도형, 선, 텍스트 설정 바꾸기 78

　2 테마 글꼴, 테마 색상 설정하기 82

3 기본 도형·텍스트 상자로 설정하기   87

4 도형, 텍스트 서식 복사 & 붙여넣기   90

PART 3
디자인의 첫걸음, 핵심 스킬 배우기

01 디자인의 첫인상을 결정하는 폰트와 컬러   94

1 PPT 주제와 어울리는 폰트 고르기   94

2 브랜드 이미지를 드러내는 컬러 이해하기   97

02 디자인 센스를 100배 높여주는 사이트 모음   105

1 디자인 레퍼런스 사이트   105

2 고퀄리티 이미지 소스 사이트   109

3 아이콘 & 일러스트 소스 사이트   112

03 도형을 자유자재로 편집하기   116

1 이미지 벡터 파일을 도형으로 변경해서 편집하기   116

2 도형 안에 이미지 삽입하기   120

3 도형 병합 기능 알아보기   127

4 도형 병합 활용해서 PPT 디자인하기   129

04 상위 5% PPT 디자인 스킬   136

1 1초 만에 이미지 누끼 따는 법   136

2 간편하게 목업 합성하기   143

3 온라인을 통한 고급 목업 합성하기   150

PART 4
클라이언트 맞춤형 디자인 시안 만들기

01 디자인 무드를 보여주는 디자인 시안 작업하기   158
   1 브랜드 리서치하기   158
   2 디자인 키워드 도출하기   161
   3 디자인 무드보드 만들기   166

02 전문성과 신뢰도를 강조한 IT업계 디자인 시안 만들기   170
   1 모던한 비즈니스 표지 만들기   172
   2 앱 서비스 소개 페이지 디자인하기   176
   3 앱 서비스 프로세스 페이지 디자인하기   179
   4 1P 디자인 시안 만들기   183

03 톡톡 튀는 아이디어를 부각시킨 스타트업 디자인 시안 만들기   184
   1 일러스트가 돋보이는 표지 디자인하기   186
   2 내용을 파악하고 도식화하기   188
   3 단계별 프로세스 디자인하기   193
   4 1P 디자인 시안 만들기   199

04 최근 트렌드를 반영한 마케팅업 디자인 시안 만들기   200
   1 3D 일러스트를 활용한 표지 디자인하기   202
   2 표에 있는 데이터를 그래프로 도식화하기   206
   3 아이콘을 활용한 인포그래픽 만들기   212
   4 1P 디자인 시안 만들기   217

PART 5
페이지 목적에 따라 맞춤 디자인하기

01 컨셉을 보여주는 표지·목차 디자인하기   220

1 디자인 컨셉을 대표하는 표지   220

2 PPT 항목을 한눈에 보여주는 목차 종류   222

3 매거진 타입의 표지 디자인하기   224

4 타이포그래피를 활용한 목차 디자인하기   228

5 글래스 모피즘 타입의 표지 디자인하기   231

6 내츄럴 톤 앤 매너의 목차 디자인하기   237

02 가독성 높은 본문 디자인하기   242

1 대표적으로 사용되는 본문 내용 종류   242

2 인포그래픽으로 연혁 디자인하기   245

3 지도 벡터를 활용해서 데이터 표현하기   249

4 역피라미드 그래픽으로 퍼널 구조 만들기   253

5 목업을 이용한 3D 막대 그래프 만들기   257

03 임팩트 있는 간지·막지 디자인하기   264

1 각 챕터를 대표하는 세미 표지, '간지'   264

2 PPT 마무리를 장식하는 '막지'   266

3 비즈니스 톤 앤 매너의 간지 디자인하기   268

4 건물 이미지 활용해서 막지 작업하기   271

5 3D 일러스트레이션으로 팝한 간지 디자인하기   275

6 3D 일러스트레이션으로 트렌디한 막지 만들기   279

PART 6
프리랜서 마켓에 PPT 디자인 서비스 오픈하기

01 프리랜서 마켓에서 경쟁력 있는 포인트 도출하기   286

1 프리랜서 마켓 시장 조사하기   286

2 내 서비스의 차별화 포인트 찾기   288

3 크몽에서 전문가 프로필 등록하기   290

02 프리랜서 플랫폼 '크몽'에 나의 서비스 등록하기   298

1 후킹하는 서비스 제목 정하기   298

2 카테고리 및 서비스 타입 선택하기   300

3 서비스 가격 설정하기   305

4 서비스 설명 채우기   310

03 매력적인 섬네일과 상세페이지 만들기   314

1 섬네일 유형 및 가이드라인 알아보기   314

2 PPT에서 섬네일 이미지 고화질로 저장하기   317

3 구매를 유도하는 상세페이지 제작하기   322

PART 7
클라이언트에게 잘 팔리는 전문가 되기

01 PPT 디자인 응대 프로세스 A~Z   330

1 PPT 디자인 서비스의 6단계   330

2 첫 문의에서 구매의 확신을 주기   331

3 디자인 시안 및 작업물 전달하기   334

4 수정 진행 및 구매확정 받기   337

02 문의율 높이는 후킹 전략   339

1 크몽 플랫폼 광고 적극 활용하기   339

2 전문가 등급 관리해 'MARTER' 달성하기   344

3 개인사업자 등록해서 세금계산서 발행하기   346

4 크몽 엔터프라이즈 프로젝트에 선제안하기   352

03 별점 5점 받는 고객 관리법   354

1 초기 리뷰를 위한 메리트 제안 전략   354

2 빠르고 정확한 고객과의 커뮤니케이션   355

3 정중하게 거절하는 법 알기   358

04 PPT로 추가 수익 파이프라인 만들기   360

1 PPT 템플릿으로 패시브 인컴 구축하기   360

2 PPT 클래스 오픈하기   364

찾아보기   367

⊘ 실습 자료 다운로드

길벗출판사 홈페이지에 접속한 후 ❶ 검색 창에 『PPT 디자인으로 월급 벌기』를 입력해 해당 도서 페이지로 이동하세요. ❷ 화면 아래쪽의 [자료실]을 클릭해 실습 파일을 다운로드합니다. 홈페이지 회원으로 가입하지 않아도 누구나 자료를 다운로드할 수 있습니다.

* 실습 파일에서 사용한 폰트의 경우 무료 폰트를 다운로드하여 적용한 것으로, 개개인의 컴퓨터에 설치된 폰트 사양에 따라 다르게 적용되어 나타날 수 있습니다.

⊘ 프로그램 사용 버전

이 책에 사용된 파워포인트는 Microsoft Home 2019 버전입니다. 버전에 따라 기능 및 화면 메뉴 위치 등의 차이가 있을 수 있습니다.

PART **1**

PPT 디자인 부업과 친해지기

요즘은 N잡 전성시대. 월급에만 의존하기에는 부족하죠. 수많은 부업과 직업들이 넘쳐나는 세상에 나도 한 번쯤 부업을 해보고 싶다고 생각해 본 적 있지 않나요? 그렇다면 아주 매력적인 'PPT 디자인'을 추천합니다. 학교나 회사에서 매일 사용하는 파워포인트로 과연 돈을 벌 수 있을지 궁금하시죠. PPT 디자인으로 디지털 노마드의 삶을 누리며 월급의 N배를 벌고 있는 제 이야기를 들려드릴게요. PPT를 다룰 줄 안다면 디자인을 몰라도 누구나 PPT 디자이너로 도전할 수 있습니다. 내가 PPT 디자이너가 될 수 있을지, 적성 유형 맵을 함께 채워보면서 본인의 적성을 확인해 보세요.

PPT 디자인으로
돈을 벌 수 있다고?

파워포인트는 학교 발표용 자료, 회사 보고서 및 기획서를 쓸 때 사용하는 툴로 기억하는 분들이 많죠. 저 역시 기획서와 경쟁PT 제안서를 매일 써내야 하는 광고회사 직원이었기 때문에 지금처럼 돈을 벌 수 있을 거라고는 생각하지 못했습니다. 그럼 어떻게 PPT 디자인으로 돈을 벌 수 있는지 알려드리겠습니다.

1 수익 파이프라인의 다각화, N잡 전성시대

1인 1 직업만 고집하던 시대는 지난 것 같습니다. 예전에는 한 우물을 파며 꾸준히 한 직장에 다니는 것을 선호했죠. 요즘은 월급 외 수익을 위해 혹은 자신의 재능을 살리기 위해 투잡, 쓰리잡, N잡까지 하는 추세입니다. 직장인 89.1%가 'N잡 하고 싶다!'라고 말할 정도로, N잡러 전성시대가 찾아온 것입니다.

▲ 출처: '직장인 N잡러 경험과 인식', 알바몬x긱몬, 직장인 864명 대상 설문조사, 2022.08

코로나19가 기업들의 재택근무와 유연근무제 도입을 빠르게 앞당기면서 일하는 방식도 다양해졌습니다. 온라인 기반으로 사무실이 아니어도 업무를 진행할 수 있으며,

퇴근 후나 주말을 활용해서 부업을 하고, SNS나 온라인 마켓을 통해서 물건을 팔기도 합니다. 실제 직장인 10명 중 3명 이상이 본업 외에 부업을 병행하고 있는 것으로 나타났습니다. 회사 하나 다니기도 힘든데 왜 굳이 부업을 선택하는 걸까요?

왜 직장인들은 부업을 선택하는가

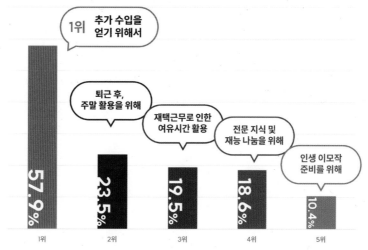

▲ 출처: '부업 진행 유무', 잡코리아, 직장인 636명 조사, 2021.12

부업을 하는 이유 1위는 **'추가 수입을 얻기 위해서(57.8%)'**가 압도적이었습니다. 월급이 인상되는 것보다 물가가 올라가는 것이 더 빠르기 때문에 월급에만 의존하기 불안한 상황입니다. 그래서 부업과 N잡을 통해 다양한 파이프라인을 구축하는 것이죠.

2위는 '**퇴근 후, 주말 활용을 위해 (23.5%)**', 3위는 '**재택근무로 인한 여유시간 활용 (19.5%)**'입니다. 워라밸 (Work and Life Balance)이 중시되는 문화로 바뀌면서 야근보다 칼퇴를 택하지만, 역설적으로 부업을 할 이유와 여유가 많아졌습니다.

4위는 '**전문 지식 및 재능 나눔을 위해 (18.6%)**'입니다. 배달 대행이나 아르바이트 등 누구나 할 수 있는 부업에 대한 니즈도 커졌습니다. 하지만 나의 재능을 활용한 재능거래 시장도 빠른 속도로 성장 중입니다. 내 직무 스킬에 대한 클래스를 연다거나, 관련 프리랜서로 활동하는 것이죠. N잡을 하며 오히려 전문 스킬이 발전되어 본업과 시너지를 일으키기도 합니다.

단순히 수익을 올리는 것 이상으로 자신의 관심과 재능을 펼칠 기회를 찾는 사람들이 많아졌습니다. 월급에만 의존할 수 없는 상황, 온라인이 열어준 수많은 기회, 부업이 가능해진 시간 여유 등… 여러 가지 이유로 1개 이상의 직업을 가진 N잡러가 '뉴노멀 (New Normal, 새로운 표준)'인 시대가 온 것입니다. 이런 N잡러 전성시대에서 살아남기 위해 어떻게 해야 할까요?

② 월급으로부터의 독립, 안정적인 수익이 필요하다!

회사가 삶의 중심이었던 직장인이 퇴사한 이유

저도 회사에서 오래 남아 승진하는 것이 인생 목표이던 직장인이었습니다. 야근으로 악명 높은 광고회사에 다니며 일이 재미있어 열정을 갈아 넣으며 다녔었죠. 하지만 월급으로는 내가 하고 싶은 것을 다 할 수 없었습니다. 그래서 퇴근 후 시간과 주말 시간을 쪼개서 N잡을 시작했습니다. 잦은 야근은 물론 주말에도 출근하는 상황이었지만, 어떻게든 자투리 시간을 내어 책도 집필하고, 강연, 번역, 웹툰 작가 활동까지 하며 다양한 돈벌이를 했습니다. 물론, 틈틈이 회식도 참여하며 놀기도 했어요.

저는 직장이 삶의 전부인 듯 살았지만, 제 몸은 그렇지 않았나 봅니다. 스트레스성 위염, 역류성 식도염, 척추측만증 등 병이 하나씩 나타나기 시작했던 것이죠. 이렇게 몸이 아파도 버티는 것이 K-직장인으로서 당연한 도리라 생각했습니다. 주말 새벽 5시까지 이어지던 프로젝트 회의에 몸이 버티지 못해 구토하면서도 프로젝트를 펑크내면 안 된다는 생각뿐이었습니다. 지금 생각해 보면 그리 큰 역할을 맡은 것도 아니었는데 말입니다.

PPT 디자인, 과연 매력적인 시장일까?

지쳤던 저는 아무런 대책 없이 퇴사했고, 일단 6개월은 하고 싶은 것만 하면서 쉬기로 했습니다. 그래도 생활비는 벌어야 했으므로 N잡 경험을 살려 파이프라인 여러 개를 세팅해보기로 합니다. 들쑥날쑥하지 않고 안정적인 수입을 벌 수 있는 수단이 필요했습니다. 그러던 어느 날 흥미로운 거리를 발견합니다. 바로 프리랜서 마켓에 'PPT 디자인' 카테고리가 있는 것이었습니다. 직장에서 매일 다뤘던 PPT였던지라 이것을 돈 주고 맡기는 게 의아했습니다. 디자인을 배워본 적도 없었고, 디자인 업무와는 거리가 먼 기획자였지만, 회사에서 기획서와 제안서를 모두 파워포인트로 작업했던지라 너무도 익숙한 프로그램이었습니다. 그래서 더욱 매력 있게 느껴졌습니다. 하지만 PPT 디자인의 수요가 충분한지 걱정이 되었어요. 전직 기획자답게 시장조사 차 프리랜서 마켓에 업로드된 서비스들을 훑어보며 부업으로의 매력을 가늠해 봤습니다.

PPT 디자인 SWOT 분석

PPT 디자인 시장이 앞으로 성장할 수 있을지, 내가 경쟁력을 내세울 수 있는 포지션인지 알아보기 위해 'SWOT 분석'을 활용했습니다. 강점(Strength), 약점(Weakness),

기회(Opportunity), 위기(Threat)의 네 가지를 분석하여 효과적인 전략을 수립하는 유명한 경영 분석 방법이죠.

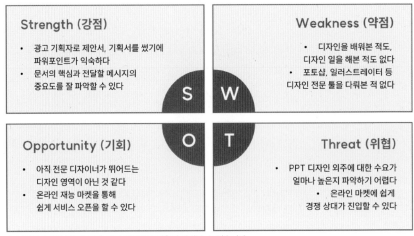

▲ 나만의 SWOT 분석을 통해 내가 경쟁력이 있을지 알아볼 수 있습니다.

PPT 시장에서의 포지셔닝 맵

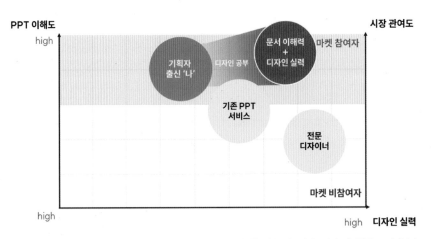

▲ 첫 시작은 문서 이해도가 높다는 포인트를 강조하고, 디자인 실력을 계속 업그레이드하면 차별화된 포지셔닝이 가능하다고 판단했습니다.

가장 큰 약점은 디자인 경력이 없다는 것이지만, PPT 디자인의 본질은 '문서의 메시지를 돋보이게 만드는 것'이라 생각했습니다. 화려한 디자인보다는 문서의 맥락과 핵심을 강조하는 것이 더 중요하다고 판단한 것이죠. 최종적으로 클라이언트가 PPT로 투자유치와 고객 영업에 성공하도록 도와주는 것이 PPT 디자이너의 역할입니다. 이 점을 강조하며, 부족한 디자인 실력은 레퍼런스 공부로 차차 채워나가면 될 거라 믿었습니다.

또한, 생각보다 재능마켓의 PPT 디자인 카테고리에 전문 디자이너가 많아 보이지 않았습니다. 디자인 학과에서 'PPT 디자인' 과목이 따로 없기에 오히려 디자이너들은 UX/UI나 웹디자인 시장에 집중하고 있었습니다. 그래서 문서를 많이 다뤄본 기획자 출신인 제가 차별화를 두고 도전해 볼만 하다고 봤습니다.

③ 그래서, PPT 디자인으로 돈 벌 수 있는 건가요?

서비스 오픈 첫날, PPT 디자인 의뢰를 따내다

2020년 4월 말에 퇴사하고, 재능마켓 서비스 런칭을 위한 상세페이지를 준비했습니다. 이때까지만 해도 생활비를 벌기 위한 부업 중 하나로 여겼습니다. 디자인 경력도 없었으니 인턴 때 만든 과제를 PPT 디자인 포트폴리오로 올릴 정도였으니까요. 과연 사람들이 PPT 디자인 의뢰를 할지 긴가민가한 상태로 재능마켓에 서비스 개설을 신청합니다.

그리고 6월에 론칭한 첫날에 PPT 제작 의뢰를 따냅니다. 디자인 경력이 없는 내게 문의를 할까 했던 우려는 잠시, 의뢰가 계속해서 들어왔습니다. 서비스를 오픈한 지 2주 만에 월급만큼의 수익을 내고, 그다음 달에는 월급의 2배를 벌게 됩니다. '이렇게나 많은 사람이 PPT 디자인 의뢰를 맡긴다고?' 회사에서 기획서를 쓰면서 당연하게 다뤘던 PPT로 이렇게 돈을 벌 수 있다니. PPT 디자인으로 월급의 N배의 수익을 올릴 거라고는 상상하지도 못했습니다.

▲ PPT 디자인 서비스 시작한 지 3달이 안 된 수익 그래프입니다.

노트북 하나로 내가 원하는 장소, 원하는 시간에만 일하며 돈을 벌다니 너무 매력적이지 않나요? 평일 낮에 내가 가고 싶은 곳을 가고, 집중이 잘 되는 밤에 디자인 작업을 하면 되었습니다. 클라이언트와의 모든 커뮤니케이션과 정산은 온라인 재능마켓에서 이루어졌죠. 일이 몰려서 잠시 쉬고 싶을 때는 '휴가 모드'로 전환하면 됩니다.

1년 정도 PPT 프리랜서 디자이너로 일하다 보니 포트폴리오가 쌓이고 의뢰가 물밀듯 쏟아졌습니다. 적당히 즐겁게 프리랜서의 삶을 살아도 되고, 과감한 레버리지로 확장하는 길도 있었습니다. 고민 끝에 PPT 기획·디자인 사업으로 확장하기로 결심하고, 2021년 7월에 사업자등록증을 냅니다. 고객에게 멋진 프레젠테이션을 선물하자는 의미로 '프레젠트랩'이라고 회사명을 지었죠. 가볍게 부업으로 시작한 PPT 디자인 일이 압구정 한가운데 사무실을 구할 정도의 사업으로 성장합니다. 또한, 직원 세 명과 여러 명의 프리랜서 POOL을 구축하는 데 성공하며, 사업하는 지금도 노트북 하나를 들고 디지털 노마드의 삶을 살고 있습니다.

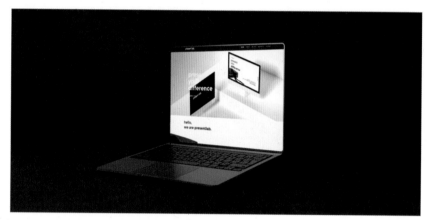

▲ 고객에게 멋진 프레젠테이션을 선물하는 '프레젠트랩'을 창업합니다.

▲ 로망이었던 시그니엘이 보이는 첫 사무실에서 직원들과 일했습니다.

직장인부터 대학생, 육아맘까지 PPT 디자인에 도전!

'그래서, 다른 사람들도 PPT 디자인으로 돈을 벌 수 있을까요?' 이 책을 읽는 분들이 가장 궁금해할 부분일 거예요. 저는 PPT 디자인 작업을 하면서 이 시장은 아직 블루 오션이고, 매력 있는 포인트가 많다고 확신했습니다. 아직 생소한 시장이지만, 누구나 노트북 하나로 돈 벌기에는 최적이라고 생각했죠. 직장인이 부업으로, 혹은 육아해야하는 엄마들도 도전할 수 있는 분야라고요. 그래서 'PPT 디자인 부업으로 월 300만 원 벌기' 온라인 클래스를 오픈하게 됩니다.

PPT 디자인으로 수익을 올리는 법을 다룬 최초의 클래스인 만큼 감사하게도 많은 관심을 받았습니다. 클래스101에서 오픈한 온라인 클래스는 현재 5,500개가 넘는 좋아요, 98% 수강생 만족도의 후기가 700여 개가 넘습니다. PPT를 못 하는 초보자가 봐도 이해하기 쉽게끔 커리큘럼을 구성했기 때문에 생각보다 다양한 상황의 수강생들이 후기를 남겨주었습니다.

▲ 수강생 만족도 98%, 누적 후기 700여 개로 클래스101 '최고의 멘토상'을 받았습니다.

'회사에 다니고 있지만, 부업을 하고 싶어요'

직장에서 PPT를 다뤄봤거나, 혹은 디자인 경력이 있는 많은 직장인이 강의를 찾아 주었습니다. 월급만으로는 부족하다고 느껴 부업을 알아보던 분들이 많았습니다. 퇴근후 시간을 활용해서 직무 스킬로 부가 수익을 올릴 수 있는 PPT 디자인이 매력적이었다고 해요.

'육아로 인해 단절된 경력을 이어 나가고 싶어요'

가장 열렬하게 수강해 주신 분들은 다름 아닌 육아를 하며 경력 단절된 엄마들이었습니다. 집에서 육아해야 하니 장소와 시간의 제한이 있을 수밖에 없죠. 그래서 노트북 하나로 언제 어디서나 부업을 할 수 있는 PPT 디자인을 선택했다고 합니다. 단순한 부업 이상으로, 경력을 이어 나가며 자아실현을 원하는 열정적인 분들이 많았습니다.

'PPT에 관심 있어서, 재능을 활용하고 싶어요'

그 외에 대학생, 취준생, 혹은 자영업자 등 다양한 수강생들이 있었습니다. 대학 등에서 PPT를 다루면서 흥미를 느꼈고, 재능으로 돈 벌 수 있다는 말에 솔깃했다고 해요. 자영업 혹은 작가 일 등을 하면서 남는 시간을 활용하고 싶다는 분도 있었습니다.

'회사에서 인정받기 위해 역량을 키우고 싶어요'

기본적으로 PPT를 효율적으로 다루는 법을 알려주다 보니 뜻밖의 효과도 있었습니다. 회사에서 보고서나 제안서 등 발표할 때 많이 인정받았다는 후기들이었죠. PPT 디자인 외주의 클라이언트들은 회사이기 때문에 비즈니스 문서 위주로 다루게 됩니다. 앞으로 책에서도 나올 예시들은 모두 비즈니스 문서이기에 직장인 분들의 스킬에 도 큰 도움이 될 거예요.

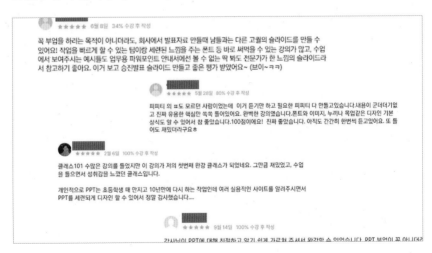

이처럼 정말 다양한 분들이 PPT 디자인에 관심을 가지고, 도전하고 있습니다. 그렇다면 본격적으로 PPT 디자인으로 돈 버는 삶에 대해 알아볼까요?

노트북 하나로 일하는
디지털 노마드 라이프

꼭 사무실에 오전 9시부터 오후 6시까지, 점심시간 1시간의 자유와 퇴근만 기다리며 모니터 앞을 지켜
야 할까요? 24시간을 온전히 내 통제하에 내가 원하는 시간에만 일하는 삶, 집이나 사무실이 지겹다면
훌쩍 떠나서 일할 수 있는 삶, PPT 디자인을 통해 이런 일상을 누릴 수 있게 됩니다. PPT 디자이너가
어떻게 디지털 노마드의 라이프를 즐길 수 있는지 알려드릴게요.

❶ 정해진 곳에서 일하는 틀을 깬 '리모트 워크'

비대면으로 일하는 새로운 업무 트렌드

'리모트 워크'라는 말 들어봤나요? 코로나19로 인해 많은 기업이 재택근무와 화상회의
등을 도입하면서 확산한 업무처리 방식입니다. 리모트 워크란, 말 그대로 비대면, 원
격으로 일하는 방식으로 장소의 제약을 받지 않습니다. 그럼 리모트 워크의 대표적인
형태 4가지를 살펴보겠습니다.

ⓐ 재택근무

주 몇 회 혹은 100% 재택에서 근무하는 방식이 있습니다. 출퇴근으로 사용되는 시간
을 절약하고, 편안한 환경에서 콤팩트하게 일할 수 있습니다. 다만, 집 안에서 휴식하
는 공간과 일하는 공간을 분리해야 합니다.

ⓑ 코워킹 스페이스

리모트 워크 트렌드와 함께 위워크, 패스트파이브 등 다양한 공유 오피스 브랜드들도
급성장했습니다. 부담스러운 보증금 없이 유연하게 사무실을 공유할 수 있어 많은 스
타트업 혹은 프리랜서들이 공유 오피스를 활용합니다.

ⓒ 비즈니스 트립

해외에서 프로젝트성으로 일정 기간 머무르면서 일하는 것도 리모트 워크의 일종입니다. 메신저와 메일을 통해 소통하고, 화상회의로 미팅에 참석할 수 있습니다. 국내와 다른 해외 시장에서 생생한 마켓 리서치가 가능합니다.

ⓓ 디지털 노마드

디지털 노마드는 노트북 등의 디지털 기기만 있다면 어디서든 일할 수 있습니다. 내가 가는 곳이 곧 일터이기 때문에 자유롭게 머물고 싶은 장소를 택할 수 있죠. 물가가 낮은 발리와 방콕 등에 한달살기를 하거나 세계여행을 떠날 수도 있습니다.

주 수십 시간이 묶여버린 '사무실'이라는 공간

제가 회사에 다닐 때, 집은 잠시 들러 씻고 잠이 드는 공간이었습니다. 광고 회사에서 경쟁PT는 사활이 걸린 중요한 프로젝트입니다. 수십억부터 수백억의 광고 예산이 걸린 프로젝트를 다른 광고 회사와 경쟁해서 따내야 합니다. 야근이 필수일 수밖에 없던 광고 기획자 시절, 새벽 퇴근은 물론이고 주말 출근도 불사했었죠.

한번은 새벽에 야근하다 함께 일하던 동기와 월급에서 일하는 시간을 나누면 최저시급도 안 나올 거란 우스갯소리를 했습니다. 그러다 진짜 사무실에서 몇 시간을 보내고 있는지 궁금해지더라고요. 대충 계산해 보았더니, 슬프게도 우스갯소리가 팩트인 걸로 밝혀졌습니다. 하루 12시간 정도, 주 6~70시간을 회사 사무실에서 보내고 있었습니다. 이때는 퇴근 후 약속뿐만이 아니라, 주말 약속도 미리 잡기 어려웠습니다. 언제 회사에 출근해야 할지, 또 언제 퇴근할지 전혀 예상하지 못 했거든요. 휴가를 내고 싶어도 광고 촬영이나 PT 제출일이 잡히면 모든 일정을 바꿔야 했습니다. 모든 개인 일정을 집 혹은 회사 근처로 잡을 수밖에 없었죠. 내 시간의 주체가 '회사'가 되어버린 상황이었습니다.

꼭 광고업계가 아니더라도, 기본적으로 직장인들은 주 40~50시간 이상을 회사에서 보내고 있습니다. 주 5일, 9시부터 6시, 회사로 출퇴근. 다 같이 약속한 듯한 패턴에 따르고 있죠. 저는 이 정해진 틀이 답답했습니다. 내가 가장 일의 효율이 높은 시간에 집중해서 일하고, 일이 없을 때는 쉬거나 멀리 놀러 가고 싶었습니다. 그래서 노트북 하나로 언제 어디서든 일할 수 있는 PPT 디자인이 너무 매력적으로 다가왔죠. 실제로 디지털 노마드의 삶은 상상 이상으로 즐거웠습니다.

② 원하는 곳에서 일하는 디지털 노마드

저는 한 가지 일만 하면 금방 질리는 스타일입니다. 일하는 장소 또한 마찬가지인데, 한 곳에만 있으면 쉽게 매너리즘이 찾아오더라고요. 그래서 여러 장소에서 다양한 자극을 받기 위해 일하는 장소를 여러 군데로 세팅해 놓았습니다.

홈 오피스

프리랜서 시절, 집에 홈오피스 공간을 마련해서 일했습니다. 장점은 출퇴근이 30초 거리인 것, 단점 또한 출퇴근이 30초 거리인 것이죠. 편하게 파자마 차림으로 일을 할 수 있고, 내 마음대로 일하는 환경을 꾸밀 수 있습니다. 집이니까 스피커로 노래를 크게 틀어놓고 일할 수 있다는 점이 매력이죠. 다만, 일과 쉼의 영역이 흐트러지면서 집중도가 산만해질 수 있습니다. 밤늦게까지 일을 할 수 있다 보니 낮시간을 흐지부지 보내는 경우가 잦아지면서 사무실을 따로 얻기로 마음먹었습니다. 사무실에 출퇴근하는 지금도 주 1~2회 재택근무를 하고 있습니다.

▶ 여러 곳에서 일하기 때문에 PC보다는 노트북을 선호하고, 듀얼 모니터를 활용합니다.

▶ 집에서 일하고 있으면 종종 주인님(김찰수 대리 모델)이 와서 돈 잘 벌고 있는지 감시합니다.

사무실/공유 오피스

최근에 공유 오피스 붐이 일어난 덕에 근처에서 쉽게 공유 오피스를 찾아볼 수 있습니다. 프리랜서 시절에는 집 근처 공유 오피스의 멤버십을 끊고 사용했습니다. 공유 오피스의 장점은 인프라가 잘 갖춰져 있어 커피나 스낵, 좋은 인테리어의 작업실을 부담 없이 활용할 수 있다는 것입니다. 그리고 내 주변 사람들이 일에 몰두하고 있는 분위기는 괜히 내 작업에도 집중하게 만듭니다. 제가 사용했던 공유 오피스는 스낵 타임에 위스키 한 잔과 간식을 제공해 매우 애용했었습니다.

▶ 밤에 매력적으로 변하는 '집무실' 석촌점. 서울에 지점이 여러 군데 있습니다.

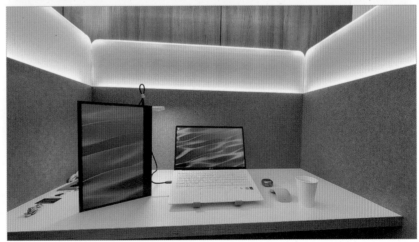

▶ 지정석 없이 비어있는 자리에 가서 일을 합니다.

나만의 공간에 대한 욕심이 생길 때 즈음 사무실 계약을 하게 됩니다. 1인기업을 넘어서 레버리지를 통해 사업을 확장해야겠다고 느끼던 참이었습니다. 직원들과 함께할 공간이 필요했죠. 공유 오피스와 다르게 온전히 내 취향으로 꾸미기 위해 사무실 임대 계약을 합니다. 셀프인테리어로 카펫 타일을 깔고 가구를 세팅하면서 사무실 인테리어를 완성해 나갔습니다. '일할 때는 열심히 일하되, 놀 때는 열심히 놀자'가 삶의 모토인지라 멋진 통창 뷰와 바 공간이 있는 사무실이 탄생했죠.

▶ 낮에는 카페, 밤에는 바가
  되는 사무실 공간입니다.
  뷰가 매력적이죠.

▶ 첫 사무실 계약 1년 후,
  압구정 로데오에 있는
  34평 오피스로 확장
  이전했습니다.

바다가 보이는 본가

도심이 익숙할 때쯤 대한민국 끝자락에 바다가 보이는 본가를 향해 버스를 타고 떠납니다. 예전 직장인 시절에는 눈치 보여서 명절이나 연말에 2박 3일 짧게 다녀왔었습니다. 부모님 얼굴을 많이 못 봐서 참 섭섭했는데, 지금은 노트북 하나 들고 2~3주 정도 푹 쉬다 올 수 있습니다. 바닷가 공기를 쐬면서, 집 근처 카페에서 오션뷰를 만끽하며 일을 하는 것도 즐거운 경험이죠.

▶ 특히 마감이 몰렸을 때 본가로 내려가서 바다를 보며 집중해서 일하곤 합니다.

▶ 집 근처에도 훌륭한 오션뷰를 가진 카페들이 많아 기분전환으로 다녀옵니다.

해외 워케이션

2022년도에만 태국을 세 번이나 다녀왔습니다. 일(Work)과 휴가(Vacation)를 합친 '워케이션'으로요. 직원들과 함께 호텔, 리조트, 에어비앤비 등 다양한 숙소에 머물렀죠. 낮에는 바다와 일을, 밤에는 현지 친구들과 펍을 즐겼습니다. 평범한 직장인일 때는 꿈도 꾸지 못했던 1~2주간 해외를 누비는 것이 가능하게 된 겁니다. 태국은 시차도 2시간밖에 나지 않아서 일하는 데 큰 지장이 없었습니다. 말 그대로 디지털 노마드의 삶을 제대로 경험했습니다.

▶ 태국 코사무이의 리조트 발코니에서. 업무를 하는데도 마냥 기분이 좋았습니다.

▶ 직원들과 함께 에어비앤비로 영화에 나올법한 맨션을 빌려서 일했습니다.

3 디지털 노마드를 유지하는 노하우, '재능마켓 플랫폼'

계속 돌아다니면서 일감을 받을 수 있을까?

'프리랜서가 영업을 뛰거나 미팅을 가지 않아도 될까?'라는 의문이 들 수 있습니다. 직장인 시절에는 직장에서 월급 받는 것이 안전하고, 매번 영업으로 일감을 따와야 하는 프리랜서가 불안정하게 여겨졌었죠. 실제로 인맥이 없다면 회사 밖으로 나가지 말라는 말도 많을 만큼 꾸준한 일거리에 대한 문제가 컸습니다.

하지만 지금은 상황이 달라졌습니다. 디자인 경력도, 포트폴리오도, 인맥도 없던 제가 PPT 디자인으로 먹고 살 수 있는 것은 바로 재능마켓 플랫폼 덕분입니다. 디자인, 마케팅, 번역, 개발 등 다양한 업무를 외주에 맡기고자 하는 의뢰인들과 프리랜서&긱워커들을 연결해주는 플랫폼이죠. 인맥에 의존해서 일감을 찾는 것이 아니라, 자기 PR만 잘하면 수십만 명이 방문하는 사이트에 노출될 수 있습니다. 업무 관련한 모든 커뮤니케이션, 비용 결제, 파일 공유 등이 사이트를 통해 이루어지니 편합니다.

ⓐ No.1 프리랜서 마켓, '크몽' (https://kmong.com/)

누적 회원수 290만 명 이상, 누적 거래 건수 410만 건 이상의 국내 최대 비즈니스 플랫폼입니다. 프리랜서 전문가에게 수익을, 의뢰인에게 비즈니스 성공을 전달하는 것을 목표로 전문가와 의뢰인을 연결합니다. 의뢰인이 직접 검색하여 전문가에게 문의하는 형태로 디자인, 마케팅, 개발 등의 카테고리가 활발합니다.

ⓑ 숨은 고수 찾기, '숨고' (https://soomgo.com/)

다양한 분야의 고수들을 찾아주는 '숨고' 플랫폼입니다. 의뢰인이 필요한 서비스에 대해 의뢰를 신청하면 최대 48시간 이내에 적합한 전문가들이 견적서를 보냅니다. 인테리어, 디자인, 스포츠 등 온오프라인을 넘나드는 서비스가 주력입니다.

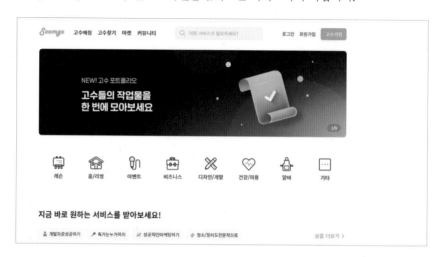

ⓒ 프리랜서 필수 플랫폼, 원티드 긱스 (https://www.wanted.co.kr/gigs)

채용 플랫폼 원티드에서 프리랜서들을 위해 만든 '원티드 긱스'입니다. 의뢰자가 프로젝트를 등록하여 프리랜서의 지원을 받을 수도 있고, 담당 매니저가 매칭해 주기도 합니다. IT 분야에 집중된 인력풀이 존재하며, 그 외에 영상, 마케팅, 컨설팅 등 다양한 분야의 전문가가 있습니다.

누구나 시작할 수 있는
PPT 디자인 부업

많은 사람이 부업에 관해 관심을 가지고 내가 할 수 있는 부업이 무엇인지 찾아봅니다. 하지만 '에이, 이미 레드오션 아냐?', 혹은 '내가 부업까지 할만한 특별한 능력이 있나?'라는 생각에 망설이고 이내 포기하고 맙니다. 왜 누구나 PPT 디자인을 도전할 만한지, 그리고 얼마나 PPT 디자인 시장이 매력적인지 알려드릴게요.

1 새로운 블루오션, PPT 디자인 시장

회사의 중요한 프레젠테이션에 아낌없이 투자한다

처음에 가장 의문은 '과연 PPT 외주에 회사가 돈을 쓸까?'였습니다. 그리고 생각보다 많이 쏟아지는 문의에 깜짝 놀랐죠. 스타트업부터 중견, 혹은 대기업까지 회사소개서나 투자제안서 PPT 디자인 외주를 주고 있습니다. 회사 입장에서는 몇십만 원, 몇백만 원을 투자해서 몇천만 원, 몇억짜리 중요한 투자유치 혹은 고객 영업이 더 중요한 것이었죠.

스타트업의 경우 투자를 따내기 위해 사활을 걸고 IR 자료를 제작합니다. 중견기업 또한 초반에 대충 만들어 두었던 회사소개서를 새롭게 해서 브랜딩에 신경 씁니다. 대기업은 중요한 행사에서 사용할 프레젠테이션 외주를 주는 경우가 많더라고요. 즉, PPT 디자인에 상상 이상으로 다양한 수요가 존재한다는 것입니다.

수요는 높은데, 의외로 공급이 많지 않다?

이렇게 수요는 많은데, 재미있는 점이 있습니다. 여러분도 PPT 디자인이라는 개념이 낯설 듯이, 사실 'PPT 디자이너'라는 직업이 뚜렷하게 존재하지 않습니다. 디자인을 배운다면 UX/UI 디자인이나 BX 디자인, 편집 디자인 등을 배우는 것에 더 익숙할 것입니다. 학교에서 따로 'PPT 디자인 학과'가 있지도 않고, 더욱이 회사에서 'PPT 디자이너'라는 포지션을 뽑지도 않습니다.

사실 'PPT는 보고서나 기획서 쓰는 용도이지, 무슨 디자이너가 필요해?'라는 생각이 많습니다. 그렇다 보니 기존 디자이너들도 UX/UI나 BX 디자인 쪽에 집중하는 것이죠. 이 틈새시장을 파고들어야 합니다. PPT 디자인 시장에 이미 경력 있는 디자이너들이 꽉 잡고 있었다면, 디자인 경력 없는 제가 자리 잡기 어려웠을 것입니다.

재능마켓에 등록된 PPT 디자인 서비스 개수

"공급이 많지 않다고 했는데, 재능마켓에 PPT를 검색하면 엄청 많이 나오는데요?"라는 질문도 여러 번 받아보았는데요. 실제로 크몽에서 'PPT'를 검색하면 무려 880여 개의 서비스가 검색됩니다. '세상에 880개인데 블루오션, 틈새시장이라니!'라고 생각할지도 모르겠습니다. 하지만 서비스를 자세히 보면 '템플릿'이라는 키워드가 많이 보입니다. PPT 디자인 서비스가 아니라, 기존에 만들어 놓은 PPT 템플릿을 판매하는 서비스가 매우 많습니다. 맞춤 디자인 서비스가 아닌 파일만 전달하는 것이기 때문에 우리가 생각하는 경쟁자가 아닙니다.

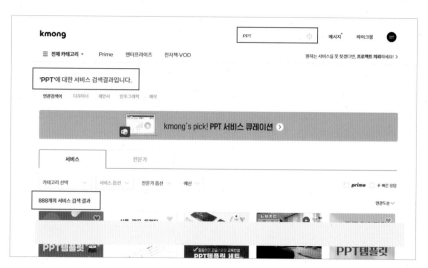

그렇다면, '카테고리 선택'에 들어가서 '디자인'을 클릭해 봅니다. 템플릿에 200여 개가 있는 게 보이죠? 우리는 'PPT·인포그래픽'-'PPT'까지 설정해 보겠습니다. 그러면 400여 개의 서비스가 남습니다. 처음 검색했을 때의 절반이죠. 하지만 아직도 블루오션이라기엔 큰 숫자라고 느껴질 수도 있습니다.

화면 오른쪽 '인기순'을 누르고 쭉 훑어보면 실제 후기가 10개 이상 등록된 서비스는 3페이지 이후로 많이 보이지 않습니다. 서비스 개설을 해두고 내버려 둔다거나, 실제 활성화가 안 된 서비스들도 많이 존재하는 것이죠. 처음에 겁먹었던 것보다 훨씬 적은 서비스들이 경쟁 상대로 있는 것입니다.

☑ 쉽게 시작할 수 있는 낮은 진입장벽

누구나 파워포인트를 한 번쯤 다뤄보았다

디자이너는 어도비 포토샵, 일러스트레이터 등 낯설고 복잡한 디자인 프로그램을 익혀야 합니다. 월 구독료가 비쌀뿐더러, 비전공자가 처음 포토샵과 일러스트레이터를 접하면 혼란에 빠집니다. 익혀야 할 기능들이 많고, 실제 능숙하게 다룰 때까지 많은 시행착오와 시간이 필요하죠. 하지만 파워포인트는 우리가 한 번쯤은 써본 프로그램이라는 것이지요. 대학생 때 조별 과제로, 취업 준비할 때는 포트폴리오로, 회사에서는 보고서와 발표 자료를 만들기 위해 자주 마주했을 것입니다. 그렇기 때문에 복잡한 프로그램과 친해지느라 노력할 필요 없이 PPT는 바로 활용할 수 있습니다.

디자이너가 아니어도, PPT 디자인이 가능하다

저 역시 뼛속까지 문과 출신인 광고 기획자였습니다. 제게 PPT란 기획서나 제안서를 쓰는 도구에 불과했습니다. 하지만 PPT 디자인 의뢰에서 주목해야 할 점은 대부분 클라이언트가 '회사'라는 것입니다. 즉, 회사에서 사용할 문서의 디자인 작업을 해야 한다는 것이죠. 비즈니스 문서가 엄청 화려하거나 여러 디자인 요소가 들어갈 필요는 없습니다. 오히려 문서의 메시지 전달력을 방해하게 됩니다. 앞으로도 제가 반복해서 강조할 것은 디자인 요소보다 '가독성'과 '깔끔함'입니다. PPT는 화려한 디자인보다 수십 장의 슬라이드가 조화를 이루게 하는 데 집중해야 합니다. 슬라이드의 핵심 메시지를 파악하고, 강조해야 할 내용을 캐치해내는 능력이 더욱 중요합니다. 내용이 잘 읽히도록 배치하고, 내용과 어울리는 비주얼 요소들을 서칭할 수 있다면 훌륭한 PPT 디자이너가 될 수 있습니다. 그래서 디자이너가 아니더라도 PPT나 문서를 다뤄봤다면 도전해볼 수 있습니다.

☑ 내가 투자한 시간만큼 올리는 수익

본업이 있어도 유동적인 시간 활용이 가능하다

직장인이나 본업이 있는 분들은 부업에 도전하기에 망설여질 수 있습니다. 보통 9시부터 6시까지는 근무 시간인데 부업을 함께 진행할 수 있을지, 회사 일이 바쁜 시즌에 다른 일을 하기 곤란해지는 건 아닌지 등등. 여러 가지 사항이 고민될 수 있습니다.

PPT 디자인 부업의 매력은 프로젝트 건당 작업을 진행할 수 있다는 것입니다. 즉, 재량껏 프로젝트를 받을 수 있으며, 내 일정에 맞게 작업 스케줄을 조절할 수 있습니다. 그러므로 퇴근 후의 시간을 활용해서 충분히 작업할 수 있습니다. 정말 바쁜 시즌에는 '휴가 모드'를 걸어 놓을 수도 있어요. 문의/상담은 재능 마켓 메신저로만 이루어지기 때문에 휴대폰만 있다면 언제 어디서든 대응할 수 있습니다. 단, 문의는 대답 속도가 중요하므로 회사에서도 틈내서 휴대폰으로 문의에 응대하는 것을 추천합니다.

저도 회사 다닐 때 여러 개의 N잡을 병행했습니다. 모두 프로젝트 형식으로 진행되는 것이었으며, 디지털로 가능한 일들로 병행했기 때문에 가능했습니다. 오프라인 강의는 휴가를 내야 하지만, 노트북으로 가능한 일들은 퇴근 후나 주말 시간을 활용하면 충분했습니다. 또한 PPT 디자인은 실시간으로 클라이언트와 소통하지 않아도 됩니다. 첫 문의 응대와 디자인 시안 전달할 때, 그리고 최종본 파일을 전달할 때만 이야기 나누면 됩니다.

일하는 속도를 높일수록 올라가는 내 시급

직장인 시절, 고정된 월급을 실제 일하는 시간으로 나누어봤을 때 너무 실망했습니다. '이토록 열심히 일하는데 내 한 시간의 가치가 이 정도밖에 안 되나?' 싶은 생각이 들었죠. 회사에서 내 시급을 올릴 방법은 연봉협상과 이직밖에 없습니다. 그래서 저는 일하는 시간을 단축하고, 프로젝트 단가를 올려 내 시급을 올리기로 결심했습니다.

PPT 디자인은 딱 내가 투자한 시간만큼 돈을 벌 수 있습니다. 처음에는 당연히 생각보다 고민하고 헤매는 데 시간이 오래 걸릴 것입니다. 10p 프로젝트를 끝내는데 3일 내내 시간을 쏟아야 할 수 있죠. 하지만 점점 PPT 디자인에 대한 감을 잡고 능숙해지면 작업 시간이 짧아지게 됩니다. 특히 PPT 디자인은 작업할수록 나만의 템플릿과 포트폴리오가 구축되기 때문에 시간을 단축하는 데 도움이 되죠. 처음에 3일이 걸리던 작업을 하루 만에 끝낼 수 있게 된다면 내 시급이 그만큼 올라간 것입니다. 또한, 포트폴리오와 리뷰가 쌓이면서 서비스 가격을 점차 높일 수 있습니다.

4 PPT로 돈을 버는 다양한 실제 케이스

그렇다면 실제로 어떤 사람들이 PPT 디자인으로 수익을 올리고 있는지 궁금하죠? 제가 운영하는 PPT 회사에서 강의 수강생들과 프리랜서 계약을 맺고 협업을 진행하고 있습니다. 흥미로웠던 점은 굉장히 다양한 환경과 상황에 있는 분들이 PPT 디자인으로 부업 및 경력을 이어나가고 있다는 것입니다. 그중에 몇 분의 사례를 소개합니다.

케이스 A   처음 배운 디자인으로 부업하는 50대 남성 A님

A님은 한평생 디자인의 '디'자도 몰랐는데, PPT 디자인을 배우고 현재 월 2~3백만 원 이상 벌고 있습니다. 사실 저희 아빠가 50대의 나이에 새로운 도전을 한 것인데요. 제가 노트북 하나로 자유롭게 일하는 모습을 보고, 먼저 가르쳐달라고 요청했습니다. 처음에는 아빠가 PPT 디자인을 할 수 있을지 걱정했습니다. 하지만 포토샵이나 일러스트레이터처럼 배우기 허들이 높은 디자인 프로그램이 아닌, 친숙한 파워포인트여서 도전해 볼 만하다고 생각한 것이죠. 본가도 멀어서 카톡으로만 피드백을 주면서 PPT 디자인 업무를 코칭하며 실무에 투입까지 하게 됩니다. 아직 본업이 있으시기 때문에 퇴근 후나 주말을 활용해서 부업을 하고 계시죠.

케이스 B   6개월 아기를 돌보며 경력을 이어가는 육아맘 B님

육아맘 B님은 무려 아이가 5개월 무렵일 때 저에게 연락을 주셨습니다. 제 PPT 강의를 듣고 틈틈이 부업으로 용돈벌이하셨는데 출산 후 잠시 쉬다가 프리랜서 모집에 지원해주신 거죠. 낮에는 아이를 돌봐야 해서 아이를 재운 후의 저녁 시간이나, 남편분이 도와주시는 주말에 짬을 내서 PPT 디자인 작업을 해주고 있습니다. 모든 업무 커뮤니케이션은 메신저로만 이루어지고 있죠. 일정이 자유로운 편이고, 육아와 함께 업무를 병행할 수 있어 만족도가 높으십니다.

케이스 C   전업 PPT 디자인 프리랜서로 일하는 C님

회사 웹사이트를 통해 먼저 연락해 온 프리랜서 C님도 있습니다. 프리랜서 디자이너로 활동하고 있었고, 프로젝트가 있을 때 연락 달라고 적극적으로 어필했죠. 저희가 추구하는 디자인 스타일과도 잘 맞아 여러 프로젝트를 진행했습니다. 앞으로도 정기적으로 함께 좋은 파트너십을 유지할 예정입니다.

먼저 알아보는
PPT 디자이너 적성 유형 맵

내가 PPT 디자인 시장에 뛰어들어서 즐겁게 일할 수 있을지 궁금하지 않나요? 본격적으로 PPT 디자인에 도전하기 전에 'PPT 디자이너 적성 테스트'를 통해 내가 어떤 유형인지 알아볼게요. 또, SWOT MIX 전략을 통해서 PPT 디자인 시장에서 어떤 전략으로 차별화를 둘 것인지도 함께 해보겠습니다.

1 PPT 디자이너 적성 테스트

내가 어떤 유형에 속하는지 알아볼 수 있는 PPT 디자이너 적성 테스트입니다. 디자인 적성도와 업무방식에 대한 점수를 내보고, 내가 PPT 디자인 일을 할 때 얼마나 즐겁게 할 수 있는지 알아볼 수 있습니다.

디자인 적성도 편

내가 과연 디자인 일을 즐겁게 할 수 있을지 디자인 적성도를 알아보는 질문들입니다.

Ⓐ 학교나 회사에서 PPT를 다뤘을 때 재밌다

학교 다닐 때 조별 활동에서 PPT를 담당하는 포지션을 적극 기피했나요? 아니면 자료 조사나 발표보다는 PPT 만드는 것을 선택했나요?

1	2	3	4	5
절대 기피한다	그럭저럭이다	할만 하다	꽤나 좋아한다	PPT가 재밌다

Ⓑ 트렌드에 뒤처지는 것은 견딜 수 없다

요즘 유행하는 스타일, 신상품, 밈(Meme) 등에 능통한 편인가요? 아니면 요즘 어떤 것들이 유행하는지 잘 알지 못하는 편인가요?

1	2	3	4	5
요즘 애들이 뭐하더라	한 템포씩 늦는다	찾아보려 노력한다	트렌드에 빠삭하다	다음 트렌드까지 예상한다

Ⓒ 비뚤어지거나 잘못된 것을 찾아내는 매의 눈을 가지고 있다

서로 다른 폰트나 맞지 않는 선 등, 잘못된 부분을 빠르게 발견하나요? 아니면 다르거나 잘못된 부분을 잘 알아차리지 못하나요?

1	2	3	4	5
남들이 지적해도 잘 모르겠다	오류가 있는 편이다	가끔 놓치는 편이다	바로 발견한다	내 눈을 피할 수 없다

Ⓓ 세상의 예쁜 것들에 관심이 많다

사진, 그림, 인테리어 등 '예쁘게 생긴 것들'이 궁금하고 찾아보는 편인가요? 아니면 이런 것들을 굳이 찾아볼 필요를 느끼지 못하나요?

1	2	3	4	5
관심 없다	찾아보지는 않는다	가끔 찾아보는 편이다	자주 찾아보는 편이다	삶의 낙이다

Ⓔ 필요할 땐 과감히 포기할 수 있는 미니멀리스트 마인드가 있다

깔끔한 결과물을 위해 중요한 것만 빼고 모두 덜어낼 수 있나요? 아니면 무언가를 덜어내는 게 어려운가요?

1	2	3	4	5
어떤 것을 빼야 할지 모른다	덜어내는 것이 어렵다	일부 덜어낼 수 있다	과감하게 덜어낼 수 있다	핵심 요소만 남길 수 있다

업무방식 편

PPT 디자이너로 일하는 삶이 나와 맞을지 업무방식을 알아보는 질문들입니다.

Ⓐ 적극적인 팀워크보다는, 혼자 일하는 것이 효율이 높다

다른 사람과 모여서 일하는 것이 업무 효율이 더 높나요? 아니면 혼자 집중해서 일하는 방식일 때 업무 효율이 더 높나요?

1	2	3	4	5
무조건 팀워크다	조직을 선호한다	상관없다	혼자를 선호한다	효율이 가장 높다

Ⓑ 업무 일정을 칼 같이 지킨다

마감이나 자료 공유 등의 정해진 일정을 정확하게 지키나요? 아니면 일정에 늦을 때가 많거나 일정 관리가 어렵나요?

1	2	3	4	5
상습 지각범이다	종종 놓친다	아슬아슬하게 지킨다	정확히 맞춘다	여유 있게 관리한다

Ⓒ 본업 외의 시간 활용이 가능하다

퇴근 이후 내가 다른 업무를 진행할 수 있는 시간이 많은 편인가요? 아니면 야근으로 인해 퇴근 이후 나만의 시간이 없는 편인가요?

1	2	3	4	5
퇴근과 함께 하루가 끝난다	시간 내기가 어렵다	시간을 만들 수 있다	여유 시간이 있는 편이다	매일 여유 시간 이 있다

Ⓓ 글을 꼼꼼히 잘 읽고, 핵심 내용을 잘 파악한다

글을 읽었을 때 가장 중요한 내용을 바로 이해하고, 디테일 역시 놓치지 않는 편인가요? 아니면 글의 핵심 내용을 알아차리기 어려워하는 편인가요?

1	2	3	4	5
잘못 이해할 때가 있다	놓치는 것이 있다	그럭저럭이다	잘 파악하는 편이다	정확히 파악한다

ⓔ 상대방의 말을 잘 이해하고, 나의 의사를 정확히 전달한다

서로의 의사를 명확히 전달하는 커뮤니케이션 능력을 갖추고 있나요? 아니면 의사전달 시 오해가 생기는 편인가요?

1	2	3	4	5
오해가 생기는 편이다	여러 번 확인이 필요하다	다시 확인이 필요하다	잘 이해하고 전달한다	명확히 이해하고 전달한다

PPT 디자이너 적성 유형 맵

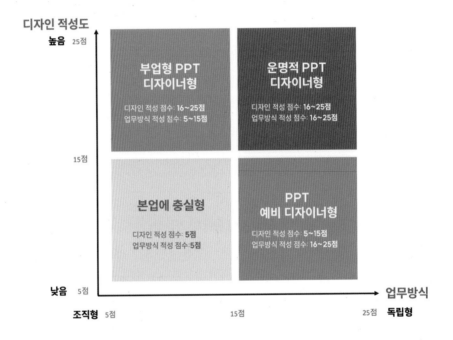

· **디자인 적성 점수 : 총 ＿＿ 점**   · **업무방식 적성 점수: 총 ＿＿ 점**

운명적 PPT 디자이너형

: 디자인 적성 점수 16~25점 & 업무방식 적성 점수 16~25점

………………………………………………………………………………

축하합니다! 당신은 PPT 디자이너가 될 운명이었나봐요. 디자인 감각이 있을 뿐만 아니라, 업무방식도 독립적으로 일하는 것이 잘 맞네요. 이 책을 끝까지 읽고 꼭 PPT 디자이너에 도전해 보세요.

부업형 PPT 디자이너형

: 디자인 적성 점수 16~25점 & 업무방식 적성 점수 5~15점

………………………………………………………………………………

디자인 감각이 충분해서 멋진 PPT 디자이너가 될 것 같아요! 다만, 현재 업무방식이나 업무 환경에 있어서 전업 프리랜서는 조금 어려울 수도 있어요. 나의 상황에 맞게 PPT 디자인 업무량을 조정하여 본업과 병행하며 시작해 보세요.

예비 PPT 디자이너형

: 디자인 적성 점수 5~15점 & 업무방식 적성 점수 16~25점

………………………………………………………………………………

프리랜서나 디지털 노마드로 일하기 딱 좋은 유형이군요. 지금 디자인 감각을 좀 더 키워서 훌륭한 PPT 디자이너로 도전하면 좋을 것 같아요. 이 책에 디자인 실력을 업그레이드할 수 있는 노하우들이 많으니, 꼭 따라 하며 연습해 보세요.

본업에 충실형

: 디자인 적성 점수 5점 & 업무방식 적성 점수 5점

………………………………………………………………………………

현재 하는 일이 나와 잘 맞는 것 같아요. 만약 부업이 필요하다면 나의 적성에 더 맞는 부업을 찾아보는 것도 좋을 것 같아요. 아주 다양한 돈 버는 방법이 있으니, 길벗의 '월급 벌기' 시리즈 책들을 참고해 보세요.

2 SWOT MIX로 전략 세우기

Chapter 01에서 제가 PPT 디자인에 도전하기 전에, SWOT 분석을 한 기억나시나요? SWOT 분석에서 끝나지 않고, 분석한 내용을 기반으로 PPT 디자인 시장에서 어떤 전략을 세울지 고민할 수 있습니다. 바로 SWOT MIX를 활용하는 것인데요. 위쪽에는 강점(Strength)과 약점(Weakness)을, 왼쪽에는 기회(Opportunity)와 위협(Threats)을 두고 크로스로 전략을 세울 수 있습니다.

SWOT MIX 전략

	Strength	Weakness
Opportunity	S-O 전략 강점을 살려 기회를 포착	W-O 전략 약점을 보완하여 기회를 포착
Threats	S-T 전략 강점을 살려 위기를 극복	W-T 전략 약점을 보완하여 위기를 돌파

제가 했던 SWOT을 기반으로 하나씩 채워보겠습니다. 저의 강점은 파워포인트 툴이 익숙하다는 것, 문서 파악 및 기획 능력이 뛰어나다는 것이었죠. 약점은 디자이너 출신이 아니고 디자인 툴을 활용해 본 적이 없다는 것이었습니다. PPT 디자인 시장의 기회는 아직 전문 디자이너들이 많이 진출하지 않았다는 것, 그리고 재능마켓으로 서비스 개설이 쉽다는 것이었습니다. 또한, 시장 위기는 수요가 정확히 얼마나 될지 불명확하다는 것과 경쟁자 또한 수월하게 시장 진입이 가능하다는 것이었죠. 이 내용들을 기반으로 전략을 세워보겠습니다.

PPT 디자이너는 재능마켓에서 내 서비스를 어필하고 팔아야 합니다. 광고 기획자였던 경력을 살려서 내 서비스의 셀링포인트를 명확히 파악하고 어필할 자신이 있었습니다. 매력적인 섬네일과 문구, 상세페이지를 만들기 위해 힘을 주기로 합니다.

· S-T 전략 (강점을 살려 위기를 극복)

디자이너가 아닌 기획자 출신이라는 점을 오히려 경쟁자들과 차별화 포인트로 내세우기로 합니다. 'PPT 문서의 핵심을 파악하는 기획자 출신'이라는 카피를 걸고, 디자인 능력만 내세우는 다른 서비스와 차별화를 두었습니다. 결과적으로 서비스 오픈 첫날 제 첫 클라이언트는 광고 에이전시였습니다.

· W-O 전략 (약점을 보완하여 기회를 포착)

요새는 내 디자인 실력을 커버해줄 만큼 훌륭한 디자인 소스들을 배포하는 플랫폼들이 많습니다. 책에서 자세히 다루겠지만, 포토샵을 하지 못해도 웹사이트를 통해 간단하게 이미지 누끼를 딴다거나 목업 합성을 할 수가 있죠. 이런 훌륭한 소스들을 활용해서 디자인 능력을 커버하기로 합니다.

· W-T 전략 (약점을 보완하여 위기를 돌파)

그래도 디자인 능력 업그레이드는 필연적으로 필요하기 때문에 실전에서 부딪히면서 디자인 공부를 하기로 합니다. 혼자 연습하는 것보다는 실제 클라이언트의 니즈를 파악하고, 피드백을 보면서 '어떤 디자인을 선호하는구나'라는 감을 잡게 됩니다.

김로웰의 SWOT MIX 전략

	Strength · 파워포인트 툴 익숙 · 문서의 핵심 파악 및 기획 능력	Weakness · 디자이너 출신 X · 디자인 툴 활용 경험 X
Opportunity · 전문 디자이너 시장 X · 재능마켓 통한 시장진입 수월	S-O 전략 기획자 경험을 살려, 재능마켓에서 내 서비스의 셀링포인트를 어필 가능	W-O 전략 다양한 디자인 소스 웹사이트 활용하여 디자인 능력 커버
Threats · 시장 수요 불명확 · 경쟁자 시장진입 수월	S-T 전략 '메시지 파악을 잘 하는 기획자 출신' 컨셉으로 경쟁자와 차별화	W-T 전략 디자인 공부를 병행하며 디자인 능력 업그레이드

제가 PPT 디자인 시장에 성공적으로 진입하는데 도와주었던 SWOT MIX 전략입니다. 이제는, 이 책을 읽는 여러분의 차례입니다.

나만의 SWOT MIX 전략

나만의 강점과 약점을 곰곰이 생각해보고, PPT 디자인 시장에서 존재하는 기회와 위협이 무엇일지 적어보세요.

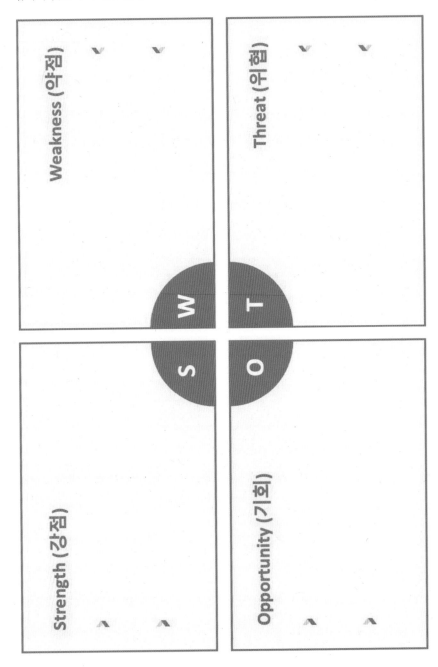

나만의 SWOT MIX 전략

나의 강점과 약점, 시장의 기회와 위협을 정리했다면 이제 SWOT을 조합하여 전략을
세울 차례입니다.

	Strength ∧ ∧	Weakness ∧ ∧
Opportunity ∧ ∧	S-O 전략	W-O 전략
Threats ∧ ∧	S-T 전략	W-T 전략

PART 2

작업 시간 줄여서
시급 올리는 PPT 꿀팁

PPT 디자인 외주는 프로젝트성으로 이루어집니다. 클라이언트가 몇 페이지의 PPT 의뢰를 맡기면 정해진 마감 일정까지 디자인 작업을 진행해서 전달하는 것이죠. 외주를 진행할 때 신뢰도가 가장 중요하기 때문에 일정 맞추는 것의 중요성은 백번 강조해도 모자랍니다. 정해진 데드라인까지 작업을 마무리하기 위해 빠르게 작업하는 연습은 필수입니다. 똑같은 슬라이드 디자인도 조금이라도 빠르게 할 수 있도록 PPT 치트키를 알려줄 거예요. PPT 기본 세팅부터 필수 단축키, 또 나만의 맞춤 빠른 실행 도구 모음을 세팅하고 테마 글꼴과 도형 활용법을 연습해 보겠습니다.

01

작업 효율 UP!
PPT 기본 세팅하기

PPT 필수 기본 세팅 방법 몇 가지만 알아도 PPT 작업 시간을 확 줄일 수 있다는 사실 아시나요? 이번 챕터에서는 PPT 작업 시간 줄이는 방법과 작업 시간을 줄여야 하는 이유, 그리고 구독 형식으로 결제하여 사용하는 파워포인트의 어떤 구독 모델을 활용할지, 작업 효율을 높일 수 있는 세팅 방법은 무엇인지에 대해서도 알아보겠습니다.

■ 시간을 줄이는 것이 중요한 이유

회사는 퇴근 시간이 정해져 있어 일을 빠르게 끝내면 야근은 피할 수 있겠지만 퇴근 시간이 빨라지지는 않습니다. 그마저 운이 좋지 않다면 추가적인 업무가 들어올 수도 있죠. 하지만 PPT 디자인은 프로젝트성 작업이기 때문에 작업 시간을 줄일수록 내 시급은 올라갑니다. 즉, 작업 시간과 내 시급은 반비례 관계인 것입니다.

시급 = 수입 ÷ 일한 시간

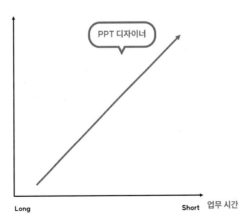

예를 들어, 30만 원짜리 프로젝트를 작업하는 데에 5시간이 걸리면 내 시급은 6만 원이 됩니다. 하지만 작업 시간을 3시간으로 단축하면 시급이 10만 원이 되는 것이죠. 회사에서 내 시급을 올리는 방법은 연봉 협상 혹은 인센티브를 기다리는 것이지만, PPT 디자인에서는 훨씬 능동적으로 내 시급을 올릴 수 있습니다.

어느 분야나 그렇듯 처음에는 많은 시간을 쏟아야 하지만, 익숙해지면 점점 시간이 단축됩니다. PPT 디자인도 마찬가지입니다. 시간이 지나면 자연스럽게 나만의 디자인 노하우가 쌓이고, 레퍼런스 및 템플릿이 축적되겠죠. 그 외에도 파워포인트를 다루는 몇몇 노하우를 알아두면 작업 시간을 획기적으로 단축할 수 있습니다. 이 내용은 PPT 디자이너뿐만 아니라, 직장인들도 알아두면 칼퇴를 보장할 수 있는 꿀팁이니 꼼꼼히 읽어보세요.

② PowerPoint 버전 선택하기

PowerPoint는 마이크로소프트사의 공식 프로그램입니다. PowerPoint 프로그램을 다운로드 혹은 구독하기 위해 마이크로소프트 사이트에 접속합니다. 홈 화면에서 메인 배너 밑에 '내게 맞는 Microsoft 365 선택하기'를 클릭합니다.

▲ www.microsoft.com

마이크로소프트사에서는 PowerPoint, Word, Excel 등 여러 프로그램을 한 번에 구독할 수 있는 'Microsoft 365'를 선보이고 있습니다. 업무를 하다 보면 Word와 Excel도 사용하는 일이 종종 생기기 때문에 'Microsoft 365'를 구독하는 것을 추천합니다. 마이크로소프트사의 드라이브 서비스인 One Drive의 클라우드 저장소도 제공하고 있어 유용하게 사용할 수 있습니다. 그럼, 나한테 어떤 구독 모델이 맞는지 볼까요?

먼저 가정용과 비즈니스용이 있습니다. 개인적으로 활용하려면 '가정용'을, 사업자로서 비즈니스에 활용하려면 '비즈니스용'을 선택하면 됩니다. 가정용을 먼저 살펴보겠습니다.

Microsoft 365 Family (1~6명이 사용할 수 있는 옵션)

혹시 가족이나 친구와 함께 구독을 공유한다면 Microsoft 365 Family를 추천합니다. 최대 5개의 장치에서 동시에 사용할 수 있으며, 같이 구독하는 사람들과 N분의 1을 할 수 있습니다. PowerPoint, Word, Excel뿐만 아니라, 사용자당 1TB의 One Drive를 사용할 수 있습니다. 연간 결제와 월간 결제 두 가지 중에 선택할 수 있으며, 1년 기준으로 생각했을 때는 연간 결제가 더 저렴합니다.

Microsoft 365 Personal (1인용으로 가장 합리적인 옵션)

혼자 마이크로소프트의 프로그램들을 사용할 예정이라면 Microsoft 365 Personal을 구독하면 됩니다. 연간 구독 금액이 10만 원 내이기 때문에 굉장히 합리적인 가격이라고 볼 수 있습니다. 역시나 PowerPoint, Word, Excel 프로그램과 사용자당 1TB의 One Drive를 사용할 수 있습니다.

사업자라면 비즈니스용을 사용하는 것이 좋습니다. 비즈니스용은 자동 갱신이 되는 연간 구독으로, 1개월 무료 체험도 가능합니다. 총 4가지 상품을 선택할 수 있는데, 사실 PPT 디자인에 집중할 것이라면 아래 베이직 상품만 살펴보면 됩니다.

Microsoft 365 Business Basic (핵심 비즈니스용 프로그램을 갖춘 옵션)

PowerPoint, Word, Excel과 같은 기본 업무 프로그램을 갖추었을 뿐 아니라, 채팅 및 화상 미팅까지 가능한 Teams도 사용할 수 있습니다. 만약, 업무용 메신저나 화상 미팅 툴이 필요하다면 Teams를 유용하게 활용할 수 있겠죠. 베이직 외에 옵션들은 Access, Publisher와 같은 개발 관련 프로그램이 포함되어 있어 굳이 업그레이드를 추천하지 않습니다. 베이직이면 충분히 PowerPoint 및 다른 프로그램을 활용할 수 있습니다.

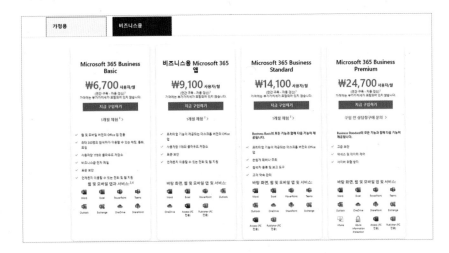

학생이라면 무료로 MS 365 구독 가능

마이크로소프트에서는 초등학교, 중학교, 고등학교 그리고 대학교 학생들에게 무료로 Microsoft 365를 제공하고 있습니다. 대학생이라면 내가 다니는 학교의 포털 사이트에서 마이크로소프트와 제휴를 맺었는지 확인할 수 있습니다. 혹은 Office 365 Education 페이지에서 학교 이메일 주소를 입력해서 무료로 사용할 수 있는지 확인해 보세요.

원하는 구독 옵션을 정했다면 Microsoft 회원가입 후 구독을 시작하면 됩니다. 내가 사용하는 컴퓨터가 Windows인지 Mac인지에 따라 프로그램을 선택하면 되죠. 보통 디자이너라면 Mac을 사용하는 것이 일반적입니다. PowerPoint의 경우 대부분 회사에서 Windows를 기반으로 문서작업을 하고 있어 이 책은 Windows 기반의 PowerPoint 기능 위주로 다룰 예정입니다.

③ 빠른 작업을 위한 PPT 세팅하기

PPT 화면 설정 알아보기

먼저 PowerPoint 프로그램을 실행해 볼까요? 여러분들에게 익숙한 화면이 나타날 거예요. PPT의 화면 구성을 간략하게 알아보겠습니다.

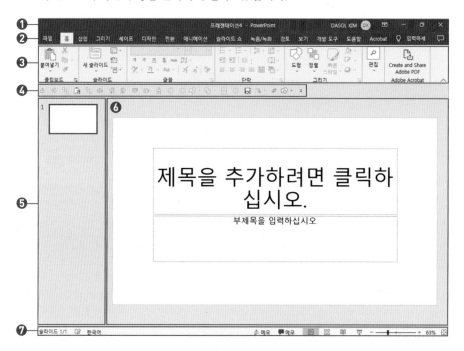

❶ **제목 표시줄**: 현재 열려 있는 프레젠테이션의 제목이 표시되는 곳입니다.

❷ **리본 탭**: 파일부터 홈, 삽입 등 기능별 그룹을 선택할 수 있는 탭입니다.

❸ **리본 메뉴**: 탭 선택에 따라 관련된 기능들이 보이며, 작업이 가능합니다.

❹ **빠른 실행 도구 모음**: 자주 사용하는 기능들을 단축키 형태로 추가할 수 있습니다.

❺ **슬라이드 탭**: 모든 슬라이드를 섬네일로 모아서 볼 수 있는 탭입니다.

❻ **슬라이드 창**: 슬라이드 제작 및 디자인을 하는 영역입니다.

❼ **상태 표시줄**: 슬라이드 보기 옵션, 확대 및 축소 등을 설정할 수 있습니다.

슬라이드 비율 수정하기

Microsoft 365는 기본 화면 비율이 16:9로 모니터 비율에 맞게 설정이 되어있을 거예요. 클라이언트 요구에 따라 슬라이드 비율을 수정해서 작업해야 할 일이 종종 있는데요. 문서의 목적에 따라 슬라이드 비율을 바꾸는 방법을 알아보겠습니다.

01 파워포인트를 실행한 후 [디자인]-[슬라이드 크기]의 [표준(4:3)]을 선택합니다.

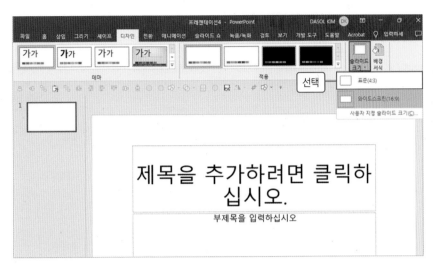

02 대화상자에서 '최대화(M)'를 선택하면 슬라이드가 4:3 비율로 변경됩니다.

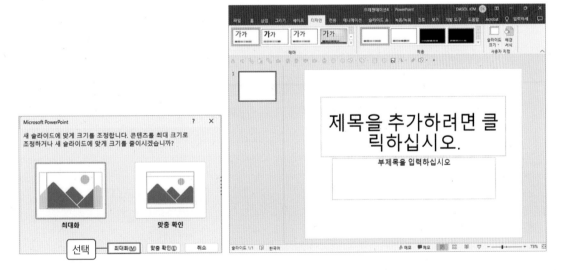

> 💡 TIP
>
> 예전 파워포인트 버전을 사용하는 분들은 4:3 비율이 기본이라, 가끔 초안을 4:3 비율로 주는 클라이언트들도 있습니다. 하지만 16:9가 모니터 비율에 맞기도 하고, 디자인적으로 더 안정감 있죠. 이런 경우에는 미리 16:9 비율로 작업해도 되는지 체크하고 작업합니다.

03 클라이언트 중 인쇄를 원하는 분도 있습니다. 이럴 때는 A4 사이즈로 작업해야 합니다. 다시 한번 [디자인]-[사용자 지정]-[슬라이드 크기]의 [사용자 지정 슬라이드 크기 (ⓒ)]를 선택합니다.

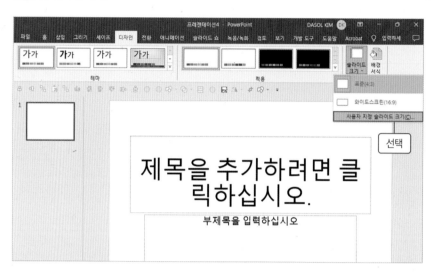

04 대화상자에서 슬라이드 크기를 'A4 용지(210x297mm)'로 선택한 후 〈확인〉 버튼을 클릭합니다. 그러면 슬라이드가 인쇄용인 A4 사이즈로 변경됩니다.

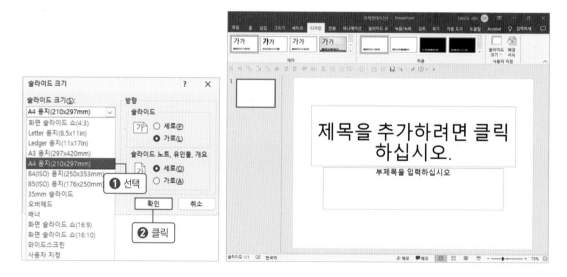

백지 슬라이드로 설정하기

슬라이드 비율을 확인했으니 슬라이드 화면부터 먼저 볼까요? 새 슬라이드를 만들어 보겠습니다.

01 [홈]-[슬라이드]-[새 슬라이드]를 클릭하면 새로운 슬라이드가 생깁니다. 이때 슬라이드를 보면 기본 레이아웃으로 '제목 텍스트 박스'와 '부제목 텍스트 박스'가 구성되어 있습니다. 이 텍스트 박스를 사용하면 마음대로 텍스트 설정을 바꾸거나 디자인하기가 어려워서 텍스트 박스를 삭제해 줘야 합니다.

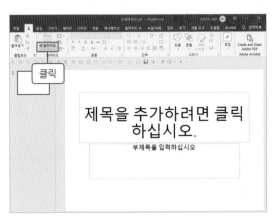 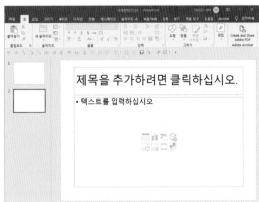

02 매번 새 슬라이드를 만들고, 텍스트 박스를 지우는 것도 시간과 노력입니다. 새 슬라이드를 만들 때 백지 슬라이드가 추가되도록 설정해 보겠습니다. 왼쪽 [슬라이드] 탭의 슬라이드에서 마우스 오른쪽 버튼을 클릭한 후 '레이아웃'을 선택합니다. 현재 Office 테마로 설정된 것이 보입니다. 여기서 '빈 화면'을 선택하면 슬라이드가 백지로 바뀝니다. Enter↵ 키를 눌러 새 슬라이드를 만들면 빈 화면의 새 슬라이드가 생성됩니다.

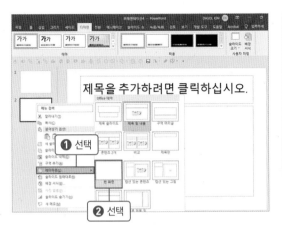 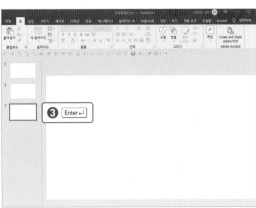

02

디자인 필수
단축키 활용하기

아무리 완성도가 좋은 PPT 디자인을 만들어도 마감 기한을 맞추지 못한다면 의미가 없습니다. 그래서 작업 시간을 효율적으로 활용하는 것이 중요한데요. PPT를 쓸 때는 마우스 클릭 소리보다 키보드 타자 소리가 많이 들리는 사람이 고수입니다. 그만큼 단축키를 많이 활용한다는 뜻이기 때문이죠. PPT 작업 효율을 확 끌어올릴 수 있는 단축키를 알아보겠습니다.

1 복사, 붙여넣기 필수 단축키들

마우스로 복사 붙여넣기

아래의 도형을 복사하여 3개를 나란히 놓고 싶을 때 마우스를 활용하면 어떻게 될까요? 먼저 도형 위에서 마우스 오른쪽 버튼을 클릭하고, '복사(C)'를 선택합니다. 다시 마우스 오른쪽 버튼을 클릭하고 '붙여넣기 옵션'을 선택해야 합니다. 마우스로 도형을 드래그하여 나란히 배치하기까지의 과정을 반복해야 하죠. 총 3개의 도형을 만들기 위해 클릭과 드래그만 8번을 해야 합니다.

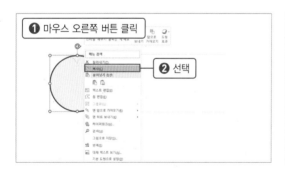

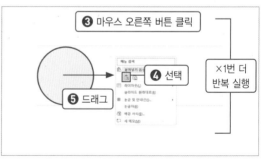

단축키로 복사 붙여넣기

이번에는 단축키를 사용해 보겠습니다. 도형을 선택하고 Ctrl+C 키를 눌러 복사한 다음, 바로 Ctrl+V 키를 눌러 붙여넣기합니다. 도형 드래그까지 총 5번이면 3개의 도형을 나란히 배치할 수 있습니다.

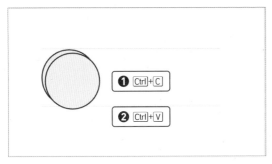 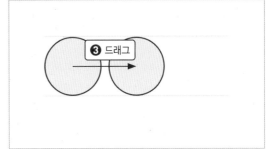

단축키로 복제하기

Ctrl+C, V 키보다 더 효율적인 단축키는 복사, 붙여넣기를 한 번에 할 수 있는 '복제' 단축키입니다. 도형을 선택하고 Ctrl+D 키를 누르면 바로 도형이 복제됩니다. 뿐만 아니라, 복제 후 도형을 옆으로 옮긴 다음 다시 Ctrl+D 키를 누르면 첫 번째 복제할 때 복제된 방향과 간격으로 똑같이 복제됩니다. 즉, 복제 기능은 도형뿐만 아니라 일정 방향과 간격까지 복제하는 아주 유용한 단축키입니다. 마우스를 사용하면 8번 걸린 과정이 단축키 사용으로 3번으로 줄어들었습니다. 무려 60%의 과정을 단축한 것입니다.

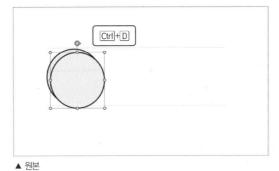

▲ 원본

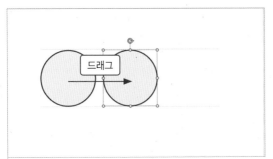

▲ 마우스로 드래그

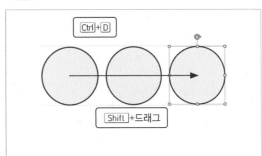

▲ Shift+마우스로 드래그

2 보조키 [Shift], [Ctrl], [Alt]의 역할

[Shift], [Ctrl], [Alt]와 같은 보조키들은 PPT 작업을 할 때 다양한 기능을 지원하고 있어 반드시 알아두어야 합니다.

칼각을 지키는 [Shift] 키

[Shift] 키는 모든 것을 정비율로 수직 수평 칼각을 지키게 도와줍니다. 예를 들어 사진의 크기를 키울 때 모서리를 잡고 드래그하면 비율이 흐트러집니다. 이럴 때 [Shift] 키를 누른 채로 드래그하면 사진 크기가 정비율로 조절됩니다.

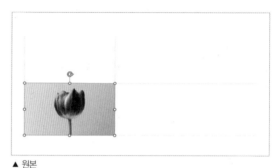

▲ 원본

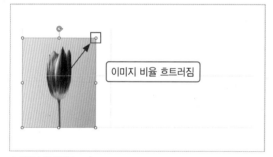

이미지 비율 흐트러짐

▲ 마우스로 드래그

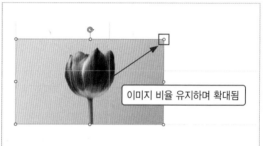

이미지 비율 유지하며 확대됨

▲ [Shift]+마우스로 드래그

크기 조절뿐만 아니라 사진의 위치를 그대로 가로 방향으로 옮기고 싶을 때, 마우스를 클릭해서 옮기면 같은 높이로 움직이기가 어렵습니다. 이때 [Shift] 키를 누른 채 드래그하면 높이를 유지하며 이동할 수 있습니다. 수평, 수직 상관없이 현재 위치를 기반으로 칼각을 잡아서 움직이게 도와줍니다.

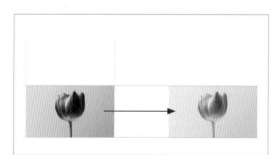

▲ [Shift]+마우스로 드래그

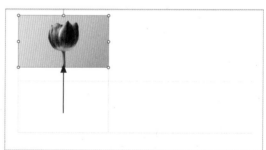

다재다능한 Ctrl키

Ctrl키는 여러 가지 유용한 기능이 있습니다. 그중에서도 바로 확대/축소 기능인데요. Ctrl키를 누른 상태에서 마우스 휠을 위로 드래그하면 슬라이드가 확대됩니다. 반대로 Ctrl키를 누른 상태에서 마우스 휠을 아래로 드래그하면 축소됩니다.

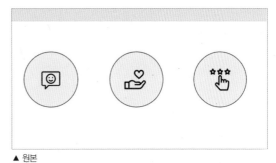

▲ 원본

▲ 확대

▲ 축소

Ctrl키는 여러 도형을 한꺼번에 선택할 때에도 유용합니다. 특히 여러 가지 오브젝트가 섞여 있을 때 마우스로 도형 주변을 드래그하면 모두 선택되어 버리는데요. 이때 Ctrl키를 누른 상태에서 도형을 클릭하면 내가 원하는 것만 선택할 수 있습니다.

▲ 마우스를 드래그하여 선택

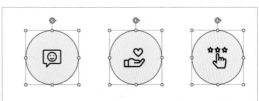

▲ Ctrl키를 누른 상태에서 원하는 도형만 선택

또, Ctrl키는 개체를 복사할 때에도 유용하게 사용할 수 있습니다. 도형들을 선택한 후 Ctrl키를 누른 상태에서 드래그하면 도형들이 복사됩니다.

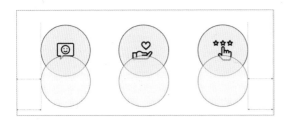

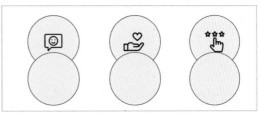

PART 2

각도를 조정해주는 [Alt]키

[Alt]키는 내가 선택한 개체의 각도를 조정할 수 있습니다. 예를 들어, 해당 이미지를 선택한 상태에서 [Alt]키 와 오른쪽 방향키[→]를 눌러보겠습니다. 그러면 방향키에 따라 오른쪽으로 15도 회전이 됩니다. 여러 번 방향 키를 누르면 계속해서 이미지가 회전됩니다. 반대로 [Alt]키 + 왼쪽 방향키[←]를 누르면 왼쪽으로 15도 회전이 되겠죠?

3 여러 개체를 묶어주는 그룹화 단축키

여러 개체 그룹화하기

이번에는 개체를 한 번에 묶어주는 그룹화를 알아보겠습니다. 아래 슬라이드에 있는 포인트 1, 2, 3 개체 크기 를 한 번에 키우려고 합니다. 모두 드래그해서 선택한 다음 모서리를 드래그해서 크기를 키웠는데 각 개체가 마음대로 커져 엉망진창이 됩니다.

 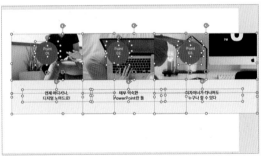

이럴 때 그룹화 기능을 사용하면 좋습니다. 다시 드래그하여 모두 선택한 후 [Ctrl]+[G]키를 눌러 그룹으로 묶습 니다. 각각의 개체들이 하나의 네모 박스로 그룹화되어 큰 개체로 묶입니다. 이 상태에서 모서리를 드래그하 면 개체 위치가 흔들리지 않고 한꺼번에 크기를 키울 수 있습니다.

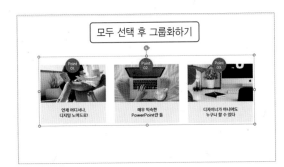
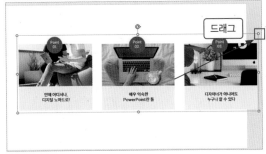

개체 그룹화 해제하기

다시 개체별로 수정하고 싶으면 Ctrl + Shift + G 키를 눌러 그룹을 해제면 됩니다. 디자인 작업을 하면 한 슬라이드 내에 여러 개체가 쌓이게 되는데요. 이때 큰 덩어리별로 그룹화를 하면 작업이 훨씬 효율적입니다.

필수 단축키 한눈에 보기

이번 챕터에서 작업 시간을 단축하기 위한 여러 가지 단축키들을 살펴보았습니다. 한눈에 복습할 수 있도록 단축키들을 모아놓았으니 연습할 때 틈틈이 펼쳐놓고 보세요.

PART 2

03

나만의 빠른 실행 도구 모음 커스터마이징 하기

PPT 작업을 하다 보면 자주 사용하는 기능들이 생깁니다. 많이 쓰는 기능이지만 단축키가 지정되어 있지 않아 작업할 때마다 해당 기능을 찾아 헤매느라 시간을 허비할 때가 있습니다. 이럴 때 내가 자주 사용하는 기능들만 빠르게 찾을 수 있는 설정 기능이 있습니다. 바로 빠른 실행 도구 모음이죠. 한번 살펴보겠습니다.

■ 빠른 실행 도구 모음이란?

내가 원하는 기능들을 아이콘화해서 리본 메뉴 밑에다가 내 마음대로 배치할 수 있는 기능이 바로 '빠른 실행 도구 모음'입니다. 어떻게 등록하는지 알아보겠습니다.

01 [파일]-[옵션] 항목을 선택합니다. PowerPoint 옵션 창이 나타나면 '빠른 실행 도구 모음'을 선택합니다.

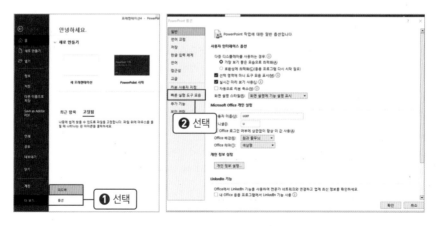

02 왼쪽 탭에서 빠른 실행 도구로 등록할 수 있는 명령들을 찾을 수 있습니다. 오른쪽은 현재 설정해 놓은 빠른 실행 도구 모음입니다. 이해를 돕기 위해 제가 지정해 놓은 명령들을 초기화하겠습니다. 기능을 선택 후 〈제거〉 버튼을 클릭해서 기능들을 없앱니다.

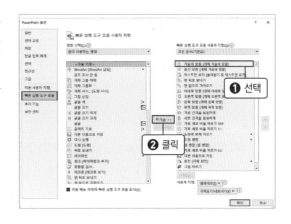

03 '명령 선택(C)'을 클릭하면 탭 별로 원하는 기능들을 찾을 수 있습니다. '홈 탭'을 선택해 볼게요. 홈 탭에 있는 모든 기능을 세세하게 볼 수 있습니다.

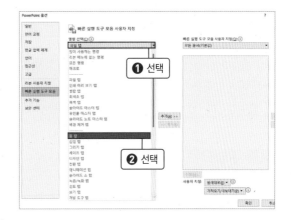

04 원하는 기능을 선택한 다음 〈추가(A)〉 버튼을 클릭하면 오른쪽에 해당 기능이 추가됩니다.

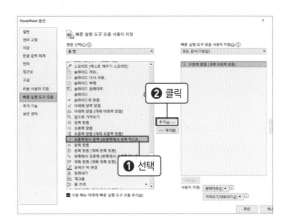

PART 2

05 기능 몇 개를 더 추가하겠습니다. 'PowerPoint 옵션' 창 아래 '리본 메뉴 아래에 빠른 실행 도구 모음 표시(Ⓗ)'에 체크한 후 〈확인〉 버튼을 클릭합니다. 그러면 리본 메뉴 아래에 내가 추가한 빠른 실행 도구 모음들이 아이콘으로 표시됩니다.

② 개체들을 정렬하는 데 필수, 맞춤 기능

PPT 작업을 하면서 가장 많이 쓰는 기능이 무엇이냐고 물으면 단연 '맞춤 기능'이라고 답할 것입니다. 맞춤 기능은 여러 개체를 정렬하거나 간격을 일정하게 맞출 수 있는 기능으로, 반듯하고 깔끔한 PPT 디자인을 위해서는 필수입니다. 여기서는 맞춤 기능 중 많이 쓰는 기능 위주로 살펴보겠습니다.

맞춤 기능으로 정렬하기

01 아래 사진들을 같은 높이와 같은 간격으로 맞추고 가운데에 나열해 보겠습니다. 먼저 드래그 또는 Ctrl키를 누른 상태에서 이미지를 클릭하여 선택합니다.

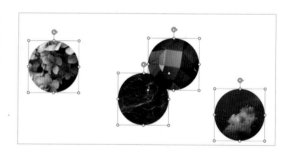

02 [도형 서식]-[정렬]-[맞춤]에서 '위쪽 맞춤 (T)'을 선택합니다. 선택한 개체들이 가장 높이 있던 개체의 높이에 맞춰 정렬됩니다.

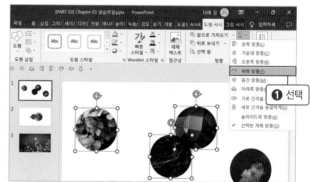

03 이번에는 이미지 간격을 똑같게 해보겠습니다. 이미지를 선택한 후 [도형 서식]-[정렬]-[맞춤]에서 '가로 간격을 동일하게(ⓗ)'를 선택합니다. 그러면 선택한 이미지들의 가로 간격이 똑같게 정렬됩니다.

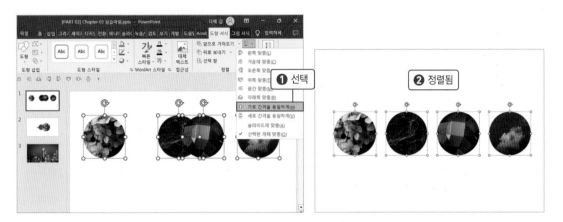

04 이번에는 슬라이드 위쪽에 배치된 모든 개체를 슬라이드 중앙에 배치해 보겠습니다. 먼저 모든 개체를 선택한 후 Ctrl+G키를 눌러 그룹화합니다. [도형 서식]-[정렬]-[맞춤]에서 '중간 맞춤(ⓜ)'을 선택하면 개체가 슬라이드 중간으로 정렬됩니다. 하지만, 여러 번 클릭하여 작업하는 것이 상당히 번거롭습니다.

🔧 **TIP**

[그림 서식] 또는 [도형 서식] 탭은 이미지나 도형을 선택하면 자동으로 활성화됩니다.

빠른 실행 도구 모음 사용하여 정렬하기

01 빠른 실행 도구 모음을 사용하여 간단하게 작업해 보겠습니다. 먼저 아래 팁을 참고하여 빠른 실행 도구 모음에 맞춤 기능을 추가합니다. 그다음 이미지를 드래그하여 모두 선택한 후 빠른 실행 도구 모음의 '위쪽 맞춤' 아이콘을 클릭합니다. 일일이 맞춤 기능을 찾는 것보다 시간이 훨씬 많이 단축됩니다.

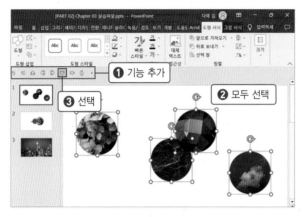
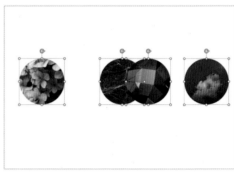

TIP

빠른 실행 도구 모음에 맞춤 기능 추가하기

1️⃣ [파일]-[옵션]을 선택합니다.

2️⃣ 'PowerPoint 옵션' 창의 '빠른 실행 도구 모음'을 선택하고, 명령 선택에서 [홈] 탭을 선택합니다.

3️⃣ 아래 항목을 모두 찾아 순서대로 추가한 후 〈확인〉 버튼을 클릭합니다. 가나다 순서대로 정렬되어 있으니 차례대로 찾아보세요.

- 가운데 맞춤
- 아래쪽 맞춤
- 오른쪽 맞춤
- 가로 간격을 동일하게

- 중간 맞춤
- 위쪽 맞춤
- 왼쪽 맞춤
- 세로 간격을 동일하게

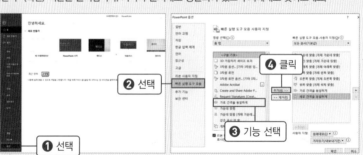

02 이번에는 빠른 실행 도구 모음에 있는 '가로 간격을 동일하게'를 클릭하여 간격을 조정합니다.

03 마지막으로 Ctrl+G 키를 눌러 그룹화한 다음 빠른 실행 도구 모음에서 '중간 맞춤' 클릭합니다. 이처럼 빠른 실행 도구 모음을 사용하니 더 적은 클릭 수로 이미지들을 정렬할 수 있습니다.

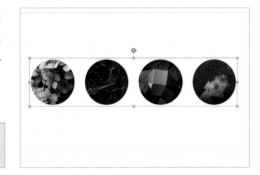

3 이미지들의 순서를 정하는 맨 앞, 맨 뒤로 보내기

빠른 실행 도구 모음에 추가하면 좋은 기능 하나 더 소개합니다. 바로 맨 앞으로 보내기, 맨 뒤로 보내기 기능인데요. 아래처럼 텍스트, 도형, 이미지 3가지의 개체를 차곡차곡 순서대로 쌓고 싶습니다. 드래그해서 포개어 보니 내가 원하는 순서와 반대로 텍스트가 맨 뒤에, 이미지가 맨 앞에 와 있습니다. 이럴 때 사용하면 유용한 기능입니다.

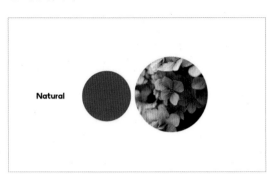

01 텍스트를 선택하고, [도형 서식]-[정렬]에서 '앞으로 가져오기'를 선택하면 텍스트가 도형보다 앞으로 오게 됩니다.

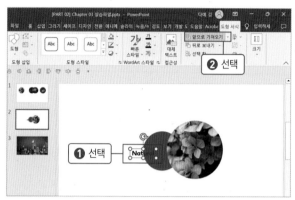
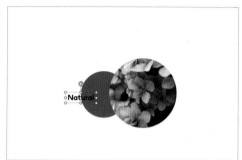

02 이번에는 이미지를 선택하고 [도형 서식]-[정렬]에서 '뒤로 보내기'를 선택하면 이미지가 도형보다 뒤에 배치됩니다. 이제 개체를 다시 포개어 보면 순서대로 정렬된 것을 확인할 수 있습니다.

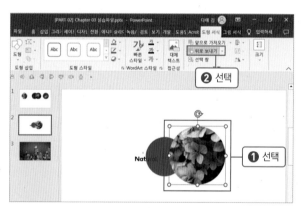

💡 **TIP**

빠른 실행 도구 모음에 간편하게 등록하는 방법

[파일]-[옵션] 창을 선택하여 원하는 기능을 찾아 등록하는 방법의 경우, 많은 기능을 한꺼번에 빠른 실행 도구 모음에 등록할 때는 좋지만, 하나의 기능만 추가하고 싶을 때는 여러 단계를 거쳐야 하는 만큼 번거롭게 다가옵니다. 이럴 때는 빠른 실행 도구 모음에 등록할 기능 위에서 마우스 오른쪽 버튼을 클릭한 후 '빠른 실행 도구 모음에 추가(A)'를 선택하면 등록할 수 있습니다.

4 이미지를 비율대로 자르기

01 다운로드한 이미지를 불러왔는데 이미지 비율이 슬라이드와 맞지 않으면 이미지를 잘라야겠죠. 이럴 때 이미지 비율을 유지한 채 자를 수 있습니다. 이미지를 선택하고 [그림 서식]-[크기]-[자르기]에서 '가로 세로 비율(Ⓐ)'을 선택하면 다양한 비율이 나옵니다. 슬라이드 비율인 '16:9'를 선택합니다.

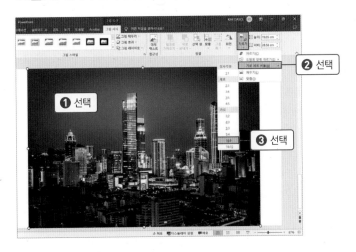

02 해당 비율로 자르기 편집 모드가 됩니다. 이미지를 드래그하여 비율 범위 안에 원하는 이미지가 들어올 수 있도록 조절한 후 흰 배경을 클릭하면 이미지가 잘립니다. '1:1' 비율을 선택하면 정사각형으로 잘립니다.

▲ 16 : 9　　　　　　　▲ 1 : 1

> 💡 **TIP**
>
> 이 두 가지 비율은 작업 시 많이 사용되는 만큼 빠른 실행 도구 모음에 추가합니다.

테마 글꼴과 색상
1000% 써먹기

PPT 작업을 하면서 가장 많이 활용하는 요소들은 텍스트, 선, 그리고 도형입니다. 그중에서도 텍스트와 도형은 매 슬라이드에 빠질 수 없는 존재죠. 하지만 PowerPoint에서 기본으로 설정된 텍스트나 도형 설정은 세련됨과 거리가 멉니다. 멋을 가미하기 위해서는 각각의 폰트나 색상 설정을 바꿔야 하는데 일일이 바꾸는 것도 쉽지 않습니다. 이번 장에서는 폰트와 색상을 가장 효율적인 방법으로 설정하는 노하우를 살펴보겠습니다.

🔳 도형, 선, 텍스트 설정 바꾸기

[홈]-[그리기]에서 도형을 선택하고 드래그하면 PPT에 기본 설정된 파란색 도형이 그려집니다. 선 화살표를 그리거나 텍스트를 입력해도 모두 PowerPoint에 기본으로 설정된 옵션이 적용됩니다. 기본 도형은 파란색 테두리가 자동으로 생겨 깔끔해 보이지 않고, 파란색은 묘하게 촌스럽습니다. 기본 폰트인 맑은 고딕 역시 트렌디한 느낌이 부족합니다. 이런 기본 설정을 벗어나는 것이 PPT 고수의 첫걸음입니다. 도형과 폰트 사용의 옳은 예를 살펴보겠습니다.

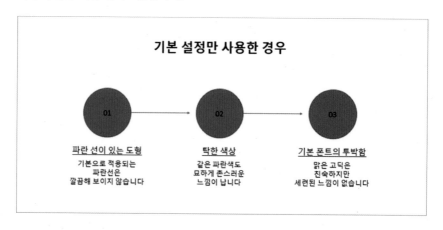

도형 설정 바꾸기

01 실습 파일을 불러온 후 3번 슬라이드를 선택합니다. 도형을 선택하고 마우스 오른쪽 버튼을 클릭하여 '도형 서식(O)'을 선택합니다. 오른쪽에 도형 서식 창이 나타나면 [도형 옵션]에서 채우기 옵션을 살펴보겠습니다.

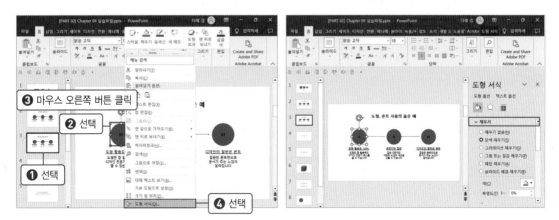

02 [색]을 클릭하고 '다른 색'을 선택하면 [색] 대화상자가 나타납니다. 원하는 색을 선택한 후 〈확인〉 버튼을 클릭합니다. 여기서는 보라색이 섞인 파란색 (R:69, G:31, B:233 / #451FE9)을 설정했습니다. 도형 색상이 바뀌었습니다. 나머지 도형 색도 바꿉니다.

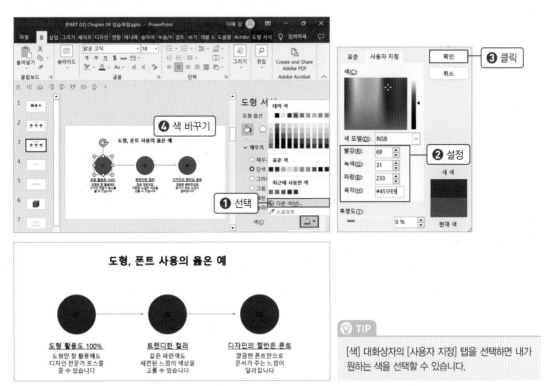

> **TIP**
> [색] 대화상자의 [사용자 지정] 탭을 선택하면 내가 원하는 색을 선택할 수 있습니다.

선 설정 바꾸기

01 이번에는 선 설정을 변경하겠습니다. 먼저 변경할 선을 선택합니다. [도형 서식]-[선]-[색]을 클릭하고 '다른 색'을 선택합니다. 아래 옵션 값을 참고하여 선 색을 변경하고, 너비를 2pt로 설정합니다.

옵션 값 색: #451FE9 or R:69, G:31, B:233 / 너비: 2pt

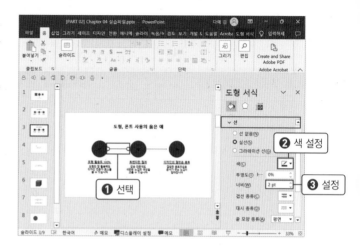

02 대시 종류는 '둥근 점선', 끝 모양 종류는 '원형'을 선택하여 변경합니다. 나머지 선도 똑같이 변경해 보세요.

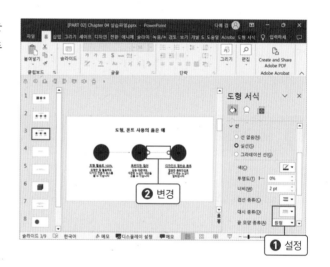

폰트 설정 바꾸기

01 이번에는 폰트 설정을 변경하겠습니다. 먼저 굵게 강조하고 싶은 헤드 라인을 Ctrl키를 누른 채로 클릭하여 모두 선택한 후 [홈]-[글꼴]에서 원하는 폰트를 선택합니다. 여기서는 무료 폰트를 다운로드하여 설치한 'SUIT ExtraBold'를 선택했습니다.

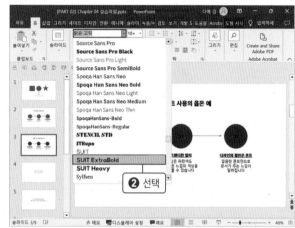

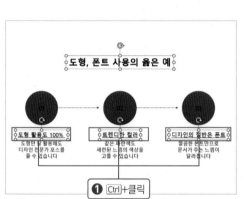

TIP 상업적으로 사용 가능한 무료 폰트를 직접 다운로드하여 사용하는 방법은 95쪽 〈무료 한글 폰트 사이트 '눈누' 이용하기〉에서 확인해 주세요.

02 이번에는 Ctrl키를 누른 채로 본문 텍스트 상자를 클릭하여 모두 선택합니다. [홈]-[글꼴]에서 '폰트'를 클릭하여 본문과 어울리는 스타일로 변경합니다. 여기서는 SUIT 폰트를 선택했습니다.

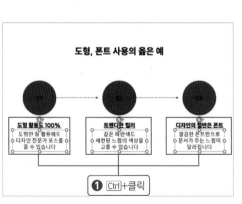
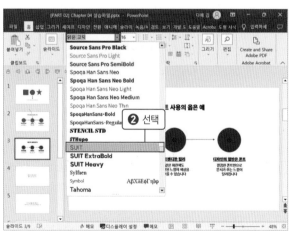

03 이번에는 도형 안에 있는 숫자가 잘 보이도록 색상을 바꾸기 위해 Ctrl 키를 누른 채로 숫자가 적힌 텍스트 상자를 클릭하여 모두 선택합니다. [홈]-[글꼴]에서 '색'을 클릭하고 '흰색'을 선택하여 변경합니다.

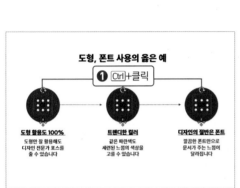

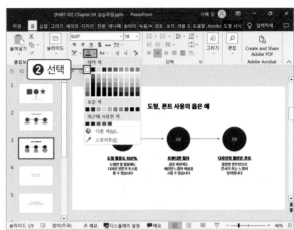

04 같은 방법으로 헤드라인 색을 변경합니다. [글꼴]의 '최근 사용한 색'에서 보라색을 선택합니다.

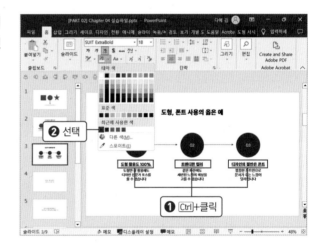

2 테마 글꼴, 테마 색상 설정하기

앞에서 도형, 선, 글꼴 설정을 변경하면서 어땠나요? 개체마다 설정을 바꾸는 일은 생각보다 시간과 노력이 많이 듭니다. 한두 페이지 정도는 괜찮을 수 있지만, 수십 장의 PPT를 다룰 때는 비효율적이죠. 불필요한 시간과 노력을 줄이고 작업의 완성도를 높일 수 있는 노하우를 살펴보겠습니다.

내가 원하는 폰트로 테마 글꼴 설정하기

01 실습 파일에 입력된 텍스트 설정을 보니 맑은 고딕으로 되어 있습니다. 그리고 [홈]-[글꼴]에서 폰트 창을 보면 맨 위에 '테마 글꼴'에 4가지 폰트가 모두 맑은 고딕으로 설정되어 있습니다.

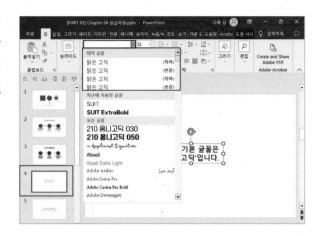

02 이 테마 글꼴을 내가 원하는 폰트로 바꿔 보겠습니다. [디자인]-[적용]에서 자세히 버튼을 클릭한 다음 '글꼴'을 선택합니다. Office 기본 글꼴 테마를 보면 모두 '맑은 고딕'으로 설정되어 있습니다. 다른 폰트로 변경하기 위해 '글꼴 사용자 지정(ⓒ)'을 선택합니다.

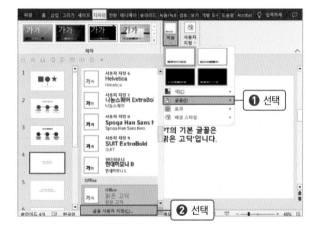

03 '새 테마 글꼴 만들기' 대화상자가 나타납니다. 각 항목별 원하는 폰트를 선택한 후 〈저장〉 버튼을 클릭합니다.

> 💡 **TIP**
>
> 예제에서 설정한 폰트는 다운로드 받은 무료폰트입니다.
> 폰트 다운로드 방법에 대해서는 95쪽을 참고해 주세요.

04 다시 한번 [디자인]-[적용]에서 자세히 ⬇️ 버튼을 클릭하고 '글꼴'을 선택하면 방금 설정한 새로운 글꼴 테마가 생긴 것을 확인할 수 있습니다.

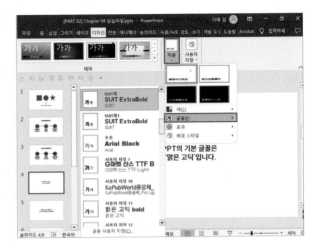

05 [홈]-[그리기]-[도형]에서 가로 세로 텍스트 박스 🔳 버튼을 선택하고 작업 창에 클릭한 후 텍스트를 입력하면 방금 설정한 폰트로 입력이 됩니다. [글꼴]의 폰트 목록을 클릭해보면 내가 설정한 폰트들이 상단에 고정되어 있습니다. 이렇게 일일이 폰트를 수정하지 않아도 내가 원하는 폰트를 바로바로 사용할 수 있습니다.

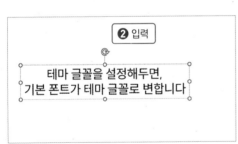

내가 원하는 색으로 테마 색상 설정하기

01 이번에는 테마 기본색을 변경해 보겠습니다. 실습 파일 6번 슬라이드에 있는 도형을 선택한 후 [도형 서식]-[채우기]에서 '색'을 클릭합니다. 테마 색으로 고정된 10가지 기본 색상이 보입니다. 이 테마 색에 따라 도형과 선의 기본색이 설정되는 것이죠.

> **TIP**
>
> [도형 서식] 화면이 보이지 않을 경우 개체 위에서 마우스 오른쪽 버튼을 클릭하여 '도형 서식'을 선택합니다.

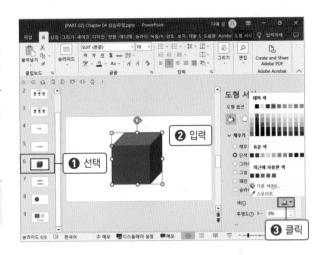

02 [디자인]-[적용]에서 자세히 ⊡ 버튼을 클릭하고 '색(ⓒ)'을 선택하면 여러 Office 테마 색상이 나타납니다. 나만의 색상 팔레트로 커스터마이징하기 위해 '색 사용자 지정(ⓒ)'을 선택합니다.

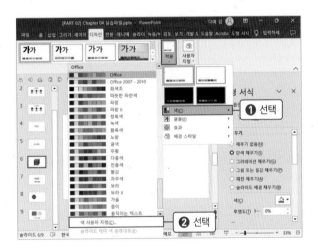

03 '새 테마 색 만들기' 대화상자가 나타나면 '강조(1)'을 클릭한 다음, '표준 색' 하단의 '다른 색'을 선택합니다. '색' 대화상자가 나타나면 PPT 메인 색으로 원하는 색을 설정한 후 〈확인〉 버튼을 클릭합니다. 같은 방법으로 강조2~강조6 색을 변경하고 〈저장〉 버튼을 클릭합니다.

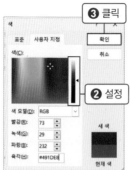
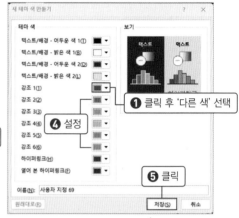

컬러 테마에서는 설정할 수 있는 강조 색상들이 총 6가지가 있습니다. 이 6가지를 꼭 형형색색으로 설정하지 않고, 2가지 메인 컬러와 나머지는 무채색으로 설정해두는 것이 좋습니다. PPT 문서 내의 메인 컬러는 2~3개를 넘지 않는 것이 좋습니다. 추천하는 강조 3~6의 색은 아래와 같습니다.

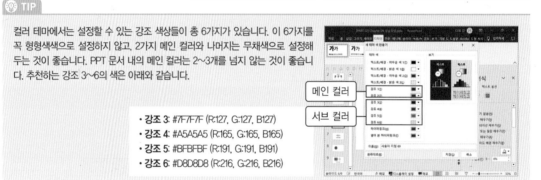

- **강조 3**: #7F7F7F (R:127, G:127, B127)
- **강조 4**: #A5A5A5 (R:165, G:165, B165)
- **강조 5**: #BFBFBF (R:191, G:191, B191)
- **강조 6**: #D8D8D8 (R:216, G:216, B216)

04 도형 색이 변경되는 것을 확인할 수 있습니다. 그리고 [도형 서식]-[채우기]에서 '색(C)'을 클릭하면 고정되어 있던 테마 색이 모두 바뀌어있을 것입니다. [홈]-[그리기]에서 새로운 도형을 추가해보면 자동으로 내가 설정한 '강조(1)' 색상으로 반영됩니다. 이렇게 나만의 팔레트로 테마 색상을 세팅해놓으면 효율적으로 작업할 수 있습니다.

3 기본 도형·텍스트 상자로 설정하기

글꼴 테마와 색상 테마는 PPT 작업을 시작하기 전에 반드시 세팅해야 하는 설정입니다. 하지만 이보다 더 효율적인 방법으로, 기본 텍스트 상자로 설정하기와 기본 도형으로 설정하는 방법이 있습니다. 좀 더 디테일한 설정을 해야 할 때 사용하면 좋습니다.

기본 텍스트 상자로 설정하기

01 텍스트를 입력하면 앞에서 글꼴 테마 설정을 해놓았기 때문에 이 설정대로 적용됩니다. 하지만 크기나 색상, 맞춤 설정까지는 적용이 되지 않는데요. 이 모든 서식을 한번에 적용할 수 있도록 기본 텍스트로 설정해 보겠습니다. 입력한 텍스트 상자를 선택하고, [도형 서식]-[텍스트 옵션]-[텍스트 채우기]의 '색'에서 원하는 색을 설정합니다.

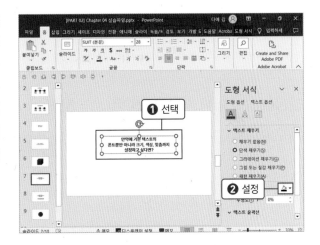

02 텍스트 상자를 선택한 후 마우스 오른쪽 버튼을 클릭하여 '기본 텍스트 상자로 설정(ⓓ)'을 선택합니다. 그러면 해당 텍스트 상자에 있는 폰트, 크기, 색상, 맞춤이 모두 기본 설정으로 됩니다.

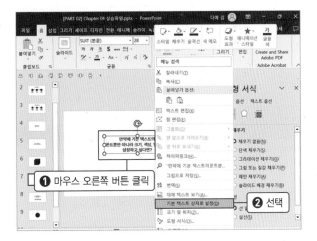

03 [홈]-[그리기]-[도형]에서 '텍스트 상자'를 선택하여 텍스트를 입력합니다. 그러면 설정한 폰트, 색상, 크기, 가운데 맞춤까지 모두 설정되어 입력됩니다.

그라데이션 입힌 기본 도형으로 설정하기

01 이번에는 도형을 설정해 보겠습니다. 새 슬라이드에 도형을 그립니다. 테마 색상을 설정해 놓은 상태라 도형 색이 보라색으로 되어 있습니다. 도형을 선택하고 [도형 서식]-[도형 옵션]에서 '채우기 및 선'을 선택합니다. 그다음 '그라데이션 채우기(G)'를 선택합니다.

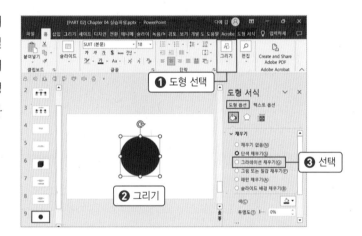

02 '그라데이션 중지점'에서 맨 왼쪽의 중지점을 클릭하고 색을 설정합니다. 양쪽 두 개 중지점을 내가 원하는 색으로 설정하면 자연스럽게 두 색상이 이어지는 그라데이션이 완성됩니다.

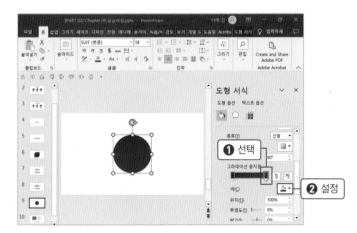

03 '방향'을 '선형 오른쪽'으로 선택하여 그라데이션 방향을 설정합니다. 그다음 [선]에서 '선 없음'을 선택하여 테두리 선을 없앱니다.

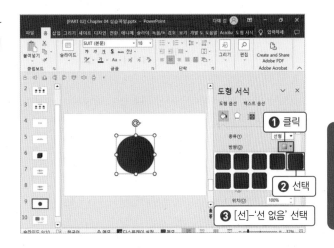

04 설정을 완료하였으면 도형에서 마우스 오른쪽 버튼을 클릭한 후 '기본 도형으로 설정(D)'을 선택합니다.

05 [도형 서식]-[도형 삽입]에서 다른 도형을 선택하여 그려보세요. 방금 설정한 선 없는 그라데이션 도형이 만들어집니다.

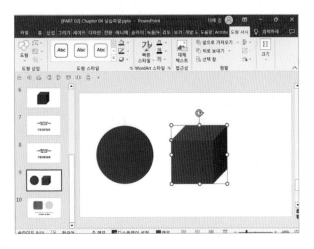

❹ 도형, 텍스트 서식 복사 & 붙여넣기

앞에서 배운 테마 글꼴 및 색상 그리고 기본 텍스트 상자 및 도형 설정은 하나의 세팅을 고정해 놓는 기능입니다. 만약, 작업 중에 설정한 테마 외의 다른 도형이나 텍스트 세팅을 빠르게 활용하고 싶을 때는 어떻게 해야 할까요? 이럴 때 단축키를 이용하면 쉽게 해결할 수 있는데요. 여기서는 PPT 작업을 할 때 꼭 알아야 하는 단축키를 소개하겠습니다.

도형 서식 복사 & 붙여넣기

01 앞에서 세팅한 설정과 달리, 새로운 그라데이션 도형을 활용해보고 싶습니다. 먼저 복사하고 싶은 도형을 선택하고 Ctrl+Shift+C키를 누르면 도형 서식이 복사됩니다.

02 그다음 복사한 도형 서식을 적용할 도형을 선택합니다.

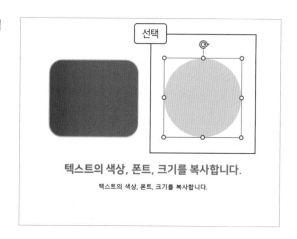

03 Ctrl + Shift + V 키를 눌러 도형 서식을 적용합
니다.

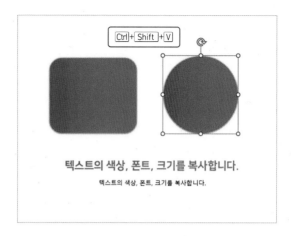

텍스트 서식 복사 & 붙여넣기

01 이번에는 텍스트 서식을 복사한 후 붙여넣기
해 보겠습니다. 복사하고 싶은 서식의 텍스트에 커
서를 두고 Ctrl + Shift + C 를 눌러 서식 복사합니다.

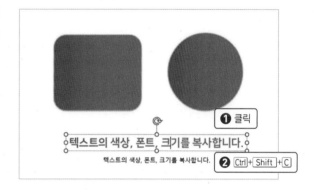

02 적용하고 싶은 텍스트를 모두 드래그하여 선택한 다음 Ctrl + Shift + V 키를 누릅니다. 앞서 복사한 텍스
트의 색상, 폰트, 크기까지 모두 복사됩니다.

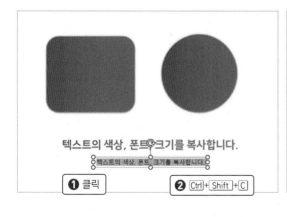

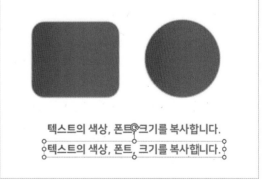

PART 3

디자인의 첫걸음, 핵심 스킬 배우기

PowerPoint 프로그램만 잘 활용하면 여느 디자인 프로그램 못지않은 디자인 결과물을 낼 수 있습니다. 이번 파트에서는 전문 디자인 프로그램 없이 PPT와 무료 온라인 사이트를 통해 멋진 디자인을 완성할 수 있는 스킬을 알아보겠습니다. 디자인의 첫인상을 결정짓는 폰트 다운로드 방법, 컬러 조합, 디자인 센스를 높여주는 레퍼런스 사이트 검색 방법, 고퀄리티 이미지와 아이콘, 일러스트 소스 사이트를 활용하여 디자인 스킬을 높여보세요. 또한, PPT 도형을 활용하여 자유자재로 PPT 디자인하는 방법과 이미지 누끼 따고 목업 합성 방법까지 디자인에 필요한 다양한 방법들을 배워보겠습니다.

01

디자인의 첫인상을 결정하는 폰트와 컬러

첫인상의 법칙 들어보셨나요? 사람을 볼 때 보통 3초면 첫인상이 결정된다고 합니다. PPT 문서도 마찬가지로 첫 페이지를 보자마자 문서에 대한 인상이 결정됩니다. 그중 첫인상에 가장 큰 영향을 미치는 것이 바로 폰트와 컬러입니다. 특히 브랜드 PPT라면 브랜드의 분위기까지 결정짓기 때문에 매우 신중하게 선정해야 하죠. 브랜드와도 어울리고 목적에도 딱 맞는 폰트와 컬러를 함께 골라보겠습니다.

1 PPT 주제와 어울리는 폰트 고르기

폰트는 관중에게 건네는 첫인사입니다. 폰트 종류에 따라 문서 자체의 분위기가 결정되죠. 똑같은 hello도 폰트에 따라 느낌이 완전히 다르거든요. 전문적인 인상과 신뢰감을 줄 때는 반듯하고 가독성이 좋은 폰트를 활용하는 것이 좋습니다. 너무 딱딱한 느낌은 싫고, 크리에이티브하거나 감각적인 인상을 주고 싶다면 둥글고 자유로운 폰트를 쓰는 게 좋습니다.

▲ 전문적인 인상과 신뢰감을 주는 반듯한 고딕 폰트

▲ 감각적인 느낌을 주는 트렌디한 손글씨 폰트

PowerPoint 기본 폰트는 '맑은 고딕'입니다. 기본 설치된 폰트들은 디자인적 제한이 많아 세련되고 가독성 높은 폰트를 사용하기 위해서는 외부 폰트를 다운로드하여 사용하는 것이 좋습니다. 이때 주의해야 할 점은 반드시 '상업용 무료' 라이센스를 가진 폰트만 다운로드해야 합니다. 디자인에 활용하는 요소들이 저작권 문제가 생기면 디자이너가 책임을 져야 하기 때문에 라이센스 사항은 꼼꼼하게 확인해야 합니다.

> **3** **[외주제작 시 사용된 폰트 파일의 이용 책임]**
> A가 웹 디자이너 B에게 의뢰하여 홈페이지에 들어갈 이미지를 제작하였다. B는 저작권자에게 허락받지 않은 폰트 파일을 이용하여 이미지를 제작하였다고 한다. 이에 권리자는 저작권 침해를 이유로 합의금을 요구하는데, B의 폰트 파일 무단사용을 몰랐던 A에게도 책임이 인정되는가? 또 홈페이지의 이미지를 삭제해야 하는가?
>
> ○ 일반적으로 저작물 외주 제작은 위탁도급 계약에 따라 수급인이 독립적 지위에서 자신의 재량에 의하여 저작물을 만들며, 외주 제작의 결과물에 저작권 침해 문제가 발생한다면 제작한 자에게 책임이 있다고 할 수 있습니다.
>
> ○ 웹디자이너 B가 특정 글자체로 이미지를 표현하기 위하여 저작권자의 허락없이 폰트 파일을 이용하였다면, 그에 따른 저작권 침해 책임은 웹디자이너 B에게 있습니다.

▲ 출처: 폰트 파일에 대한 저작권 바로 알기, 문화체육관광부&한국저작권위원회

무료 한글 폰트 사이트 '눈누' 이용하기

눈누 플랫폼은 상업용 무료 한글 폰트만 모아놓은 사이트입니다. 폰트 라이센스에 구애받지 않고 사용할 수 있습니다. 포털사이트에서 '눈누'를 검색하여 접속한 후 '모든 폰트' 카테고리를 클릭합니다. '예시 문구를 적어보세요.'라고 적힌 텍스트 창에서 원하는 문구를 적어봅니다. 작성한 문구에 적용된 다양한 무료 폰트가 보입니다.

원하는 폰트를 클릭하면 해당 폰트에 대한 자세한 설명과 다운로드 링크가 나타납니다. 〈다운로드 페이지로 이동〉을 클릭하면 폰트 원작자의 사이트로 연결되며, '글꼴

다운로드'를 누르면 됩니다. 여기서는 '프리텐다드'체를 선택하였습니다. 100부터 900까지 다양한 굵기가 보여지는데요. 프리텐다드처럼 다양한 굵기를 제공하는 폰트가 디자인할 때 좋습니다.

다운로드한 파일을 압축 해제하여 폰트를 설치합니다. PowerPoint를 실행하여 폰트가 정상으로 설치되었는지 확인합니다. 텍스트 박스를 만든 후 글자를 입력하고 [홈]-[글꼴]에서 방금 설치한 Pretendard 폰트를 선택합니다. 이처럼 눈누 사이트에서 마음에 드는 폰트를 다운로드하여 나만의 폰트 모음을 만들어보세요.

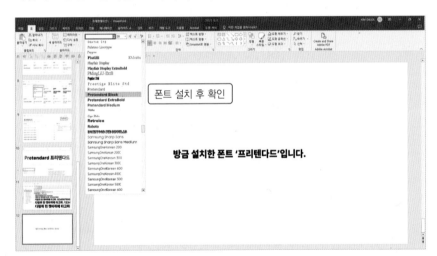

TIP

압축 해제한 폴더에서 폰트를 더블클릭하면 자동으로 폴더 창이 열리며, 〈설치〉 버튼을 누르면 폰트를 설치할 수 있습니다. 폰트 설치 시 PowerPoint가 실행되어 있다면 창을 닫은 후 설치하세요. 그럼에도 설치 후 폰트가 보이지 않는다면 컴퓨터를 재부팅하여 확인합니다.

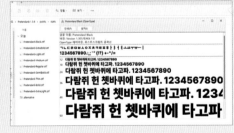

2 브랜드 이미지를 드러내는 컬러 이해하기

컬러는 PPT 문서의 분위기를 좌우하는 중요한 요소입니다. 특히 브랜드 PPT의 경우 고유의 브랜드 아이덴티티에서 크게 벗어나지 않는 컬러를 활용해야 합니다. 이처럼 컬러로 PPT 컨셉을 표현하는 것이 얼마나 중요한지 예시를 보겠습니다.

자연주의 화장품을 소개하는 PPT입니다. 컨셉에 상관없이 메인 컬러를 빨간색과 주황색을 사용한 디자인과 자연주의 컨셉에 맞게 편안하고 깨끗한 느낌을 주는 초록색을 사용한 디자인입니다. 빨간색과 주황색은 강렬하고 열정적인 느낌을 주어 자연주의 컨셉과는 대비되어 보입니다. 반면, 초록색은 자연을 연상시켜 PPT 목적과 잘 어울립니다. 이렇듯 컬러가 표현하는 느낌을 잘 이해해야 좋은 컬러를 고를 수 있습니다.

컬러를 선택할 때 기억해야 하는 '색채 심리'

'색채 심리'는 컬러에 의미를 부여하여 설명하는 것을 말합니다. 컬러마다 어떤 느낌을 주는지 기억해 두고 색을 선택하는 것이죠. 예를 들어 파란색이나 보라색과 같은 차분하고 차가운 색상은 이성적인 이미지가 강합니다. 반대로 주황색이나 노란색과 같은 따뜻한 색상은 감성적인 느낌을 줍니다.

• 빨강

빨간색 하면 떠오르는 것은 불 태양 같이 강렬한 이미지입니다. 힘, 열정, 자신감을 상징하며 열정적이고 활기찬 느낌이 강하죠. 빨간색을 쓰는 대표 브랜드로는 코카콜라, 어도비, 유튜브 등이 있습니다.

#열정적 #활기찬 #강렬함

• 주황

주황색 하면 오렌지처럼 밝고 톡톡 튀는 에너지가 그려집니다. 즐겁고 따뜻한 느낌을 주는 주황색은 시선을 사로잡는 힘을 가졌습니다. 최근 비비드한 오렌지가 트렌디한 컬러로 주목받고 있죠. 대표 브랜드로는 아마존과 SK를 떠올릴 수 있습니다.

#에너지 #즐거움 #행복

• 노랑

노란색은 상쾌하고 밝은 느낌을 줍니다. 레몬을 연상시키며 반사적으로 침이 고이는 효과를 주기도 해서 음식점 브랜드에서 선호합니다. 대표적으로 맥도날드나 버거킹이 있습니다.

#긍정적 #밝음 #따뜻함

• 초록

초록색은 자연을 연상시키는 대표적인 컬러입니다. 조화롭고 안정적인 느낌을 주어 밸런스를 중시하는 브랜드에서 종종 사용합니다. 네이버나 스타벅스와 같은 브랜드를 떠올릴 수 있습니다.

#조화 #자연 #안정

• 파랑

파란색은 많은 회사가 로고로 선호
하는 색상입니다. Fortune지 선정
500대 기업인들에게 가장 인기 있
는 로고 컬러로 뽑힐 정도입니다.
신뢰나 전문성의 느낌을 주어 금융,
기술, 의료 등의 업계에서 주목받고
있습니다. 삼성, 페이스북, 인텔 등
다양한 글로벌 기업들이 떠오릅니다.

#신뢰 #전문성 #정직함

• 보라

보라색은 자주 쓰는 컬러는 아니지
만, 특별하고 창의적인 느낌을 줍니
다. 우아한 느낌과 동시에 신비로
운 분위기도 있어서 고급스러운 브
랜드들이 좋아합니다. 마켓컬리와
야후 등의 브랜드 로고 컬러이기도
하죠.

#창의적 #고급짐 #몽환적

PPT의 메인 컬러 선택하기

센스있는 PPT 디자인에서 가장 중요한 것은 메인 컬러를 1~2개 정도만 사용하는 것
입니다. 너무 많은 색상을 사용하게 되면 산만하게 느껴져 핵심 내용에 집중하기 어
렵게 되기 때문이죠. 메인 컬러를 하나로 선택하고, 나머지 컬러는 메인 컬러에서 채
도만 바꿔주거나 무채색 컬러를 활용하면 깔끔하고 콘텐츠에 대한 집중도를 높일 수
있습니다.

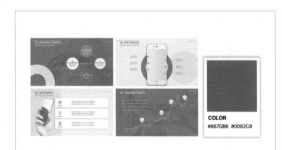

PPT에서 기본적으로 제공하는 기본 컬러는 세련된 느낌이 떨어지기 때문에 좋은 컬러를 찾는 과정을 거쳐야 합니다. 이때, 색상 전문가들이 공유해 놓은 좋은 컬러 조합을 참고하면 좋습니다.

이미지에서 추출한 색상 조합 'Adobe Color'

Adobe사에서 운영하는 어도비 컬러(https://color.adobe.com/) 사이트를 이용하면 편리합니다. 어도비 컬러의 특징은 다양한 이미지에서 추출한 컬러 조합을 보여줄 뿐만 아니라, [탐색] 탭에서 원하는 분위기나 색상을 검색하면 관련된 다양한 컬러 조합들을 보여줍니다. 원하는 컬러를 선택하면 색상 조합을 더욱 자세히 볼 수 있습니다. 각각의 색마다 색상 값을 표기해 주기 때문에 복사해서 사용하면 됩니다.

위에서 복사한 색상 값을 PPT에 적용하는 방법은 간단합니다. [도형서식]-[채우기]-[색]에서 '다른 색'을 선택하여 '색' 대화상자를 불러옵니다. 맨 아래 '육각(H)' 항목에 Ctrl+V 키를 눌러 방금 복사한 값을 붙여넣은 후 〈확인〉 버튼을 클릭하면 해당 색이 적용됩니다.

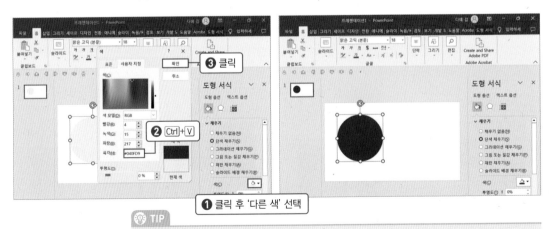

❶ 클릭 후 '다른 색' 선택

TIP

[도형 서식] 창이 보이지 않을 경우, 도형을 선택하고 마우스 오른쪽 버튼을 클릭하여 '도형 서식'을 선택합니다.

가독성을 높이는 3가지 법칙

PPT 디자인에서 무엇보다 중요한 것은 '가독성'입니다. 문서가 전하고자 하는 메시지를 정확히 전달하는 것이 목적이기 때문이죠. 가독성을 헤치는 디자인은 마이너스 요소가 되므로 언제나 머릿속에 가독성을 떠올리고 작업해야 합니다. 그럼 PPT 디자인을 할 때 가독성을 잘 드러낼 방법들을 살펴보겠습니다.

텍스트로 내용의 강약 조절하기

슬라이드에 입력하는 모든 텍스트가 중요한 것은 아닙니다. 보통 강조해야 할 텍스트와 서브 역할을 하는 텍스트로 구성됩니다. 여기서 PPT 디자이너는 슬라이드 내용의 중요도에 따라 우선순위를 파악해야 합니다. 다음 세 문장이 있는 슬라이드가 있습니다. 이 세 문장에 대해 중요도를 매겨본다면 다음과 같습니다.

❸ "광고를 할 때 가장 중요한 것이 무엇일까요?"
❷ 70% 이상의 시간을 단 하나에 쏟아 붓습니다
❶ 컨셉이 전부다

❸ 뒷 내용을 강조하기
위한 구어체의 인트로
❷ 핵심 메시지를 뒷받침
해주는 내용
❶ 핵심 메시지

각 메시지의 중요도와 역할을 파악했다면 이번에는 각 메시지에 어울리는 폰트와 굵기, 크기로 차별화를 표현합니다. 구체어의 인트로 문장은 가장 작은 폰트로 말하는 듯한 손글씨 폰트를 사용했습니다. 뒷받침해 주는 내용은 반듯한 고딕체로 보통 굵기의 적당한 크기로 설정했습니다. 마지막으로 핵심 메시지는 가장 굵은 폰트로 강조하였습니다.

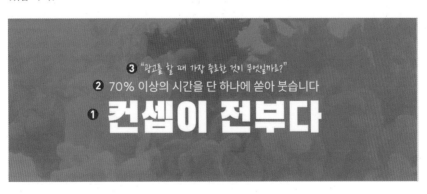

❸ 폰트: 카페24 빛나는별
크기: 28pt
❷ 폰트: SUIT
크기: 28pt
❶ 폰트: 검은 고딕
크기: 96pt

이처럼 같은 텍스트들도 강약을 조절할 때 텍스트 크기, 볼드체 적용, 정렬 등 다양한 방법을 사용합니다. 먼저 텍스트 크기의 경우 보통 문서를 작성할 때 10pt를 많이 사용하는데요. PPT는 일반 문서처럼 글줄이 많은 보고서가 아니기 때문에 너무 작으면 가독성이 매우 떨어지고, 슬라이드에 백지 공간이 많아집니다. 그래서 제목 텍스트는 20pt 이상, 소제목 텍스트는 16pt 이상, 본문 텍스트는 14pt 이상으로 사용하는 것을 추천합니다.

제목이나 소제목 외에 문장 속에서 강조해야 하는 텍스트의 경우, 포인트를 주고 싶은 부분만 볼드 폰트체로 강조하는 것이 좋습니다. 꼭 문장을 통째로 강조할 필요는 없어요. 주요 단어만 볼드체로 적용해도 가독성이 매우 높아집니다.

TIP

텍스트 줄바꿈을 할 때 Enter↵ 키만 누르면 단락이 바뀌거나 글머리 기호가 붙는 경우가 생깁니다. 이 때, Shift+Enter↵ 키로 내가 원하는 글 간격에 맞춰 줄 바꿈을 할 수 있습니다.

마지막으로 텍스트 정렬도 가독성에 큰 영향을 줍니다. 다음 이미지의 C.텍스트 정렬의 예처럼 단어 중간에 줄 바꿈이 되는 경우가 있는데요. 이런 사소한 포인트까지도 챙기는 게 좋습니다. 디자인에 따라 달라지겠지만, 텍스트의 밸런스를 맞출 때 가운데 맞춤을 사용하는 경우가 많습니다. 가운데 정렬 단축키 Ctrl+E 키를 사용하면 편리합니다. 그리고 한 문장에 6단어 이상 구성될 경우 Shift+Enter↵ 키를 눌러 줄을 바꿔주는 것이 좋습니다.

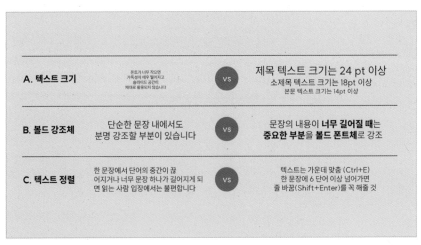

▲ 한 페이지로 보는 가독성의 법칙

컬러 분리법으로 가독성 높이기

'유사성의 원리'에 의하면 사람은 본능적으로 유사해 보이는 요소들을 그룹화한다고 합니다. 슬라이드 내의 내용을 유사하게 배치하면 메시지를 어디서부터 읽을지 혼란스러울 수 있습니다. 이때, 컬러를 활용해서 슬라이드의 콘텐츠를 분리할 수 있습니다. 예를 들어, 슬라이드에 담아야 하는 5가지의 내용이 있다고 해볼게요. 똑같은 흰색 원형으로 각 내용을 분리해 보았습니다. 하지만, 같은 색상이라 5개의 도형이 한 묶음으로 보입니다.

이때, 첫 번째 도형부터 홀수 순서의 도형에만 파란색으로 포인트를 주겠습니다. 숫자들에도 파란 배경일 때는 흰색으로, 흰색 배경일 땐 파란색으로 색상을 변경했습니다. 각각 내용이 색상의 차이 덕분에 더욱 분리되어 보이고 잘 읽히게 됩니다.

도형으로 콘텐츠 구분하기

텍스트와 컬러 외에도 도형을 사용해서 내용을 분리하고 가독성을 높일 수 있습니다. 슬라이드에는 보통 메인 제목과 각 콘텐츠의 소제목 및 본문 내용이 구성됩니다. 앞서 배운 폰트의 굵기와 크기, 그리고 컬러로 구분을 지어주어도 부족하게 느낄 때가 있습니다.

이때, 도형과 선만 잘 사용하면 내용을 더욱 명확하게 구분할 수 있습니다. 파란색 선으로 메인 제목과 나머지 내용의 섹션을 나누겠습니다. 또한, 소제목들은 파란색 직사각형으로 구분하여 본문 내용보다 더 강조점을 줍니다. 본문 내용은 흰색 직사각형으로 구분하고, 순서 아이콘은 원형을 활용하여 각각의 내용을 구분해 줍니다.

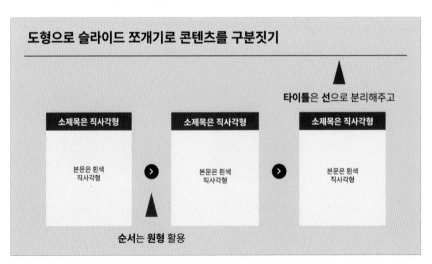

02

디자인 센스를 100배 높여주는 사이트 모음

아무리 작업해도 내 디자인 실력이 제자리에 머무는 듯한 느낌이라면 디자인 감각을 높이기 위해 많이 노력해야 합니다. 이때 혼자서 고민하는 것보다 다양한 도움을 받으면 수월하게 디자인 실력을 업그레이드 할 수 있겠지요. 저 역시 디자인이 잘 풀리지 않을 때 도움받은 사이트가 있는데요. 여러분께 소개하겠습니다.

1 디자인 레퍼런스 사이트

디자인 작업 시 가장 막막할 때가 언제일까요? 바로 PPT를 처음 켜고 백지 슬라이드를 볼 때입니다. 백지에서 유를 창조해 내야 하는 부담감 때문이죠. 그래서 반드시 본격적인 작업 전에 다른 사람들의 레퍼런스(참조)를 통해 영감을 받는 것이 중요합니다. 다만, 레퍼런스는 말 그대로 참조하는 것이지 카피와 혼동하면 안 됩니다. 디자인 구도나 느낌 정도만 참고한다 생각하면 됩니다. 그럼, 레퍼런스에 도움이 되는 사이트를 소개하겠습니다.

핀터레스트(https://www.pinterest.co.kr/)

디자이너라면 모를 수 없는 대표 디자인 사이트입니다. 벽에 사진 등을 고정할 때 쓰는 핀(Pin)과 관심사를 뜻하는 인터레스트(Interest)의 합성어입니다. 즉, 온라인에서 내가 관심 있는 이미지를 핀으로 콕 찍어서 저장할 수 있는 사이트입니다.

사이트 UI만 봐도 이미지를 크게 강조한 것이 보입니다. 세계 각국의 다양한 디자인 제작물이 업로드되는 사이트이므로 다양한 주제를 검색하고 원하는 이미지를 스크랩할 수 있습니다. 예를 들어, 'ppt design'을 검색하면 다양한 PPT 디자인 결과물들이 나타납니다.

마음에 드는 레퍼런스를 클릭하면 디자인을 볼 수 있습니다. 그리고 화면을 스크롤하면 내가 클릭한 디자인과 유사한 이미지들을 '유사한 핀 더 보기'에서 추천해 줍니다. 내가 원하는 디자인을 키워드로 표현하기 어렵다면 느낌이 비슷한 디자인을 찾을 때까지 계속 서핑할 수 있습니다.

핀터레스트의 핵심 기능은 바로 나의 관심사를 '핀'할 수 있는 것입니다. 나만의 레퍼런스 폴더를 만든 후 마음에 드는 이미지의 '저장' 버튼을 눌러 폴더에 저장합니다. 이렇게 미리 레퍼런스를 모아놓으면 디자인 작업을 할 때 언제든지 꺼내어 참고할 수 있습니다.

비핸스 (https://www.behance.net/)

어도비에서 운영하는 포트폴리오 사이트로, 대부분 디자이너가 제작한 작품들을 볼
수 있는 곳입니다. 핀터레스트는 이미지 형태의 작업물을 누구나 올리는 곳이라면 비
핸스는 다양한 디자인 작품들 위주로 볼 수 있습니다. 그래서 퀄리티 높은 디자인을
찾고 싶다면 비핸스를 추천합니다.

비핸스에서 'PPT'를 검색하면 글로벌 디자이너들의 PPT 작품들을 감상할 수 있습니
다. 디자인적 요소가 화려하게 들어간 PPT도 많아서 크리에이티브한 영감이 필요할
때 참고하면 좋습니다. 디자인을 클릭하면 디자인 포트폴리오를 감상할 수도 있고,
디자인 스타일이 마음에 든다면 디자이너를 팔로우할 수도 있습니다.

드리블 (https://dribbble.com/)

드리블 또한 퀄리티 높은 디자이너 혹은 크리에이티브 에이전시의 작품들을 감상할 수 있는 플랫폼입니다. 디자이너들이 포트폴리오를 올리고 프로젝트 진행이나 채용 관련된 제안이 오가는 커뮤니티 성향이 강합니다. 드리블의 특징은 작업물을 제약 없이 올리기 위해서는 다른 사용자의 초대장이 필요한 시스템이란 것입니다. 초대받은 디자이너들이 작품을 올리기 때문에 디자인 작업물의 퀄리티가 높은 편입니다.

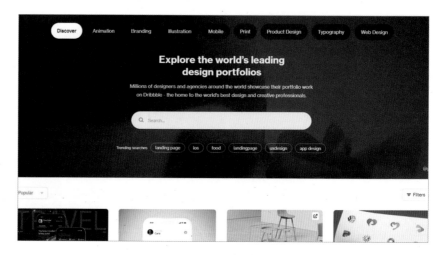

드리블에서도 'PPT'라는 키워드로 검색해 보겠습니다. 다양한 포트폴리오가 검색되는데요. 작성자 이름 옆에 'TEAM'이라고 적혀있다면 디자인 에이전시가 올린 작품입니다. 각 회사에서 어떤 방식으로 디자인하는지 참고하면 좋습니다.

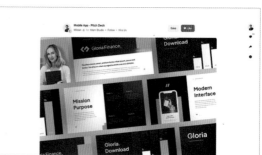

② 고퀄리티 이미지 소스 사이트

지금까지 PPT 디자인 의뢰를 받은 것 중, 초안 90% 정도는 흰 배경에 검정 글씨로 구성되었던 것 같아요. 이때 고퀄리티 이미지를 사용하면 단순한 텍스트 구성을 시각적으로 표현할 수 있어 좋습니다. 여기서는 저작권 걱정 없이 사용할 수 있는 고퀄리티 이미지 제공 사이트를 소개하겠습니다.

언스플래쉬 (https://unsplash.com/)

전문가들이 촬영한 고퀄리티 이미지를 무료로 사용할 수 있는 이미지 사이트입니다. 워낙 고퀄리티 소스가 많아 저도 PPT 디자인 프리랜서 일을 처음 시작할 때 90%의 이미지 소스를 언스플래쉬에서 찾을 정도였습니다.

PART 3

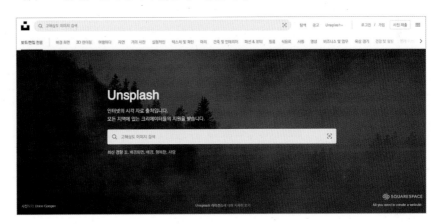

검색 창에 'City'라고 검색하면 굉장한 퀄리티의 이미지들이 나타납니다. 이미지 상단에 'Unsplash+' 태그가 표기된 이미지는 유료 구독을 해야 사용할 수 있으며, 그 외의 이미지는 무료로 다운로드할 수 있습니다. 마음에 드는 이미지를 클릭하고, 화면 오른쪽 위의 '무료 다운로드' 화살표를 클릭하면 이미지 크기를 선택할 수 있습니다. PPT 디자인에 사용할 이미지의 경우 M(1920 x 1180) 크기를 추천합니다.

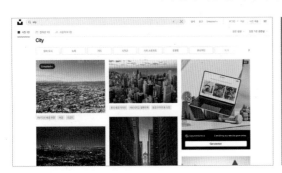

픽사베이 (https://pixabay.com/)

픽사베이는 사진뿐만 아니라 일러스트, 벡터, 비디오 등 다양한 소스들을 제공하는 사이트입니다. 모든 이미지가 고퀄리티는 아니지만, 방대한 양의 소스를 가지고 있기 때문에 특정 컨셉의 이미지를 찾을 때 활용하면 좋은 사이트입니다. 언스플래쉬는 실사 위주의 이미지가 많지만, 픽사베이는 판타지스러운 이미지나 합성 이미지들도 찾을 수 있습니다.

예를 들어, 언스플래쉬와 똑같은 키워드 'city'로 검색해 보겠습니다. 언스플래쉬에서는 전문 포토그래퍼가 촬영한 도시 전경 이미지들이 많이 나왔던 반면, 픽사베이에는 판타지적 요소들이 섞인 이미지들도 종종 나옵니다. 비즈니스 문서를 디자인할 때 대부분 언스플래쉬의 이미지가 잘 어울리지만, 가끔 상상력이 필요한 주제를 다룬다면 픽사베이에서 찾아보세요. 이미지를 클릭하고 '무료 다운로드' 버튼을 클릭하면 이미지를 다운로드할 수 있습니다.

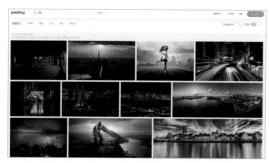

플리커 (https://www.flickr.com/)

플리커는 무려 130억 개의 이미지와 동영상을 가진 스톡 사이트입니다. 로그인 없이도 이미지를 자유롭게 다운로드할 수 있지만, 로그인하면 이미지 관리도 가능합니다. 다양한 언어 옵션을 제공하여 한글로도 검색할 수 있는 사이트입니다.

이미지를 검색한 후 '모든 라이센스'에서 '상업적 이용 허용'을 체크하면 상업적으로 사용해도 저작권에 문제가 없는 이미지들만 필터링하여 보여줍니다. 저작권에 문제가 생기지 않도록 항상 조심하길 바랍니다.

3 아이콘 & 일러스트 소스 사이트

PPT 디자인의 목적은 클라이언트가 문서로 전달하고자 하는 메시지를 가장 효율적으로 만드는 것입니다. 이때 내용에 대한 이해도와 주목도를 높여주는 요소로 아이콘과 일러스트를 사용하면 좋습니다. 이미지보다 더 콤팩트하게 내용을 전달할 수 있으며, 밋밋해 보이는 초안에서 디자인적으로 눈에 띄게 확 바뀐 듯한 효과를 줄 수 있기 때문입니다.

TIP

이때 아이콘은 라이센스가 다양하기 때문에 유의해서 사용해야 합니다.

아이콘파인더 (https://www.iconfinder.com/)

아이콘파인더는 무료 아이콘 모음과 프리미엄 아이콘을 모두 제공하며, 약 50만 개 이상의 아이콘을 찾을 수 있는 사이트입니다. 아이콘들을 주제별로 묶어놓은 그룹으로도 찾을 수 있어 소셜, 비즈니스, 음식 등 다양한 주제의 아이콘을 다운로드할 수 있습니다.

TIP

Filters에서 무료 아이콘을 찾기 위해 'Free'를 선택하고, 외곽선이 있는 아이콘만 보고 싶을 경우 'Outline'을 선택합니다. 마지막은 라이센스 칸으로 'For commercial use'를 선택하여 상업용 무료 아이콘들만 검색되도록 합니다. 상업용 무료 아이콘일지라도 라이센스에 따라 출처를 남겨야 할 수 있으니 자세히 살펴보세요.

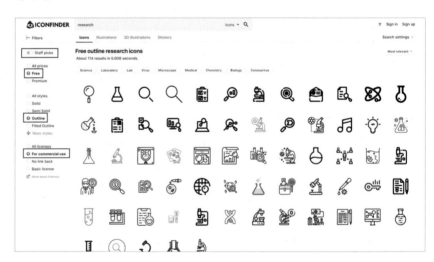

검색창에 원하는 키워드를 입력합니다. 화면 왼쪽에 있는 필터 카테고리를 이용하면 내가 찾고 싶은 아이콘의 조건을 좀 더 세분화하여 검색할 수 있습니다. 다운로드할 아이콘을 클릭하면 PNG, SVG 등등 파일 형식을 선택할 수 있습니다.

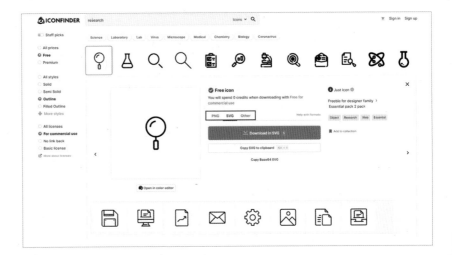

💡 TIP

SVG는 아이콘의 벡터 형태로, PPT에서 벡터 형태의 아이콘은 컬러나 모양 등을 자유롭게 편집할 수 있습니다. PNG는 이미지 파일이라 색을 입힐 경우, 배경까지 전부 색상이 입혀집니다. 하지만 SVG는 벡터 파일로, 아이콘의 모양 자체를 인식하기 때문에 아이콘 모양으로만 색이 바뀝니다.

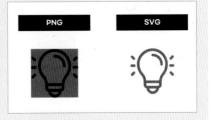

플래티콘 (https://www.flaticon.com/)

플래티콘 또한 방대하고 다양한 스타일의 아이콘을 가진 대표적인 플랫폼입니다. 단순 2D 아이콘부터 움직이는 아이콘, 스티커 등 다양한 형태와 웬만한 주제의 아이콘이 검색되는 것이 장점입니다.

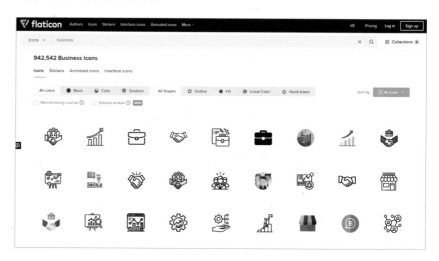

키워드로 검색했을 때, 색상부터 모양까지 다양한 필터로 찾아볼 수 있습니다. 색상 중에서 'Gradient'를 클릭하면 그라데이션이 입혀진 트렌디한 아이콘들을 검색할 수 있습니다. 원하는 아이콘을 클릭하면 PNG 파일 형식의 무료 아이콘을 다운로드할 수 있습니다. 다만, 모든 무료 아이콘에는 출처를 남겨야 하는 특징이 있습니다. 다운로드하면 원작자의 출처를 남기라는 메시지와 함께 'Copy link' 버튼이 나타납니다. 해당 버튼을 클릭하여 출처를 꼭 남겨야 합니다.

💡 TIP

연 구독 시 월 7.50 유로(약 만원)의 구독비를 사용하면 모든 파일 형식(SVG 파일 포함)을 자유롭게 다운로드할 수 있고, 출처도 남기지 않아도 됩니다. 클라이언트에게 전달할 문서에 출처가 남는 것이 싫은 경우 유료 구독을 추천합니다.

언드로우 (https://undraw.co/illustrations)

언드로우는 트렌디하고 심플한 일러스트를 무료로 제공하는 사이트입니다. 메인 페이지부터 직관적이고 심플한 것을 볼 수 있죠. 이 사이트의 최대 장점은 모든 일러스트의 그림체가 비슷하여 PPT 디자인을 할 때 통일성 있게 일러스트를 사용할 수 있다는 것입니다. 검색 방법은 오른쪽 상단의 Search를 클릭하여 키워드를 입력하면 됩니다.

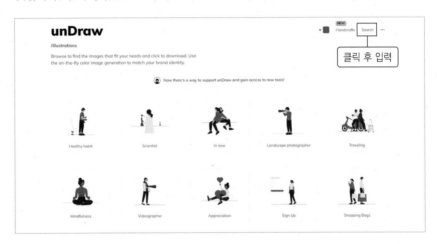

'Social' 키워드를 검색해 보았습니다. 관련된 일러스트가 나타납니다. 이때 오른쪽 상단의 색상을 클릭한 후 원하는 색을 선택하면 해당 색으로 모든 일러스트가 변경됩니다. 원하는 일러스트를 선택하고 'Download SVG'를 클릭하여 벡터 파일을 다운로드하면 됩니다.

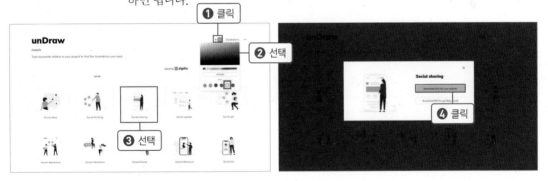

03

도형을 자유자재로 편집하기

PPT 디자인을 할 때 도형을 활용해서 할 수 있는 것들이 매우 많습니다. 이번 챕터에서는 도형을 1,000% 활용할 수 있는 다양한 방법들을 살펴보겠습니다.

1 이미지 벡터 파일을 도형으로 변경해서 편집하기

01 Chapter 2에서 살펴본 사이트에서 디자인 소스를 다운로드하여 PPT에 활용해 보겠습니다. 먼저 일러스트 사이트 언드로우에서 돈과 관련된 일러스트를 검색하여 SVG 파일을 다운로드한 후 PPT 슬라이드로 불러옵니다.

소스 다운로드 언드로우(https://undraw.co/illustrations) / 키워드: money / 컬러: #6C63FF / 파일 유형: SVG

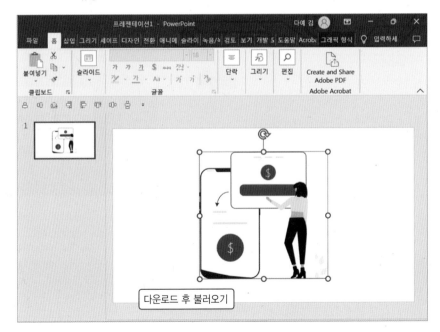

다운로드 후 불러오기

02 일러스트 위에서 마우스 오른쪽 버튼을 클릭하여 '도형으로 변환'을 선택한 후 나타나는 대화상자에서 〈예〉를 클릭합니다. 백터 파일의 일러스트가 도형화되면서 각 도형을 마음대로 편집할 수 있게 됩니다.

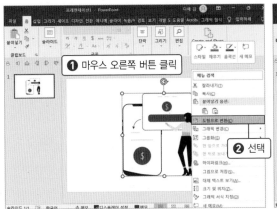
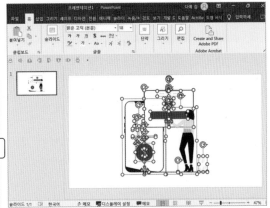

03 SVG 파일의 가장 큰 장점은 PPT에서 도형의 색상도 바꿀 수 있다는 것입니다. 여자 캐릭터의 바지를 선택한 후 마우스 오른쪽 버튼을 클릭하여 '도형 서식'을 선택합니다.

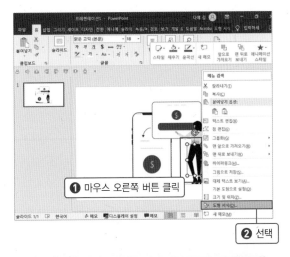

04 [도형 서식]-[채우기]-[색]을 선택하고, 스포이트를 선택합니다. 스포이트로 일러스트의 보라색 부분을 클릭하면 해당 색으로 변경됩니다.

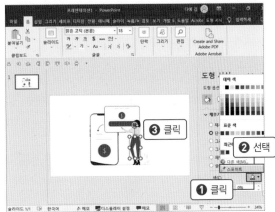

05 동전 안에 있는 달러($)를 원(₩)으로 바꿔보겠습니다. 달러를 클릭하고 Delete 키를 눌러 삭제합니다. 아이콘파인더 사이트를 통해 원(₩) 아이콘을 다운로드한 후 PPT 슬라이드로 불러옵니다.

소스 다운로드 ┃ 아이콘 파인더 (https://www.iconfinder.com/) / 키워드: won / 파일 유형: SVG

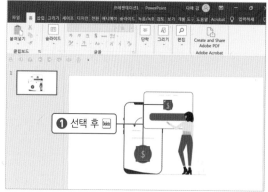
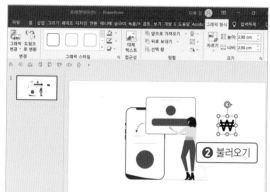

06 원(₩) 아이콘의 꼭짓점을 드래그하여 크기를 조절한 후 도형 안에 배치합니다. 원(₩) 아이콘을 복사한 후 위쪽 도형 안에도 배치합니다.

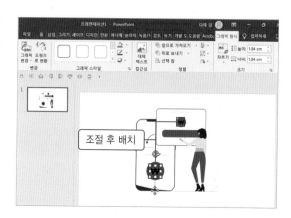

07 드래그하여 모든 도형을 선택합니다. 한꺼번에 위치를 옮기기 쉽도록 Ctrl + G 키를 눌러 그룹화한 후 슬라이드 오른쪽으로 일러스트를 드래그하여 옮깁니다.

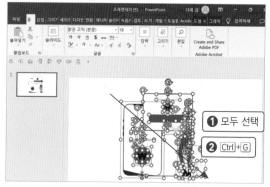
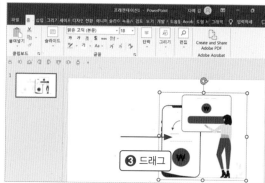

08 슬라이드 배경색을 바꿔보겠습니다. 오른쪽 [배경 서식]-[채우기]-[색]의 '최근에 사용한 색' 항목에서 보라색을 선택합니다.

 색: #6C63FF (R: 108, G: 99, B: 255))

> **TIP**
> [배경 서식] 창이 보이지 않을 경우 슬라이드 배경에서 마우스 오른쪽 버튼을 클릭한 후 '배경 서식'을 선택합니다.

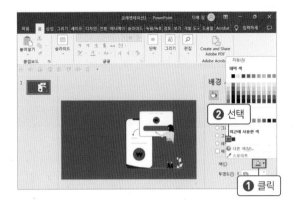

09 [홈]-[그리기]-[도형]에서 '둥근 모서리 사각형'을 선택한 후 슬라이드 하단 중앙에 드래그하여 그립니다. [도형 서식] 창에서 아래 옵션 값을 적용합니다.

옵션 값 도형: 둥근 모서리 사각형 / 선: 선 없음 / 컬러: #F2F2F2 (R: 242, G: 242, B: 242)

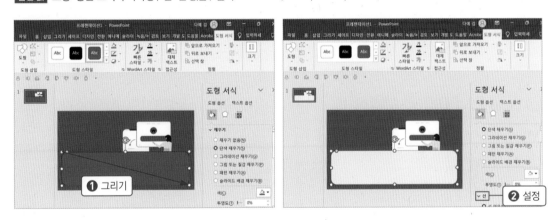

10 도형을 일러스트 뒤로 보내기 위해 마우스 오른쪽 버튼을 클릭한 후 '맨 뒤로 보내기'를 선택합니다.

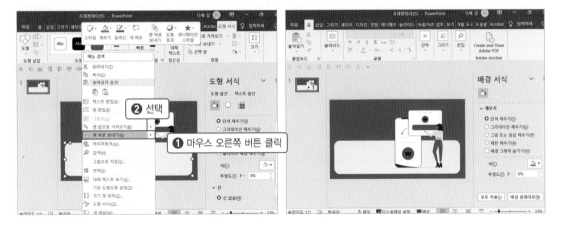

PART 3

11 텍스트를 입력해 보겠습니다. 보라색 배경 위에는 흰색 텍스트, 회색 도형 위에는 보라색 텍스트로 색상 설정을 하여 가독성을 높입니다. 일러스트 위에 'PPT 아이콘'도 얹어서 슬라이드 디자인을 완성합니다.

옵션 값 폰트: G마켓산스 Bold

소스 다운로드 아이콘 파인더 (https://www.iconfinder.com/) / 키워드: PPT / 파일 타입: SVG

완성 [PART 3] Chapter 3-1 완성 파일

2 도형 안에 이미지 삽입하기

실습 [PART 3] Chapter 3-2 실습 파일

01 도형 안에 이미지를 삽입하여 색다른 '마케팅 제안서' 디자인을 해 보겠습니다. 먼저 실습 파일을 불러온 후 [홈]-[그리기]-[도형]에서 '비어있는 원형'을 선택합니다.

02 오른쪽 모서리에 비어있는 원형을 그린 후 [도형 서식]에서 아래 옵션 값을 적용합니다.

옵션 값 | 색: #FFFFFF(R:255, G:255,, B:255) / 선: 선 없음

🔅 TIP

Shift 키를 누른 상태에서 도형을 드래그하면 일정한 크기로 만들 수 있습니다.

03 다시 [홈]-[그리기]-[도형]에서 '비어있는 원형'을 선택하고 기존에 그린 빈 원형과 겹치게 하여 커다란 원을 그립니다.

04 마우스 오른쪽 버튼을 클릭하고 '맨 뒤로 보내기'를 선택합니다. 그다음 원형 안에 노란 점을 안쪽으로 드래그하여 두껍게 만듭니다.

05 언스플래쉬 사이트에서 빈 원형 안에 넣을 이미지를 다운로드한 후 PPT 슬라이드로 불러옵니다. 이미지가 선택된 채로 [그림 서식]-[크기]에서 '자르기'를 선택합니다. 이미지 꼭짓점을 드래그하여 빈 원형 크기에 맞게 조절합니다.

소스 다운로드 언스플래쉬 (https://unsplash.com/ko) / 키워드: phone

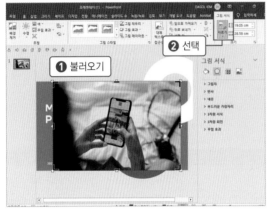 

06 배경을 클릭하여 이미지를 자른 다음 Ctrl + X 키를 눌러 이미지를 오려냅니다. 이미지를 삽입하려는 빈 원형 도형을 선택합니다.

07 오른쪽 [그림 서식]-[채우기]에서 '그림 또는 질감 채우기'를 선택합니다. '그림 원본'의 '클립보드'를 클릭하면 방금 잘라내어 클립보드에 있던 이미지가 원형 안에 채워집니다.

08 두 번째 페이지도 디자인하겠습니다. [홈]-[그리기]-[도형]에서 '원형' 도형을 선택한 후 오른쪽 상단 모서리에 드래그하여 그립니다.

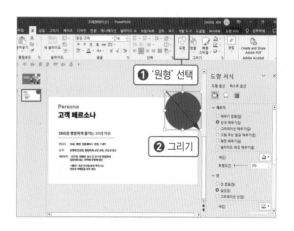

09 [도형 서식]-[채우기]-[색]에서 아래 옵션 값을 설정합니다.

옵션 값 #438CE8(R: 67, G: 140, B: 232)

10 다시 [홈]-[그리기]-[도형]에서 '둥근 위쪽 모서리'를 선택하고 오른쪽에 바닥까지 닿도록 도형을 그립니다. 상단의 노란색 점을 안쪽으로 드래그하여 윗부분을 완전 둥글게 만듭니다.

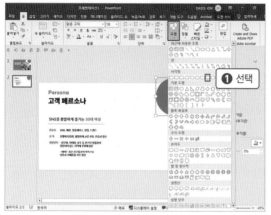

11 아래 소스 다운로드를 참고하여 도형 안에 삽입할 이미지를 불러온 후 도형에 맞춰 드래그합니다. [그림 서식]-[자르기]를 클릭하여 도형 크기만큼 조절한 후 배경을 클릭합니다. 그다음 Ctrl + X 키를 눌러 이미지를 오려냅니다.

소스 다운로드 언스플래쉬 (https://unsplash.com/ko) 키워드: model

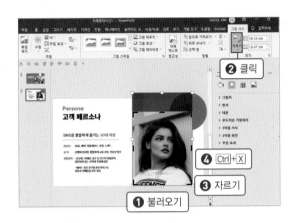

12 오른쪽 [그림 서식]-[채우기]에서 '그림 또는 질감 채우기'를 선택하고, '클립보드'를 클릭하면 도형 안에 이미지가 채워집니다.

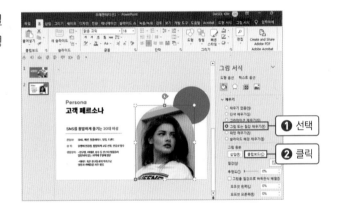

13 마지막 페이지에는 도형을 이용해 그래프를 표현해 보겠습니다. 먼저 [홈]-[그리기]-[도형]에서 '비어있는 원형'을 선택합니다. 화면 오른쪽에 드래그하여 도형을 그린 후, [도형 서식]에서 색은 '흰색', 선은 '선 없음'으로 설정합니다.

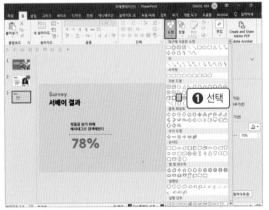

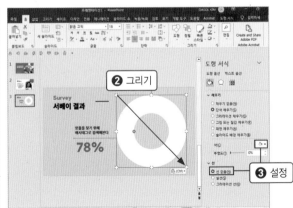

14 이번에는 [홈]-[그리기]-[도형]에서 '막힌 원호'를 선택한 후 앞에서 그린 빈 원형 크기에 맞춰 원호를 겹쳐서 그립니다. 노란색 점을 드래그하여 원호의 길이를 아래 이미지처럼 조정합니다.

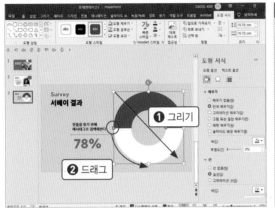
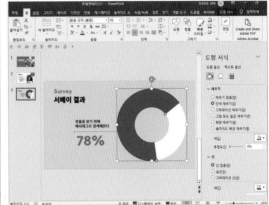

15 밋밋한 파이그래프에 이미지를 삽입하겠습니다. 아래 소스 다운로드를 참고하여 이미지를 불러옵니다.

소스 다운로드　언스플래쉬 (https://unsplash.com/ko)
키워드: phone

16 원호 위에 이미지를 배치한 후 [그림 서식]-[자르기]를 선택하여 원호 크기에 맞게 자릅니다.

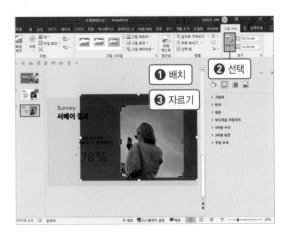

17 Ctrl + X 키를 눌러 이미지를 오려낸 후 원호를 선택합니다. 오른쪽 [그림 서식]-[채우기]에서 '그림 또는 질감 채우기'를 선택하고, '클립보드'를 클릭하여 이미지를 적용합니다.

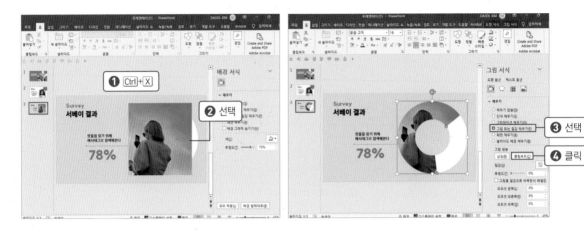

18 이처럼 심심한 파이 그래프가 아닌 이미지가 들어간 그래프를 만들어 보았습니다.

완성 [Part 3] Chapter 3-2 실습 완성

③ 도형 병합 기능 알아보기

실습 [PART 3] Chapter 3-3 도형실습

도형 병합 기능은 파워포인트 2010 버전부터 추가된 기능으로, 두 개 이상의 도형을 합치거나 빼기를 하여 여러 가지 다양한 모양을 만들 수 있습니다. 만약 [도형 서식]-[도형 삽입] 탭에서 [도형 병합] 기능이 보이지 않는다면 빠른 실행 도구 모음에서 '도형 병합하기'를 추가해야 사용할 수 있습니다. 그럼, 도형 병합 기능 활용 방법에 대해 살펴보겠습니다.

> 💡 **TIP**
>
> 도형 병합 기능은 2010년 이하 버전에는 사용할 수 없습니다.

도형 통합

도형 통합은 두 개의 도형을 하나의 도형으로 만드는 것을 말합니다. 그림과 같이 두 개의 도형을 그린 후 Shift 키를 누른 채로 두 도형을 모두 선택합니다. [도형 서식]-[도형 삽입]에서 [도형 병합]을 클릭하고 '통합'을 선택합니다. 그럼 두 개의 도형이 통합되어 하나의 도형으로 됩니다. 이때 먼저 선택한 도형이 기준이 되기 때문에 처음에 선택한 오렌지색 도형을 기준으로 통합됩니다.

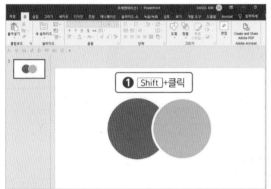
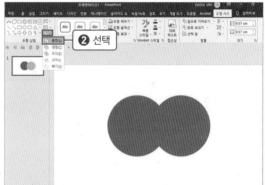

도형 결합

이번에는 도형을 결합해 보겠습니다. Shift 키를 누른 채로 두 개의 도형을 선택하고, [도형 병합]에서 '결합'을 선택합니다. 그럼 두 개의 도형이 중첩된 부분은 없어지게 됩니다.

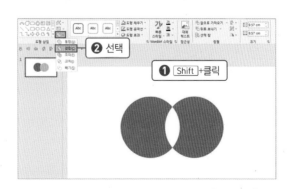

도형 조각

Shift 키를 누른 채로 두 개의 도형을 선택하고, [도형 병합]에서 '조각'을 선택하면 도형의 선들이 맞닿는 부분들이 모두 조각나게 됩니다. 이렇게 조각난 도형들을 개별 도형으로 활용할 수 있어 유용합니다.

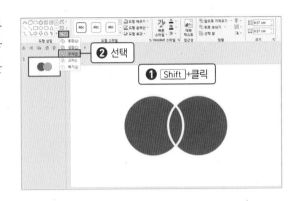

도형 교차

다음은 도형 교차입니다. Shift 키를 누른 채로 두 개의 도형을 선택하고, [도형 병합]에서 '교차'를 선택하면 두 도형이 교차하는 부분만 남게 됩니다.

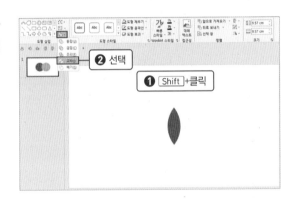

도형 빼기

마지막은 도형 빼기입니다. 먼저, 기준이 되는 도형을 먼저 선택하고 Shift 키를 누른 채로 두 번째 도형을 선택합니다. [도형 병합]에서 '빼기'를 선택하면 기준이 되는 도형과 중첩이 된 두 번째 도형만큼의 영역이 삭제됩니다.

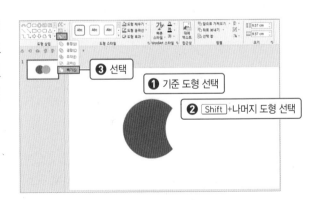

빠른 실행 도구 모음에 '도형 병합' 기능 추가하기

다양한 도형을 만들 때 유용하게 사용되는 만큼 '도형 병합'을 빠른 실행 도구 모음에 추가하겠습니다. [도형 서식]-[도형 병합]에서 마우스 오른쪽 버튼을 클릭한 후 '빠른 실행 도구 모음에 추가'를 선택하면 됩니다.

④ 도형 병합 활용해서 PPT 디자인하기

실습 [PART 3] Chapter 3-3 도형병합디자인

01 쇼핑 트렌드를 알려주는 PPT입니다. 도형 병합 기능을 활용하여 감각적인 PPT 디자인을 하기 위해 실습 파일을 불러옵니다. [홈]-[그리기]-[도형]에서 '사각형'을 선택한 후 그림처럼 슬라이드의 절반 이상을 덮도록 그립니다. 그다음 오른쪽 [도형 서식]-[채우기]에서 '단색 채우기'를 선택하고, 색을 오렌지색으로 설정합니다.

옵션 값 색: #FF6310 (R: 255, G: 99, B: 16)

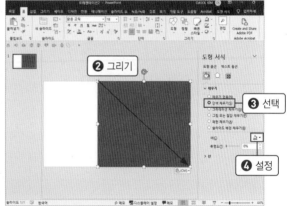

오른쪽 [도형 서식]이 보이지 않을 경우, 도형을 선택한 상태에서 마우스 오른쪽 버튼을 클릭하여 '도형 서식'을 선택하면 됩니다.

PART 3

02 이번에는 '타원'을 선택하고 오렌지색 사각형 끝부분에 걸쳐서 슬라이드 밖으로 튀어나올 정도로 크게 그립니다.

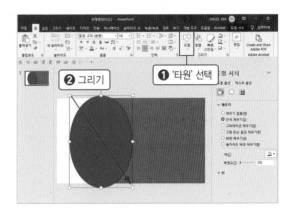

03 오렌지색 사각형을 먼저 선택하고 Shift 키를 누른 상태에서 두 번째로 원형을 선택합니다. [도형 병합]에서 '빼기'를 선택하면 오렌지 사각형에서 원형만큼의 공간이 삭제됩니다.

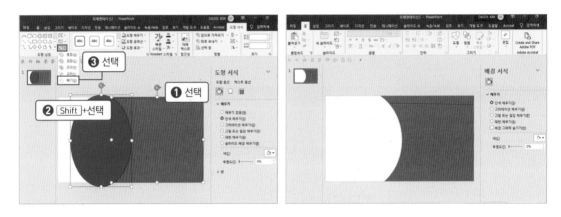

04 마우스 오른쪽 버튼을 클릭한 후 '맨 뒤로 보내기'를 선택하여 텍스트 뒤의 배경으로 배치합니다.

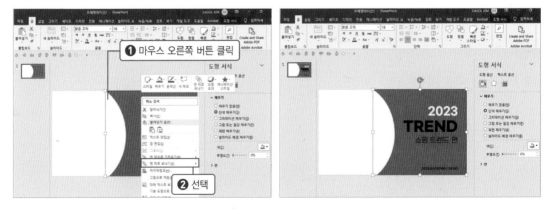

05 아래 소스 정보를 확인하여 흰색 공간에 들어
갈 일러스트를 다운로드한 후 배치합니다.

소스 다운로드 언드로우 (https://undraw.co/illustrations)
키워드: shop
색: #F9A826 (R: 249, G: 168, B: 38)
파일타입: SVG

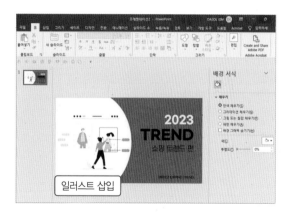

06 두 번째 페이지를 디자인해 보겠습니다. [홈]-[그리기]-[도형]에서 '타원'을 선택한 후 위아래로 길쭉한 원형을 그립니다.

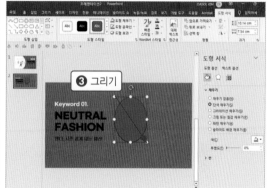

07 도형 위 가운데에 있는 각도 화살표를 클릭하고 오른쪽으로 살짝 드래그하여 기울입니다. 그다음 Ctrl+D키를 눌러 도형을 두 개 더 복제하여 그림처럼 세 개의 원형을 나란히 배치합니다.

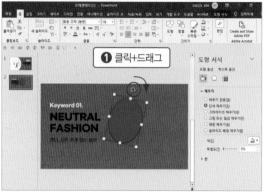
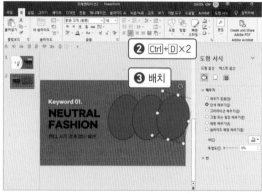

08 Shift 키를 누른 채로 세 개의 도형을 모두 선택합니다. [도형 병합]에서 '통합'을 선택하여 구름 모양 도형을 만듭니다.

 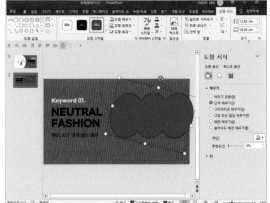

09 오른쪽 [도형 서식]-[채우기]에서 단색 채우기 색상을 '흰색'으로 설정한 후, '선 없음'을 선택합니다.

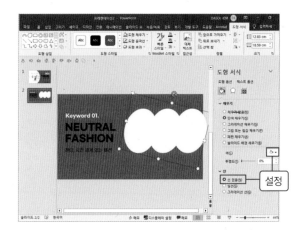

10 아래 정보를 참고하여 구름 도형 위에 얹을 일러스트를 다운로드한 후 배치합니다.

소스 다운로드 언드로우 (https://undraw.co/illustrations)
키워드: shop
색: #F9A826 (R: 249, G: 168, B: 38)
파일타입: SVG

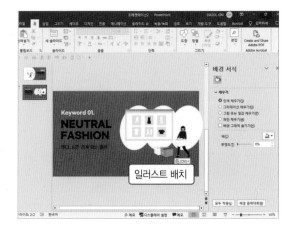

11 마지막 페이지도 작업해 보겠습니다. [홈]-[그리기]-[도형]에서 '다이아몬드'를 선택한 후, Shift 키를 누른 상태에서 슬라이드 왼쪽에 드래그하여 그립니다.

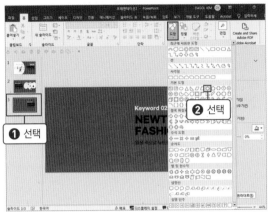
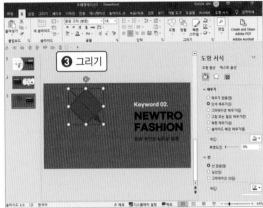

12 Ctrl + D 키를 눌러 다이아몬드 3개를 더 복제합니다.

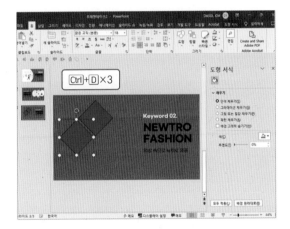

13 그림처럼 큰 다이아몬드가 되도록 배치합니다.

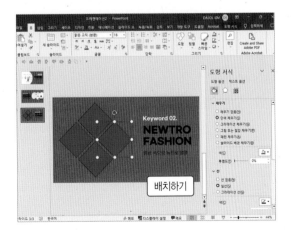

14 Shift 키를 누른 채로 모든 도형을 선택합니다. [도형 병합]에서 '통합'을 선택하여 큰 다이아몬드를 하나의 도형으로 만듭니다.

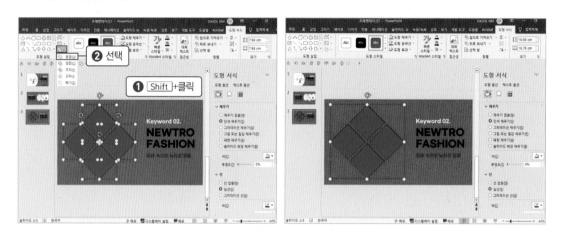

15 아래 정보를 참고하여 도형에 넣을 소스를 다운로드한 후 PPT에 삽입합니다. 그다음 마우스 오른쪽 버튼을 클릭하고 '맨 뒤로 보내기'를 선택합니다.

소스 다운로드 언스플래쉬 (https://unsplash.com/ko) / 키워드: fashion

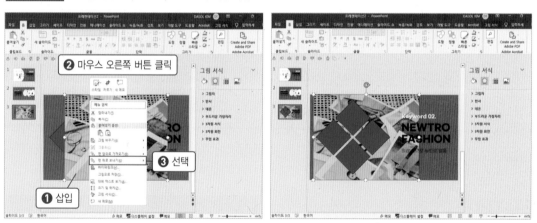

16 이미지를 먼저 선택한 후 Shift 키를 누른 채로 도형을 선택합니다. 그다음 [도형 병합]에서 '교차'를 선택하면 도형과 이미지가 교차됩니다.

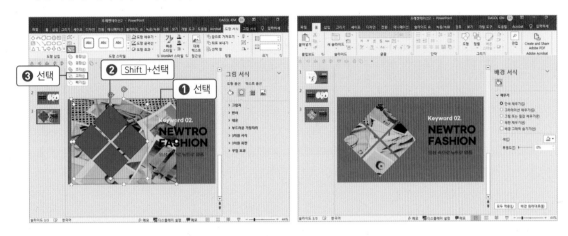

17 지금까지 도형 병합을 사용하여 PPT 디자인을 완성하였습니다. 이처럼 도형을 이용해서 다채로운 디자인을 만들 수 있습니다.

완성 [PART 03] Chapter 03 도형병합디자인-완성

04

상위 5% PPT 디자인 스킬

디자인 작업을 하는 중에 5% 부족하다는 느낌이 들 때가 있습니다. 이럴 때 아주 간단하게 디자인 퀄리티를 확 올릴 방법이 있어요. 클라이언트가 돈 주고 맡긴 보람이 느껴지게끔 만들어 줄 실전 디자인 스킬입니다. 포토샵 프로그램을 사용하지 않고 이미지 누끼를 따서 디자인에 적용하거나, 목업 합성을 한 다음 PPT 디자인에 적용하는 등 간편하게 디자인 퀄리티를 높이는 방법을 살펴보겠습니다.

1 1초 만에 이미지 누끼 따는 법

이미지를 더욱 자유자재로 활용하고 싶을 때 쓰는 기술이 바로 '누끼 따기'입니다. '누끼를 딴다'는 것은 디자인 용어로 '빼다, 제거하다'라는 뜻으로, 이미지에서 필요 없는 배경을 제거할 때 사용하는 말입니다. 배경이 없는 이미지는 다양한 디자인을 시도할 수 있습니다.

PPT에서 배경 제거하기

01 아이스크림 이미지를 다운로드하여 PPT에 삽입합니다. 이미지가 선택된 채로 [그림 서식]-[조정]에서 '배경 제거'를 클릭합니다.

소스 다운로드 언스플래쉬 (https://unsplash.com/ko)
키워드: icecream

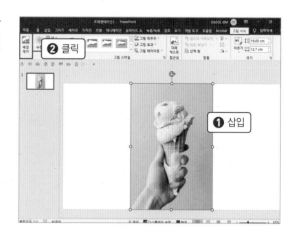

02 배경 제거 편집 모드로 들어가며 자동으로 제
거할 배경이 핑크색으로 지정됩니다. 잘려 보이는
하단 부분 영역을 더 넓히기 위해 [배경 제거]-[미세
조정]에서 '보관할 영역 표시'를 클릭합니다.

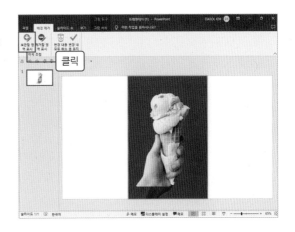

03 커서가 연필 모양으로 바뀌면 내가 보존하고
싶은 영역을 드래그합니다.

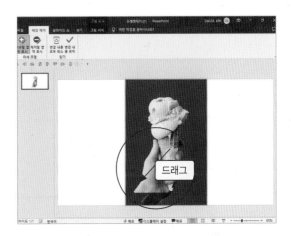

04 방금 표시한 부분이 제거 대상에서 제외됩니다. [배경 제거]-[닫기]에서 '변경 내용 유지'를 클릭하면 배경
제거가 적용됩니다.

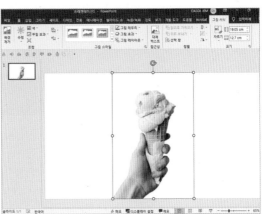

05 배경 위에서 마우스 오른쪽 버튼을 클릭하여 '배경 서식'을 선택합니다. [배경 서식]-[채우기]에서 '단색 채우기'를 선택하고 '색'을 노란색으로 설정합니다. 깔끔하게 배경 제거가 된 이미지가 돋보입니다.

옵션 값 색: #FFC000(R:255, G:192, B:0)

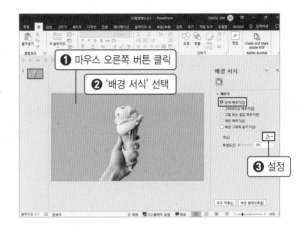

06 이번에는 조금 복잡한 이미지의 배경을 제거하겠습니다. 아래 정보를 확인하여 모델 이미지를 PPT에 삽입한 후 [그림 서식]-[배경 제거]를 클릭합니다.

소스 다운로드 언스플래쉬 (https://unsplash.com/ko)
키워드: model

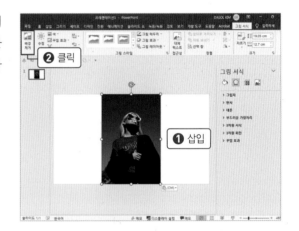

07 [배경 제거]-[미세 조정]에서 '보관할 영역 표시'를 선택하고, 모델 사진을 살릴 부분들을 드래그합니다. 완성되면 '변경 내용 유지'를 클릭합니다.

08 Ctrl+＋키를 눌러 확인해보니 머리카락 부근의 배경이 깔끔하게 제거되지 않았습니다. PPT 배경 제거 기능으로는 섬세하게 누끼를 딸 수 없어 온라인 사이트에서 정교하게 누끼 따는 방법을 알아보겠습니다.

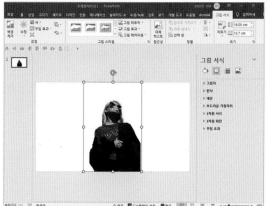 

온라인에서 정교하게 이미지 누끼 따기

01 1초 만에 자동으로 정교하게 누끼를 딸 수 있는 '리무브비지' 사이트에 접속합니다. 직관적인 UI가 반깁니다. '이미지 업로드'를 클릭해서 업로드하거나, 이미지를 드래그하여 업로드합니다.

소스 다운로드 | 리무브비지 (https://www.remove.bg/ko)

02 모델 이미지를 리무브비지 사이트로 드래그하면 잠깐의 로딩 후 매우 깔끔하게 배경이 제거됩니다. 다운로드를 클릭하여 배경이 제거된 PNG 파일을 다운로드합니다.

🌐 TIP

HD 고화질로 다운로드 하기 위해서는 유료 크레딧이 필요하지만, 보통 무료로 제공되는 퀄리티도 충분합니다.

03 다운로드한 배경 제거 이미지를 PPT로 불러옵니다.

04 Ctrl + + 키를 눌러 확대해봐도 아주 깔끔하고 정교하게 누끼가 따진 것을 확인할 수 있습니다.

05 누끼 딴 이미지를 활용해서 매거진 커버 느낌으로 디자인해 보겠습니다. 오른쪽 [배경 서식]-[채우기]에서 '단색 채우기'를 선택하고, '색'을 보라색으로 설정합니다. 그리고 [홈]-[그리기]-[도형]에서 '사각형'을 선택한 후 슬라이드 전반을 덮게 그립니다.

옵션 값 색: #8080FF (R:128, G:128, B:255))

 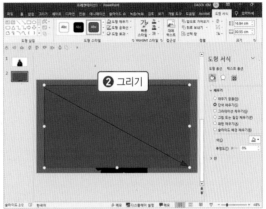

06 오른쪽 [도형 서식]-[채우기]에서 '채우기 없음'을 선택하고 아래 옵션 값을 참고하여 설정합니다.

옵션 값 [선] 색: '핑크색 (#FCA6D7(R:252, G:166, B:215))' / 너비: '3pt'
　　　　 [폰트] 종류: 'Montserrat Black' / 크기: '88pt' / 색: '핑크색(#FCA6D7(R:252, G:166, B:215))'

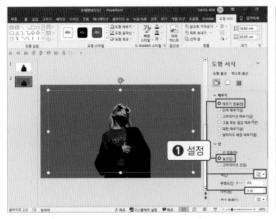 

07 이미지를 선택하고 마우스 오른쪽 버튼을 클릭한 다음 '맨 앞으로 가져오기'를 선택합니다.

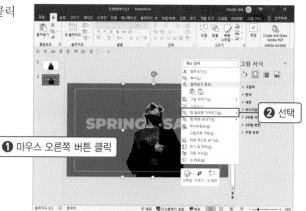

08 이미지 크기를 적당히 키운 후 텍스트들 사이에 오도록 배치합니다. 마지막으로 더욱 입체적으로 표현하기 위해 그림처럼 텍스트를 추가하여 이미지 위로 배치합니다.

09 모델 이미지 배경을 없앤 후 이미지 앞뒤로 텍스트를 배치하여 입체적인 효과를 연출한 PPT 디자인 완성본입니다.

② 간편하게 목업 합성하기

목업(Mock Up)이란, 가상의 상품을 실사의 상품처럼 합성하는 것을 말합니다. 예를 들어, 핸드폰이나 자동차의 새 상품이 나오기 전에 가상의 모델 이미지가 먼저 공개되는데요. 이것을 목업이라 부릅니다. PPT 디자인 외주를 하다 보면 사업계획서나 회사소개서에서 웹사이트 또는 앱 화면을 활용하는 경우가 종종 있습니다. 이때 컴퓨터나 핸드폰 목업을 통해 더 실감 나고 퀄리티 있는 디자인을 할 수 있습니다.

목업은 보통 PSD 파일로 다운로드하여 포토샵에서 합성 작업을 해야 합니다. 하지만 우리는 처음부터 끝까지 PPT만 사용해서 디자인 작업을 해 보겠습니다. 무료 사이트를 활용해서 간단하게 작업할 수 있기 때문에 어렵지 않아요. 지금부터 방법을 알아보겠습니다.

PPT 디자인에서 가장 많이 활용되는 목업은 PC, 스마트폰입니다. 브랜드나 서비스 소개서에 자사 서비스를 소개하기 위한 웹사이트 및 모바일 스크린샷이 종종 등장하기 때문이죠. 이때 이미지로 덩그러니 표현하는 것보다는 PC나 스마트폰 목업을 입혀주어 디자인 퀄리티를 높일 수 있습니다.

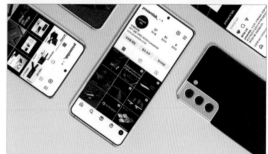

01 먼저 스마트폰 목업을 찾기 위해 PNG WING 사이트에 접속합니다. 투명 배경 이미지 소스들을 다운로드할 수 있는 사이트입니다. 검색창에 'iphone'을 입력하여 검색하면 다양한 투명 배경의 아이폰 이미지가 나타납니다.

소스 다운로드 PNG WING (https://www.pngwing.com)

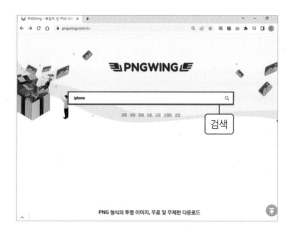

02 마음에 드는 이미지를 클릭합니다.

03 스크롤을 내려 〈Downlode〉 버튼을 클릭합니다. Ai가 아님을 인증하면 PNG 이미지를 다운로드할 수 있습니다.

04 다운로드한 아이폰 이미지를 PPT로 불러옵니다. 추가로 아이폰에 합성할 모바일 스크린샷 이미지도 불러옵니다.

TIP

대부분 클라이언트의 모바일 사이트를 폰에서 캡쳐해서 사용합니다. 연습하고 싶은 웹사이트 이미지를 캡쳐해서 사용하면 됩니다.

05 모바일 이미지를 폰 크기에 맞춰 조절한 후 배치합니다. [그림 서식]-[크기]에서 '자르기'를 클릭하여 화면에 딱 맞게 이미지를 자른 후 Enter↵ 키를 누릅니다.

 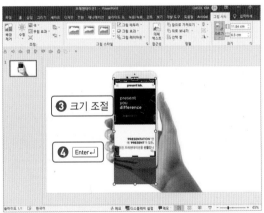

06 이미지에서 마우스 오른쪽 버튼을 클릭한 후 '맨 뒤로 보내기'를 선택합니다.

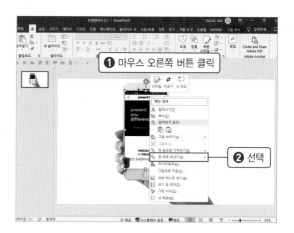

07 간단하게 스마트폰에 이미지를 합성했습니다.

08 이번에는 노트북 목업을 만들겠습니다. 다시 PNG WING (https://www.pngwing.com/)에 접속한 후 'macbook'을 검색합니다. 스크린 부분이 투명한 이미지를 선택한 후 〈Download〉 버튼을 클릭합니다.

09 1번 슬라이드 아래를 클릭한 후 Enter⏎ 키를 눌러 슬라이드를 추가합니다. 맥북 이미지를 PPT로 불러온 후 적당한 크기로 조절합니다.

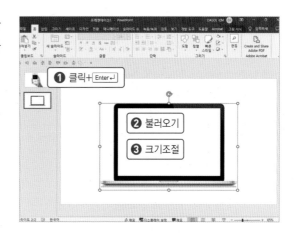

10 맥북에 넣을 웹사이트 스크린샷을 PPT로 불러온 후 맥북 화면 크기에 맞춰 조절합니다.

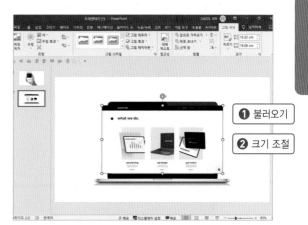

11 [그림 서식]-[크기]에서 '자르기'를 클릭하여 스크린에 맞춰 조절한 후 Enter⏎ 키를 누릅니다.

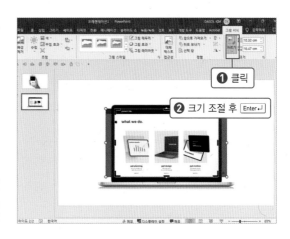

💡 **TIP**

대부분 클라이언트의 웹사이트를 캡쳐해서 사용합니다. 연습하고 싶은 웹사이트 이미지를 캡쳐해서 사용하면 됩니다.

12 웹사이트 이미지에서 마우스 오른쪽 버튼을 클릭한 후 '맨 뒤로 보내기'를 선택하여 노트북 합성을 마무리합니다.

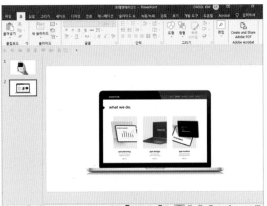

13 스마트폰과 노트북 목업 이미지를 배치하여 완성하겠습니다. 1번 슬라이드를 선택한 후 드래그하여 스마트폰 목업 이미지 오브젝트를 모두 선택합니다. Ctrl+G키를 눌러 그룹화한 후 Ctrl+C키를 눌러 복사합니다.

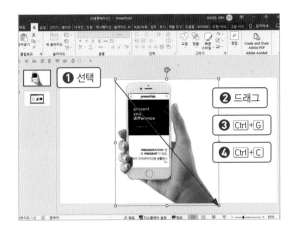

14 노트북 목업 슬라이드를 선택한 후 Ctrl+V키를 눌러 붙여넣습니다.

15 노트북과 스마트폰 목업 이미지를 적당한 위치로 배치합니다.

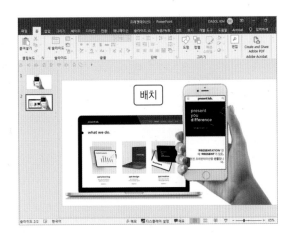

16 그다음 배경 이미지를 깔아보겠습니다. 언스플래쉬 사이트에서 검정색 배경 이미지를 다운로드한 후 PPT로 불러옵니다.

소스 다운로드 언스플래쉬 (https://unsplash.com/ko)
　　　　　　　키워드: black

17 배경 이미지를 슬라이드에 꽉 차도록 크기를 조절합니다. 마우스 오른쪽 버튼을 클릭한 후 '맨 뒤로 보내기'를 선택하여 배경을 이미지 뒤로 보냅니다.

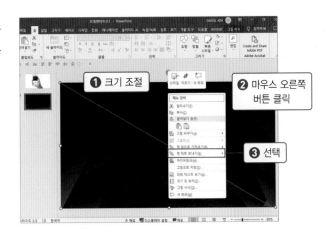

18 포토샵을 사용하지 않고도 PPT 기능으로도 퀄리티 높은 목업 디자인을 완성할 수 있습니다. 웹사이트나 모바일 등 스크린을 활용할 수 있는 소스가 있다면 꼭 목업 합성을 활용해 보세요.

③ 온라인을 통한 고급 목업 합성하기

01 이번에는 좀 더 퀄리티 높은 목업 합성 방법을 알아보겠습니다. 바로 스마트 목업스(https://smartmockups.com/) 사이트를 이용하는 것입니다. 접속한 후 상단 카테고리에서 'All Mockups'를 선택하여 목업 소스들을 봅니다. 그다음 'Smartphone Mockups'에서 'Browse All'을 클릭하세요.

02 다양한 스마트폰 목업 소스들이 보입니다. PPT에서는 정면을 바라보는 평평한 느낌만 연출 가능했다면 스마트 목업스는 다양한 각도의 스마트폰 합성을 연출할 수 있습니다. 노란색 프리미엄은 유료 소스라는 뜻이므로 'Free'를 클릭하여 무료 목업만 보겠습니다. 또, 옆에서 'Isolated'로 설정하면 배경 이미지가 흰색인 목업 소스들만 볼 수 있습니다.

03 스크롤을 내려 원하는 각도의 이미지를 선택합니다. 여기서는 각도가 옆으로 치우친 스마트폰 목업을 선택하였습니다. 이미지를 선택하면 목업 편집 모드로 들어갑니다.

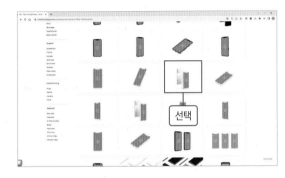

04 스마트폰 화면에 'Your Design Here'라고 되어 있는 부분에 원하는 모바일 이미지를 업로드하겠습니다. 오른쪽에서 'Upload from'을 클릭하고, 'Upload image'를 클릭하면 내 파일에서 이미지를 고를 수 있습니다. 이미지를 선택한 후 〈열기〉 버튼을 클릭합니다.

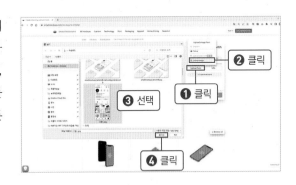

05 방금 업로드한 이미지가 스마트폰 화면에 한 번에 합성됩니다. 이제 합성된 목업 이미지를 다운로드할 차례입니다. 〈Download〉 버튼을 클릭하고, 무료로 다운로드할 수 있는 'Medium' 퀄리티를 클릭한 후 다운로드를 실행합니다.

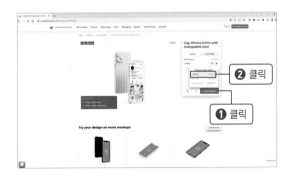

06 다운로드한 목업 합성 이미지를 PPT로 불러옵니다. 흰색 배경이 있는 JPEG 이미지라서 배경을 삭제하기 위해 [그림 서식]-[조정]에서 '배경 제거'를 클릭합니다.

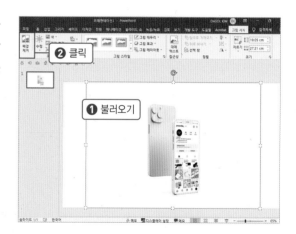

07 [배경 제거]-[미세 조정]에서 '보관할 영역 표시'를 클릭하여 목업 이미지를 모두 보관하도록 드래그합니다.

08 완성되면 '변경 내용 유지'를 클릭해서 이미지 배경을 지웁니다.

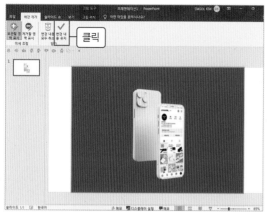
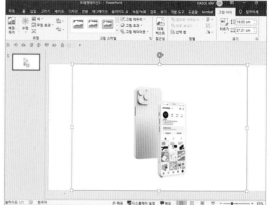

09 배경 이미지를 삽입하기 위해 언스플래쉬에서
다운로드한 이미지를 불러옵니다.

소스 다운로드 언스플래쉬 (https://unsplash.com/ko)
키워드: white

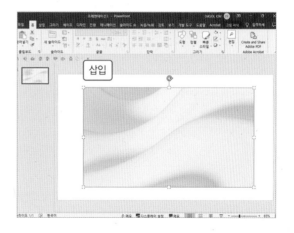

10 드래그하여 슬라이드에 꽉 차게 이미지 크기를
조절합니다.

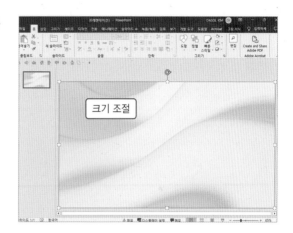

11 배경 이미지에서 마우스 오른쪽 버튼을 클릭한 후 '맨 뒤로 보내기'를 선택합니다.

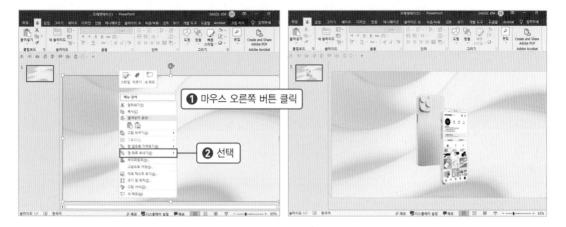

12 [홈]-[그리기]-[도형]에서 '선'을 선택한 후 Shift 키를 누른 채로 드래그하여 가로 직선을 그립니다.

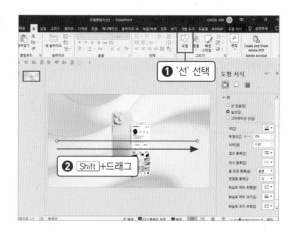

13 오른쪽 [도형 서식]에서 아래 옵션 값을 설정한 후 Ctrl+D 키를 눌러 선을 아래로 복제합니다.

옵션 값 선 색: 검정색(#000000/R:20, G:0, B:0)
　　　　　너비: 3pt

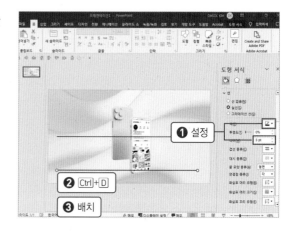

14 목업 이미지에서 마우스 오른쪽 버튼을 클릭한 후 '맨 앞으로 가져오기'를 선택합니다.

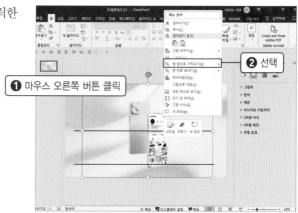

15 마지막으로 텍스트들을 입력한 후 배치합니다.

옵션 값 폰트: SUIT HEAVEY / 폰트 크기: 54 pt

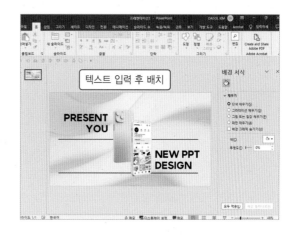

16 지금까지 온라인 사이트를 통해 고급 목업 합성한 후 PPT에서 디자인하는 것을 함께 해보았습니다. 이처럼 유용한 온라인 무료 사이트들을 120% 활용해 보세요.

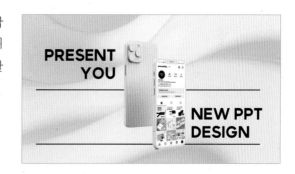

PART **4**

클라이언트 맞춤형
디자인 시안 만들기

PPT 디자인 의뢰를 받고 나서 가장 먼저 고민하게 되는 것이 디자인 시안입니다. PPT 디자인 방향성에 대해 전반적인 흐름을 볼 수 있도록 클라이언트에게 1차로 샘플을 공유하는 것이죠. 샘플을 보고 클라이언트가 디자인 시안에 대해 피드백을 주거나 컨펌을 하면 해당 디자인 컨셉으로 PPT 디자인 작업을 하게 됩니다.

보통 회사의 업종과 브랜드 이미지에 따라 디자인 키워드를 선정하게 됩니다. 브랜드 리서치를 통해 PPT 디자인의 핵심이 될 키워드를 선정하고, 선정된 키워드를 통해 이미지, 텍스트, 컬러 등을 콜라주한 디자인 무브모드로 비주얼을 표현합니다. 마지막으로 PPT에 사용할 폰트를 선택하고 왜 이 폰트를 제안하는지 클라이언트를 설득하는 방법을 알아봅니다.

디자인 무드를 보여주는
디자인 시안 작업하기

PPT 초안이 들어오면 디자인 방향성을 고민하게 됩니다. 이때 무작정 디자인을 시작하지 않고, 사전 리서치 작업이 필요합니다. 먼저 클라이언트 업계의 분위기나 회사 브랜드 이미지 등을 파악한 후 어울리는 디자인 컨셉을 잡습니다. 이것을 토대로 디자인 샘플을 작업하여 클라이언트에게 공유 및 피드백을 받습니다. 이 디자인 시안에서 클라이언트가 방향성을 동의해야 최종 결과물도 만족스럽게 나올 수 있습니다.

1 브랜드 리서치하기

디자인 무드를 정할 때 중요한 것은 클라이언트의 브랜드 이미지를 파악하는 것입니다. 브랜드가 지향하는 바가 트렌디하고 깔끔한 이미지인데 회사소개서나 투자제안서가 보수적이고 딱딱한 디자인이면 괴리감이 생기겠죠. 클라이언트가 원하는 스타일을 분석하려면 웹사이트나 동종업계 분위기를 보는 것이 좋습니다.

클라이언트 웹사이트 둘러보기

브랜드의 정체성을 한눈에 볼 수 있는 곳은 바로 자사 웹사이트입니다. 웹사이트에서 회사소개, 경쟁력, 연혁 등을 파악할 수 있을 뿐만 아니라 전반적인 웹사이트 디자인에서 선호하는 무드를 유추할 수 있습니다. 디자인 에이전시 웹사이트를 통해 디자인 무드를 살펴보겠습니다.

WEBSITE A ▶▶

- 파스텔 톤
- 가녀린 폰트
- 깨끗한 느낌

메인 배너의 배경 색상은 파스텔톤의 하늘색입니다. 포인트 컬러는 맑은 톤의 청록색이고, 로고의 폰트도 아주 얇고 부드러운 느낌을 줍니다. 이미지들도 그레이톤의 바탕에 밝고 깨끗한 톤입니다. 전반적으로 밝은 톤에 여리여리한 감성적인 느낌을 주는 웹사이트 디자인입니다.

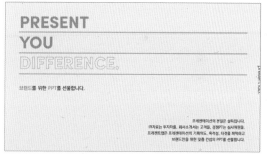

회사소개서 또한 웹사이트와 유사한 디자인 톤 앤 매너를 유지해서 만들게 됩니다. 파스텔 하늘색과 연한 회색을 바탕으로, 로고에서 쓰인 밝은 청록색을 포인트 컬러로 활용했습니다. 폰트도 전반적으로 얇고 가녀린 종류로 사용했고, 자간도 넓혀서 넉넉한 여백을 주었죠. 감성적인 분위기를 표현하기 위해 이미지 위로 그림자가 오버레이 되는 효과도 적용했습니다.

WEBSITE B ▶▶

- 블랙&화이트
- 시크하고 볼드한
  무드
- 트렌디함

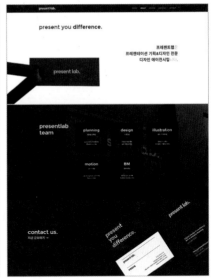

디자인 에이전시로서 감성적인 무드를 담을 수 있는 스펙트럼이 제한적이라 브랜드 리뉴얼을 거치게 됩니다. 최근 유행하는 디자인 트렌드를 조사하여 메인 색상을 한 가지 특정 색상으로 지정하지 않고 블랙&화이트로 잡았습니다. 강조할 부분은 과감하게 볼드 효과를 주어 눈에 띄게 하였고, 이미지들은 시크한 느낌이 들 정도로 단순하게 잡았습니다.

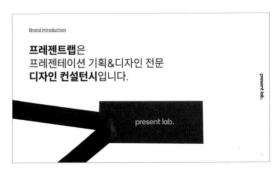

볼드해진 로고와 시크해진 웹사이트의 무드를 회사 소개서로 그대로 옮겨왔습니다. 텍스트는 크기부터 대담하고 강조할 부분은 볼드를 주어 강조했습니다. 이미지는 모두 블랙&화이트 컨셉으로, 중간중간 임팩트 페이지는 과감하게 블랙 배경으로 깔아주었습니다.

같은 브랜드와 회사소개서임에도 불구하고 PPT 디자인의 차이로 브랜드의 이미지 자체가 달라질 수 있습니다. 그러므로 PPT 디자인 컨셉을 잡기 전에 클라이언트의 웹사이트와 로고의 분위기를 잘 파악하는 것이 매우 중요합니다.

② 디자인 키워드 도출하기

디자인 시안은 클라이언트를 설득하는 문서이기도 합니다. 왜 PPT 디자인을 이런 방향으로 갈 것인지, 어떤 키워드를 바탕으로 PPT를 디자인할 것인지 논리적으로 설명하고 설득하는 과정이죠. 브랜드의 웹사이트를 통해 선호하는 디자인 무드를 파악했다면, 클라이언트의 업계 분위기도 알아두는 것이 좋습니다. 산업별로 보여주고 싶은 이미지와 키워드가 있기 때문이죠.

MODERN & TRENDY

모던하고 트렌디한 디자인은 IT업계에서 특히나 선호하는 키워드입니다. 단조로운 색깔보다는 여러 색을 조합한 그라데이션을 사용하여 입체감을 주기도 합니다. IT업계 특성상 어플이나 웹사이트를 이용한 서비스가 많기 때문에 스마트폰이나 노트북 목업*을 많이 활용하여 모던한 느낌을 줍니다.

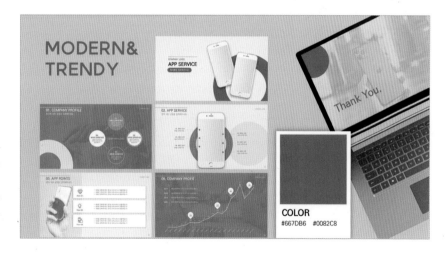

* **목업**(Mock-up): 앱 혹은 웹 이미지 등을 실제 실물 스마트폰이나 모니터에 합성하여 실물 느낌을 보여주는 것

NATURE & PURE

요즘 환경문제가 대두되면서 친환경 컨셉을 내세우는 브랜드들이 많아졌습니다. 자연주의 브랜드들은 초록색 계열에 깨끗한 이미지의 디자인을 지향합니다. 당연히 숲, 나뭇잎과 같은 자연에서 유래한 오브젝트나 이미지를 많이 활용합니다. 비비드한 느낌보다는 전반적으로 색채도 옅고 잔잔한 감성적인 느낌을 내려고 합니다. 자연주의 원료를 사용한 화장품, 식음료, 제품 등이 선호하는 키워드입니다.

CHIC & CLASSIC

시크하고 클래식한 분위기를 주기 위해서는 이미지의 선택이 중요합니다. 복잡한 이미지보다 여백이 있고 색감이 비비드한 비주얼들이 사용됩니다. 블랙과 그레이의 조합인 무채색을 기반으로 포인트 컬러가 확실한 편입니다. 트렌디한 코스메틱 브랜드나 패션 업계에서 좋아하는 디자인 키워드입니다.

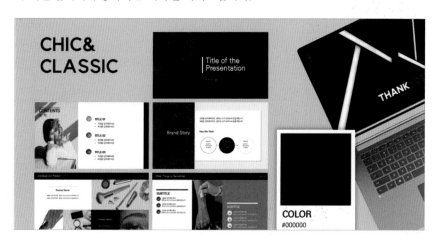

PLAYFUL & CREATIVE

액티브하고 크리에이티브한 느낌은 아이디어를 중요하게 여기는 업계에서 좋아합니다. 광고나 프로덕션처럼 콘텐츠를 만드는 회사들은 톡톡 튀는 디자인으로 본인들의 차별점을 어필하려고 하죠. 틀에 박히거나 재미없는 디자인보다는 인상 깊은 비비드한 색채와 레이아웃을 사용합니다.

ELEGANT & BEAUTIFUL

세련되고 아름다운 디자인은 페미닌하고 럭셔리한 브랜드에 잘 어울립니다. 색상의 채도를 낮춰서 부드럽고 우아한 인상을 줄 수 있습니다. 규칙적인 레이아웃보다 이미지 위주로 매거진 느낌처럼 여러 시도를 해볼 수 있습니다. 제품이 감성적이고 타깃이 럭셔리한 여성 브랜드라면 엘레강스 키워드를 추천해 보세요.

VIVID & LIVELY

비비드하고 활기찬 디자인은 능동성과 새로움을 느끼게 합니다. 색상부터 강렬하여 시선을 집중시키고 대담한 레이아웃을 시도해서 디자인 매력을 증가시킵니다. 외국 계나 글로벌 무역을 하는 기업들이 선호하는 디자인 키워드입니다.

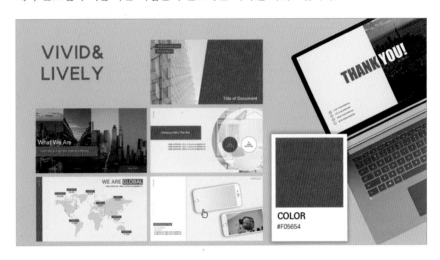

BUSINESS & SIMPLE

고객과 파트너에게 신뢰감을 주고 싶은 기업들은 프로페셔널하고 깔끔한 디자인을 원합니다. 보통 디자인 의뢰의 60% 정도가 전문적이고 비즈니스적인 디자인을 요구할 정도로 선호도가 높은 편이죠. 문서 전반적으로 통일감을 줄 수 있는 구도를 유지하며 절제되고 반듯한 디자인을 반복합니다. 비즈니스 문서에서는 신뢰, 전문성, 기술 등을 대표하는 파란색을 많이 사용합니다.

STYLISH & MAGAZINE

스타일리시한 매거진 컨셉은 트렌드에 앞서는 것이 중요한 패션이나 컬처를 다루는 브랜드에서 사용됩니다. 심플하고 정적인 이미지를 통해서 절제적인 느낌을 주면서도 매거진처럼 어긋나거나 자유로운 구도를 배치하는 것이 특징입니다. 폰트는 획의 굵기가 균일한 고딕체나 산세리프체를 사용하고, 볼드한 텍스트로 타이포그래피* 효과를 연출할 수 있습니다. 컬러 테마는 심플한 블랙&화이트로 시크한 분위기를 연출합니다.

* **타이포그래피**
(Typography): 텍스트의 자간, 행간, 배치 등을 자유롭게 활용하여 디자인적으로 연출하는 것

3 디자인 무드보드 만들기

디자인 키워드를 정했다면 PPT 디자인의 비주얼적인 예고편을 보여주는 디자인 무드보드'를 만듭니다. 무드보드란 주로 이미지, 텍스트, 컬러 등을 콜라주*하여 한눈에 디자인의 분위기를 이해할 수 있도록 돕는 것입니다. 디자인 시안에서 수십여 장에 달하는 PPT를 모두 보여줄 수 없으므로 전반적인 디자인이 어떤 느낌일지 한 장에 보여주는 것이죠.

* **콜라주**(Collage): 사진이나 그림에서 필요한 여러 요소들을 오려 붙여 재구성하는 방법

무드보드는 디자인 키워드를 비주얼로 표현하는 것으로, 이미지, 컬러, 텍스트로 구성할 수 있습니다. 해당 요소들을 한 페이지에 자유롭게 배치하며, 어떻게 배치해야 할지 모르겠다면 웹사이트에서 'design moodboard'를 검색하여 레퍼런스로 참고할 수 있습니다. 레퍼런스 참고 사이트는 수백만 개의 이미지 아이디어를 모아놓은 '핀터레스트(Pinterest)'를 추천합니다.

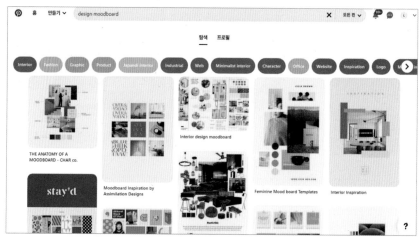

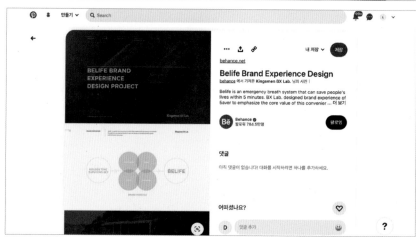

먼저, 무드보드에 사용할 이미지를 '언스플래쉬(Unsplash)'에서 검색합니다. 여기서 는 신뢰감을 줄 수 있고 전문성이 도드라져 보이는 디자인을 원하는 기업의 의뢰가 들 어왔다는 가정하에 작업해 보겠습니다. 키워드는 'BUSINESS'와 'PROFESSIONAL'로 도출하고, 비주얼을 어떻게 표현할지 고민해 봅니다. 전문성 있는 기업을 떠올리면 높은 오피스 빌딩이 떠올라 언스플래쉬에서 'building' 키워드를 검색했습니다.

차갑고 파란 톤의 건물 이미지들이 많이 나옵니다. 파란색에는 신뢰, 성실, 기술 등의 느낌을 주기 때문에 비즈니스적인 분위기를 연출하기 좋습니다. 또한, 건물들에서 직 선적이고 반복되는 패턴들이 균일하게 보입니다. 절제되고 깔끔한 레이아웃이 중요 한 비즈니스 문서 디자인에 딱 어울릴 것 같습니다. 몇 가지 마음에 드는 building 이 미지를 클릭해서 다운로드합니다.

이번에는 파란색이 주는 느낌을 보기 위해 'blue'라는 키워드로 검색하겠습니다. 바닷가, 하늘, 산, 건물 등 다양한 파란색 이미지들이 검색됩니다. 바다나 하늘은 다소 감성적이고 포근한 분위기를 줍니다. 비즈니스적인 디자인을 위해 균일한 직선이 있는 건축물의 이미지를 선택했습니다.

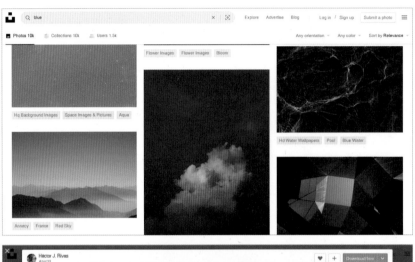

이제 대략적인 디자인 무드를 잡은 것 같습니다. 좀 더 자세하게 참고할 수 있는 PPT 레퍼런스도 찾아보겠습니다. 다시 핀터레스트로 돌아와서 'blue ppt' 키워드로 검색합니다. 파란색 테마의 PPT들이 어떤 요소와 레이아웃, 비주얼 소스들을 활용하고 있는지 훑어봅니다. 다양한 디자인 레퍼런스 중, 내가 머릿속으로 상상하는 PPT 디자인의 분위기와 유사한 레퍼런스를 찾아봅니다. 지금까지 찾아본 소스들을 조합하여 디자인 무드보드를 만듭니다.

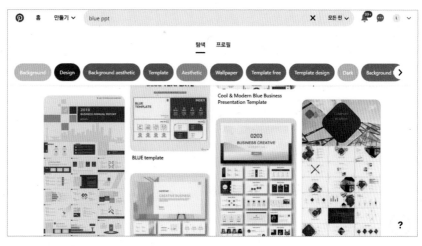

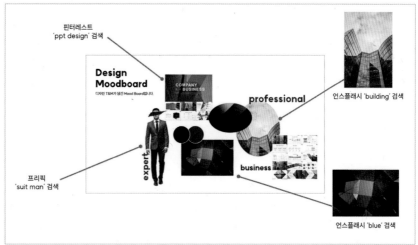

디자인 테마, 이미지, 컬러, 키워드 등을 한 페이지에 담은 무드보드입니다. 이 한 페이지를 통해 PPT 디자인이 어떻게 전개될 것인지 맛보기를 보여주는 것입니다. 물론, 무드보드는 느낌 정도만 보여주는 것이기 때문에 실제 디자인이 어떻게 진행될 것인지는 시안 작업을 통해 세세하게 보여줍니다.

02

전문성과 신뢰도를 강조한
IT업계 디자인 시안 만들기

PPT 초안

PPT 완성

실습 [PART 04] Chapter 02 실습파일   **완성** [PART 04] Chapter 02 완성파일

많은 업계 중 PPT 작업 의뢰가 가장 많이 들어오는 곳은 IT 산업입니다. 기술의 발전과 함께 가장 폭발적인 성장을 이루는 산업인만큼 회사소개서나 투자제안서 제작 의뢰가 많이 들어옵니다. IT업계는 기술을 다루는 만큼 신뢰를 확보하기 위해 깔끔하고 비즈니스 톤 앤 매너로 문서를 많이 제작하는 편입니다. 기술/디지털을 활용하는 업계인만큼 70%는 파란색을 메인컬러로 활용하고, 모던한 톤 앤 매너를 강조한 디자인 시안을 만들어 보겠습니다.

1페이지 디자인 시안 완성

초안을 기반으로 페이지별 디자인 시안을 완성한 후 전체적인 디자인 방향을 볼 수 있도록 한 페이지로 정리하여 클라이언트에게 전달합니다. 1페이지 디자인 시안에서는 크게 세 가지 항목을 다룹니다. 컬러, 폰트, 그리고 제작한 디자인 시안 페이지입니다. 각 요소의 디자인은 어떤 이유로 잡았는지에 대한 설명도 추가합니다.

· COLOR
앱 메인 색상인 비비드한 블루를 활용해서 통일감을 주었습니다.

· FONT
IT업계에 어울리는 모던하고 깔끔한 폰트 'SUIT'체입니다.

1 모던한 비즈니스 표지 만들기

'루틴 메이커' 앱 서비스 소개자료입니다. 앱의 메인 색상은 비비드한 블루입니다. 초안 내용을 살펴보니 AI를 활용한 데이터 관리 및 알람을 통해 사용자가 루틴을 만들고 지키도록 도와주는 서비스입니다. 앱을 사용하는 장면을 보여주는 이미지와 특장점을 가시성 있게 보여줄 수 있는 아이콘을 활용해서 디자인하겠습니다.

앱 이미지 배경 제거하고 PPT에 배치하기

01 실습파일을 불러옵니다. 초안용 표지에 앱 화면 사진이 함께 첨부되어 있습니다. 해당 사진을 활용해서 깔끔하고 모던한 표지를 디자인해볼게요. 해당 이미지에서 마우스 오른쪽 버튼을 클릭한 후 '그림으로 저장(⑤)'을 선택하여 이미지로 저장합니다.

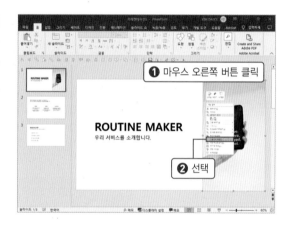

02 웹사이트에서 이미지의 배경을 제거하겠습니다. 리무브비지(https://www.remove.bg/ko) 사이트에 접속한 다음, 방금 저장했던 이미지를 업로드합니다. 배경 제거된 사진에서 마우스 오른쪽 버튼을 클릭하여 '이미지 복사'를 선택합니다.

03 PPT로 돌아와서 Ctrl+M키를 눌러 새 슬라이드를 추가합니다. Ctrl+V키를 눌러 배경 제거된 이미지를 붙여넣습니다. 이미지 꼭짓점을 드래그해서 원하는 만큼 크기를 키우고, 슬라이드 왼쪽으로 드래그하여 옮깁니다.

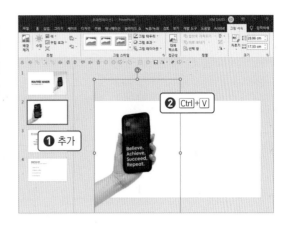

04 PPT 슬라이드에서 마우스 오른쪽 버튼을 클릭한 후, '배경 서식(B)'을 선택합니다. 오른쪽에 배경 서식 창이 나타나면 [배경 서식]-[채우기]에서 '색(C)'을 선택한 후 '스포이트'를 선택합니다.

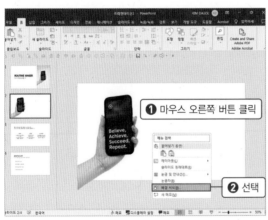

05 커서가 스포이트 모양으로 바뀌면 핸드폰 화면의 파란 영역을 클릭합니다. 배경 색상이 파란색으로 바뀝니다.

텍스트 배치하고 도형 효과 주기

01 초안에 있던 텍스트들을 모두 선택하고 Ctrl+C, Ctrl+V키를 차례대로 눌러 복사 후 붙여넣습니다. [홈]-[글꼴]에서 아래 옵션 값을 참고하여 폰트 및 색상 옵션을 설정합니다.

옵션 값 폰트: SUIT ExtraBold, SUIT Regular
색상: #FFFFFF (R:255, G:255, B:255)

02 [도형 서식]-[도형 삽입]에서 '선'을 선택한 후 타이틀 밑에 Shift 키를 누른 채로 드래그하여 직선을 그립니다. 아래 옵션 값을 참고하여 선 색을 설정합니다.

옵션 값 색상: #FFFFFF (R:255, G:255, B:255)

> **TIP**
> 색상 옵션 변경 시 해당 컬러 값을 입력하여 설정하려면 [색]–[다른 색]–[사용자 지정]을 선택하면 됩니다.

03 다시 한 번 [도형 삽입]에서 '둥근 모서리 사각형'을 선택하고 드래그하여 길쭉한 둥근 모서리 사각형을 그립니다.

04 둥글기를 조절하는 노란색 점을 오른쪽으로 드
래그해서 완전 둥근 모서리로 만듭니다. 그다음 오른
쪽 [도형 서식]-[채우기]에서 '그라데이션 채우기(⑥)'
를 선택한 후 아래 옵션 값을 참고하여 설정합니다.

옵션 값 • 방향: 선형 오른쪽
• 1번 중지점: 색상: #FFFFFF (R:255, G:255, B:255)
/ 투명도: 20%
• 2번 중지점: 색상: #FFFFFF (R:255, G:255, B:255)
/ 투명도: 100%

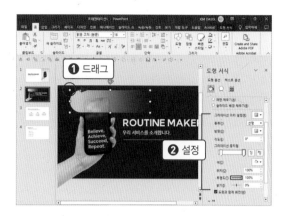

TIP

그라데이션 중지점이 여러 개일 경우, 중지점을 두 개만 남겨두고 지웁니다.

05 도형 중앙의 회전 아이콘을 눌러서 왼쪽 대각선으로 돌려줍니다. Ctrl+D 키를 눌러 도형을 복제한 다음,
회전 아이콘을 오른쪽 방향으로 돌려 나란히 배치합니다.

06 맨 뒤에 있던 앱 사진을 마우스 오른쪽 버튼으로
클릭한 다음, '맨 앞으로 가져오기'를 선택합니다. 도
형과 사진의 크기를 적당히 조절하여 마무리합니다.

PART 4

2 앱 서비스 소개 페이지 디자인하기

비즈니스를 소개하며 특장점을 알리는 중요한 페이지입니다. 메시지 전달력이 중요하므로 비즈니스 무드를 담아 심플하지만 가독성 좋게 디자인해 보겠습니다.

깔끔하게 텍스트 정렬하기

01 앱 서비스 초안 슬라이드를 선택하고 Ctrl+M 키를 눌러 새 슬라이드를 만듭니다. 헤드라인 영역을 표시할 수 있도록 [홈]-[그리기]-[도형]에서 '선'을 선택한 후 슬라이드 상단에 Shift 키를 누른 채로 드래그하여 직선을 그립니다. 그다음 아래 옵션 값을 참고하여 설정합니다.

옵션 값 색상: #3145D2 (R:49, G:69, B:210) / 너비: 0.5 pt

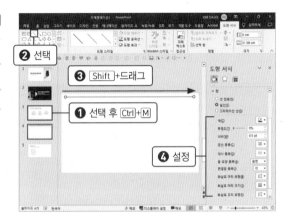

02 3번 초안 슬라이드에서 헤드라인 텍스트 상자를 선택한 후 Ctrl+C 키를 눌러 복사합니다. 작업 중이던 4번 슬라이드를 선택한 후 Ctrl+V 키를 눌러 붙여넣습니다. 헤드라인의 가독성을 좋게 하기 위해 아래 옵션 값을 참고하여 설정합니다. 중요한 문구는 더욱 강조합니다.

옵션 값 폰트: SUIT ExtraBold, SUIT Regular
색상: #000000 (R:0, G:0, B:0)

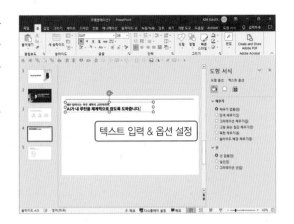

03 위와 같은 방법으로 본문 텍스트 상자도 복사하여 붙여넣습니다. 소제목은 왼쪽에 굵고 큰 글씨로, 본문은 오른쪽에 작은 글씨로 배치합니다. 각 카테고리를 구분하기 위해 첫 번째, 세 번째 소제목은 파란색으로 설정합니다. 세부적인 폰트 설정은 아래 옵션 값을 참고합니다.

옵션 값 폰트: SUIT ExtraBold, SUIT Regular
색상: #000000 (R:0, G:0, B:0), #3145D2 (R:49, G:69, B:210)

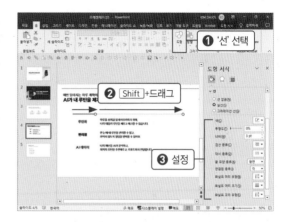

04 각 내용을 구분 지을 직선을 그리겠습니다. [도형 서식]-[도형 삽입]에서 '선'을 선택한 후 소제목과 오른쪽 본문 위에 직선을 나란히 그립니다. 아래 옵션 값을 참고하여 선의 색상과 너비를 설정합니다.

옵션 값 • [왼쪽 선] 색상: #3145D2 (R:49, G:69, B:210)
너비: 3pt
• [오른쪽 선] 색상: #D9D9D9 (R:217, G:217, B:217)
너비: 3pt

05 직선들을 선택한 후 Ctrl+D키를 눌러 복제하고 그림처럼 나열합니다. 아래 옵션 값을 참고하여 가운데 선의 색상과 너비를 변경합니다.

옵션 값 [가운데 선] 색상: #404040 (R:64, G:64, B:64)
너비: 3pt

핸드폰 목업 이미지 삽입하기

01 핸드폰 목업 이미지를 삽입하여 디자인을 완성해 보겠습니다. PNGWING 사이트에서 핸드폰을 든 손 이미지를 찾아 다운로드한 후 PPT로 불러옵니다.

소스 다운로드 PNGWING (https://www.pngwing.com/ko)
키워드: iphone

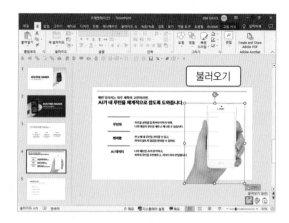

02 핸드폰 화면에 합성할 이미지를 찾아보겠습니다. 언스플래쉬 사이트에서 루틴 알림을 준다는 의미를 표현할 수 있는 이미지를 다운로드한 후 PPT로 불러옵니다.

소스 다운로드 언스플래쉬 (https://unsplash.com/ko/)
키워드: alarm

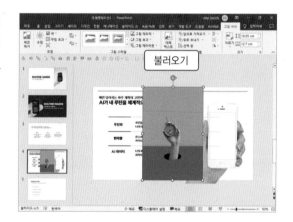

03 이미지 꼭짓점을 드래그하여 핸드폰 화면에 맞춰 크기를 조절한 후, 마우스 오른쪽 버튼을 클릭하여 '맨 뒤로 보내기'를 선택하여 합성을 완료합니다.

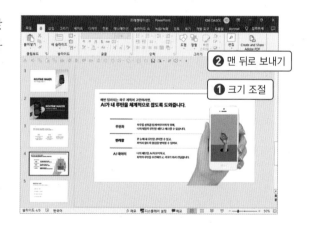

❸ 앱 서비스 프로세스 페이지 디자인하기

마지막 페이지는 앱 서비스가 어떤 기능과 베네핏을 제공하는지 알려주는 페이지입니다. 앞 본문이 전반적으로 아주 깔끔하게 디자인되었다면, 이번 페이지는 이미지와 아이콘 등 디자인 요소를 충분히 활용해 보겠습니다.

임팩트 있는 이미지를 배경으로 활용하기

01 [Ctrl]+[M]키를 눌러 새 슬라이드를 추가합니다. 헤드라인은 통일성을 주기 위해 4번 슬라이드의 상단에 있는 파란 선을 복사하여 새 슬라이드에 붙여넣습니다. 초안 헤드라인 텍스트도 복사하여 붙여넣은 후 아래 옵션 값을 참고하여 설정합니다.

옵션 값 폰트: SUIT ExtraBold / SUIT Regular
색상: #3145D2 (R:49, G:69, B:210)
#000000 (R:0, G:0, B:0)

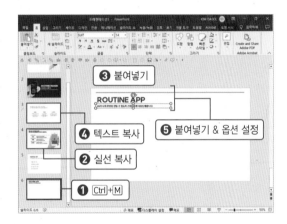

02 이번에는 슬라이드 왼쪽 배경으로 넣을 이미지를 삽입하겠습니다. 앱 서비스 소개서인만큼 핸드폰을 사용하는 사람의 이미지를 찾아 PPT에 불러온 후 왼쪽에 배치합니다. 마우스 오른쪽 버튼을 클릭한 후 '맨 뒤로 보내기'를 선택하여 텍스트 뒤로 보냅니다.

소스 다운로드 언스플래쉬 (https://unsplash.com/ko/)
키워드: phone

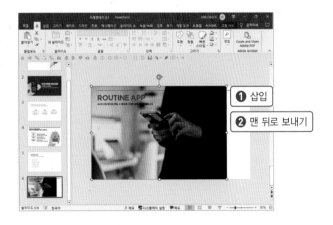

03 [홈]-[그리기]-[도형]에서 '사각형'을 선택한 후
슬라이드 오른쪽 절반을 덮도록 그립니다. 바깥 테
두리 선 없는 흰색 사각형으로 설정합니다.

옵션 값 색상: #FFFFFF (R:255, G:255, B:255)

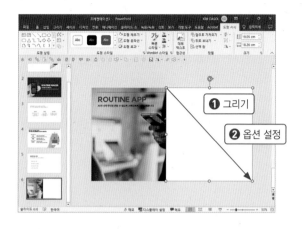

04 [도형 서식]-[도형 삽입]에서 '타원'을 선택한 후,
기존 흰색 사각형을 덮도록 타원 모양을 그립니다.
그다음 사각형을 먼저 선택한 후 [Shift] 키를 눌러 타
원을 선택합니다. [도형 서식]-[도형 삽입]-[도형 병
합]에서 '빼기'를 선택하여 사각형에서 타원이 겹치는
만큼 빼줍니다.

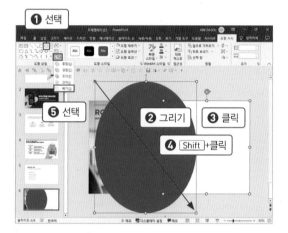

05 도형과 사진의 크기 및 위치를 적당히 조절합니
다. 헤드라인 텍스트는 잘 보이게 흰색으로 변경합
니다.

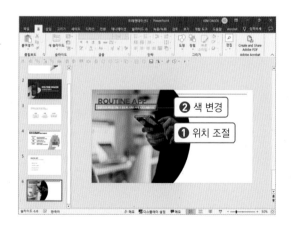

아이콘으로 프로세스 표현하기

01 [홈]-[그리기]-[도형]에서 '타원'을 선택합니다. Shift 키를 눌러 정원형을 만든 후 이미지와 흰색 도형 경계에 걸치도록 배치합니다. 아래 옵션 값을 참고하여 도형 옵션을 설정합니다.

옵션 값 [도형] 색상: #3145D2 (R:49, G:69, B:210)
　　　　　　[실선] 색상: #FFFFFF (R:255, G:255, B:255)
　　　　　　너비: 4pt

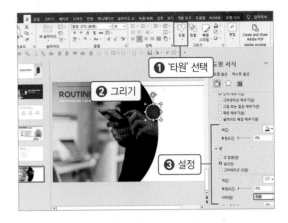

02 원형을 선택한 후 Ctrl+D 키를 눌러 복제합니다. 총 네 개의 원형을 그림처럼 배치합니다. 가시성을 위해 두 번째, 네 번째 원형을 회색으로 변경합니다.

옵션 값 원형 색상: #7F7F7F (R:127, G:127, B:127)

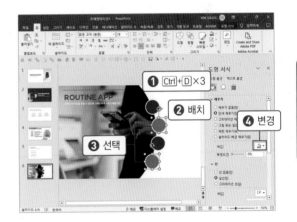

03 5번 슬라이드에 있는 초안 텍스트를 복사하여 작업 슬라이드에 붙여넣습니다.

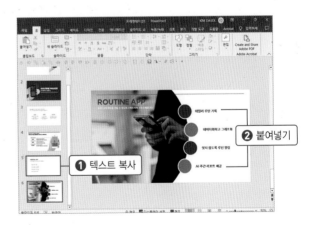

04 각 원형에 아이콘을 넣겠습니다. 아래 정보를 참고하여 아이콘파인더 사이트에서 아이콘을 다운로드합니다. PPT로 불러와 크기를 조절한 후 배치합니다.

소스 다운로드 아이콘파인더(https://www.iconfinder.com/) 키워드: report, graph, alarm, data / 포맷:PNG

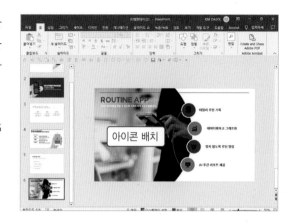

05 아이콘이 잘 보이도록 흰색으로 변경하겠습니다. 아이콘을 선택한 후 오른쪽 [그림 서식] 탭에서 '그림 수정' 아이콘을 클릭합니다. '밝기'를 100으로 설정하면 흰색으로 변경됩니다. 이 방법은 PNG 확장자 이미지만 가능하다는 점 참고해주세요.

TIP

오른쪽 그림 서식 창이 보이지 않을 경우, 그림 위에서 마우스 오른쪽 버튼을 클릭하여 '그림 서식'을 선택합니다.

06 다른 아이콘들을 클릭한 상태로 F4키를 누릅니다. 방금 실행했던 기능이 그대로 반복되어 흰색으로 바뀝니다. 모든 아이콘을 흰색으로 바꿔주세요.

TIP

F4키를 클릭하면 방금 했던 행동이 한번에 적용됩니다.

■4 1P 디자인 시안 만들기

샘플 디자인을 모두 완성하였습니다. 이 시안들을 클라이언트에게 한 페이지로 보여줄 수 있도록 1페이지 디자인 시안을 만듭니다. 1페이지 디자인 시안에는 사용한 컬러, 폰트 그리고 앞에서 제작한 디자인 시안 페이지들로 구성하고, 더불어 디자인 방향을 왜 이렇게 잡았는지에 대해 간단히 설명을 추가합니다. 예를 들어, 이 시안에서는 앱 메인 색상인 비비드한 블루를 활용해서 디자인 통일감을 준 점, 그리고 IT업계의 모던하고 깔끔한 이미지와 어울리는 SUIT체를 사용했다는 점 등의 설명을 추가합니다.

03

톡톡 튀는 아이디어를 부각시킨
스타트업 디자인 시안 만들기

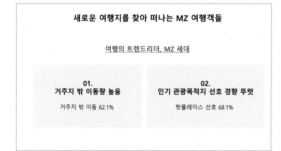

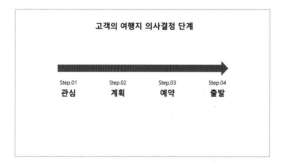

실습 [PART 04] Chapter 03 실습파일

완성 [PART 04] Chapter 03 완성파일

전문성과 신뢰도를 강조해야 하는 IT업계와는 달리, 스타트업 회사는 톡톡 튀는 아이디어를 발산해야 합니다. 특히 새로운 개념을 설명해야 하는 스타트업의 특성상 내용을 비주얼적으로 표현하는 것이 중요합니다. 스타트업의 아이디어가 돋보일 수 있도록 일러스트를 사용해서 PPT 디자인 시안을 잡아보겠습니다.

1페이지 디자인 시안 완성

초안을 기반으로 페이지별 디자인 시안을 완성한 후 전체적인 디자인 방향을 볼 수 있도록 한 페이지로 정리하여 클라이언트에게 전달합니다. 1페이지 디자인 시안에서는 크게 세 가지 항목을 다룹니다. 컬러, 폰트, 그리고 제작한 디자인 시안 페이지입니다. 각 요소의 디자인은 어떤 이유로 잡았는지에 대한 설명도 추가합니다.

• COLOR
팝하고 강렬한 인상을 남기는 비비드한 퍼플로 선정했습니다.

• FONT
직선적인 형태로 가독성이 높은 '나눔스퀘어' 폰트입니다.

❶ 일러스트가 돋보이는 표지 디자인하기

이번에 디자인할 PPT는 여행 계획을 짜주는 스타트업의 서비스 소개서입니다. 클라이언트가 꼽은 메인 색상은 최근 인기 많은 보라색입니다. 보라색 하면 통통 튀는 매력이 떠오릅니다. 이런 매력을 극대화할 수 있는 일러스트 소스들을 활용해 보겠습니다. 초안을 살펴보니 텍스트양도 많지 않아 직관적으로 비주얼을 전달하는 일러스트가 잘 어울릴 것 같습니다.

내용에 집중할 수 있는 도형 배경 만들기

01 실습 파일을 불러옵니다. 표지 초안에는 간단한 슬로건과 PPT 타이틀이 있습니다. 먼저 [Ctrl]+[M]키를 눌러 새 슬라이드를 추가합니다. 초안 표지 테스트를 모두 선택하여 추가한 새 슬라이드에 붙여넣습니다. 그다음 아래 옵션 값을 참고하여 설정한 후, 텍스트 박스들을 왼쪽 맞춤으로 배치합니다.

옵션 값 폰트: 나눔스퀘어 ExtraBold, 나눔스퀘어 Regular
색상: #A435F0 (R:164, G:53, B:240)

02 [홈]-[그리기]-[도형]에서 '둥근 위쪽 모서리 사각형'을 선택한 후 슬라이드의 가운데를 모두 덮도록 드래그하여 그립니다.

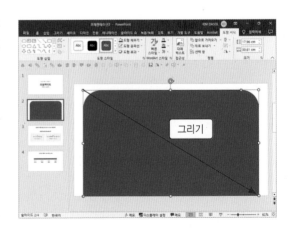

03 마우스 오른쪽 버튼을 클릭한 후 '도형 서식'을 선택합니다. [도형 서식]-[채우기]-[색]에서 '흰색'을, [선]에서 '선 없음'으로 설정합니다.

옵션 값 ▸ 도형 색상: #FFFFFF (R:255, G:255, B:255)

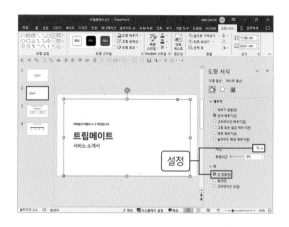

04 그다음 슬라이드의 배경을 클릭하고, [배경 서식]-[채우기]-[색]에서 아래 옵션 값을 참고하여 메인 색상을 설정합니다.

옵션 값 ▸ 배경 색상: #A435F0 (R:164, G:53, B:240)

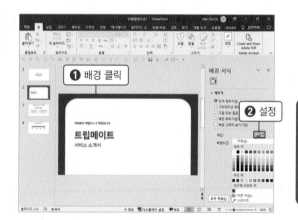

PART 4

서비스를 한 눈에 보여주는 일러스트 찾기

01 여행을 테마로 한 디자인에 어울리는 일러스트를 찾아보겠습니다. '스토리셋' 웹사이트에 접속하여 '스토리셋'으로 검색합니다.

소스 다운로드 ▸ 스토리셋 (https://storyset.com/)
키워드:trip / 포맷:SVG

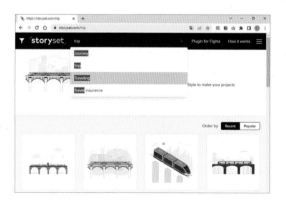

02 표지에 어울릴만한 일러스트를 선택합니다. PPT의 메인 색상과 같은 색으로 변환하겠습니다. [Color]-[Change Color]를 선택하고 PPT의 보라색과 같은 색상 값을 입력합니다. 색이 변경되면 'Download SVG'를 클릭하여 다운로드합니다.

옵션 값 색상: #A435F0 (R: 164, G: 53, B: 240)

03 다운로드한 일러스트를 PPT로 불러온 후 타이틀 옆에 빈 공간에 알맞은 크기로 크기를 조절하여 배치합니다.

2 내용을 파악하고 도식화하기

이번에는 고객 서베이 데이터를 보여주고 있는 페이지를 디자인하겠습니다. 초안에서는 단순히 숫자로 적혀있지만, 디자인하다 보면 내용을 해석해서 도식화하는 과정을 거칠 때가 있습니다. 데이터의 가독성을 높이기 위해 파이 그래프로 표현해 보겠습니다.

고객 서베이 파이 그래프로 만들기

01 3번 슬라이드를 선택하고 Ctrl+M 키를 눌러 새 슬라이드를 추가합니다. 초안 슬라이드에서 헤드 타이틀을 복사한 후 추가한 새 슬라이드에 붙여넣습니다. 강조하려는 텍스트는 아래 옵션 값을 참고하여 보라색으로 설정합니다.

옵션 값 폰트: 나눔스퀘어 ExtraBold / 색상: #A435F0 (R:164, G:53, B:240), #000000 (R:0, G:0, B:0)

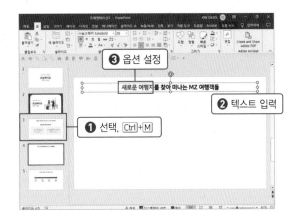

02 헤드 타이틀과 본문을 구분 지어 보겠습니다. [도형 서식]-[도형 삽입]에서 '사각형'을 선택한 후 드래그하여 하단 슬라이드를 사각형으로 채웁니다.

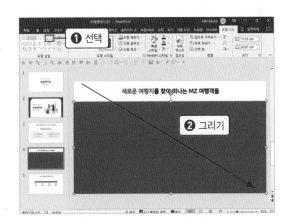

03 마우스 오른쪽 버튼을 클릭하여 '도형 서식'을 선택한 후, 오른쪽 [도형 서식]-[채우기]-[색]에서 아래 옵션 값을 참고하여 '회색'으로 설정합니다.

옵션 값 도형 색상: #F2F2F2 (R:242, G:242, B:242)

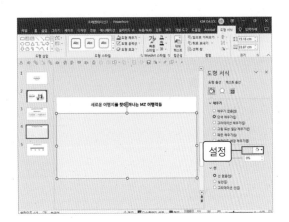

04 초안 슬라이드에서 본문 텍스트들을 모두 복사한 후 작업 슬라이드에 붙여넣습니다. 아래 옵션 값을 참고하여 옵션을 변경합니다.

옵션 값 폰트: 나눔스퀘어 ExtraBold / 색상: #A435F0 (R:164, G:53, B:240), #000000 (R:0, G:0, B:0)

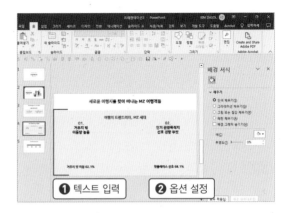

05 이번에는 고객 서베이의 결과를 파이 그래프로 표현하겠습니다. [홈]-[그리기]-[도형]에서 '원호'를 선택합니다. 첫 번째 데이터 밑에 드래그하여 원호를 그린 후 흰색으로 설정합니다.

옵션 값 색상: #FFFFFF (R:255, G:255, B:255)

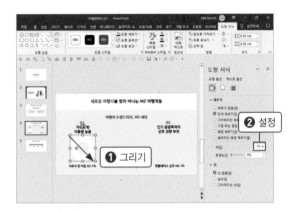

06 이번에는 '막힌 원호'를 선택합니다. 파이 그래프의 '62.1%'를 표현하겠습니다. 앞에서 만든 원호의 크기에 맞춰 막힌 원호를 드래그하여 그립니다. 노란색 점을 드래그하여 파이 길이를 조절하고 메인 색상으로 설정합니다.

옵션 값 색상: #A435F0 (R:164, G:53, B:240)

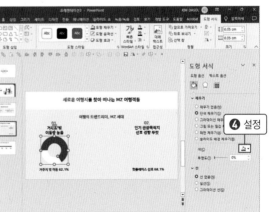

07 기존에는 한 줄로 되어 있던 '거주지 밖 이동 62.1%' 텍스트를 가독성을 높이기 위해 분리하겠습니다. '62.1%'라는 숫자를 파이 그래프 가운데에 배치한 후 메인 색상으로 변경합니다.

옵션 값 색상: #A435F0 (R:164, G:53, B:240)

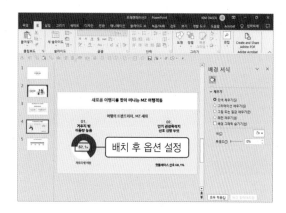

08 만든 원호 그래프를 선택합니다. Ctrl+D키를 눌러 복제한 후 오른쪽에 배치합니다.

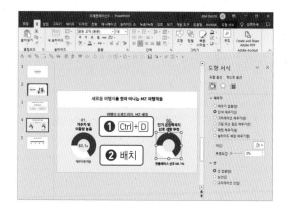

09 마찬가지로 숫자에 맞게 파이 그래프 길이를 조절하고, 숫자를 그래프 가운데에 배치합니다.

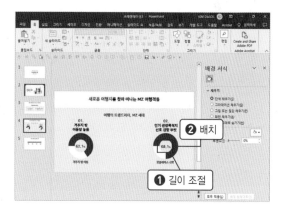

PART 4

페이지의 밀도를 높이는 일러스트 배치하기

01 슬라이드 중앙에 배치할 일러스트를 찾겠습니다. '스토리셋' 사이트에서 'travel' 키워드로 검색한 후 마음에 드는 일러스트를 선택합니다. [Change Color]에서 PPT 메인 색상으로 바꾼 다음 'Download SVG'를 클릭하여 다운로드합니다.

소스 다운로드 스토리셋 (https://storyset.com/)
색상: #A435F0 (R:164, G:53, B:240)
키워드: travel / 포맷:SVG

02 다운로드한 일러스트를 PPT로 불러온 후 크기를 조절하여 중앙에 배치합니다.

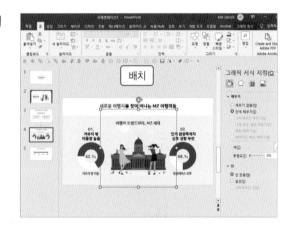

03 일러스트와 어울리는 말풍선을 추가하겠습니다. [도형 서식]-[도형 삽입]에서 '둥근 모서리 사각형'을 선택한 후 가로로 길게 드래그하여 그립니다. 그다음 [도형 서식]-[도형 삽입]에서 '이등변 삼각형'을 선택한 후 말풍선의 말꼬리처럼 그립니다.

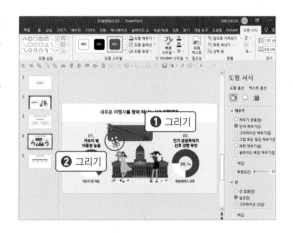

04 말풍선 도형을 모두 선택한 후 메인 색상으로 변경합니다.

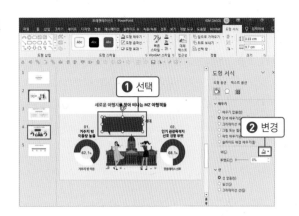

05 뒤에 있던 텍스트를 마우스 오른쪽 버튼으로 클릭한 후 '맨 앞으로 가져오기'를 선택합니다. 말풍선 안에 배치한 후 흰색으로 변경합니다.

옵션 값 도형 색상: #A435F0 (R:164, G:53, B:240) / 선: 선 없음 / 텍스트 색상: #FFFFFF (R:255, G:255, B:255)

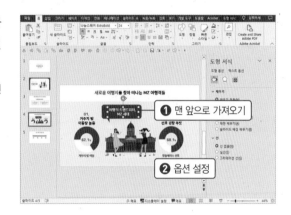

3 단계별 프로세스 디자인하기

세 번째 페이지는 고객의 의사결정 단계를 표현하고 있습니다. 스텝 1부터 4까지 순서대로 전개되는 내용으로, 도식화하여 표현하려고 합니다. 단순한 화살표가 아닌, 색다른 방법으로 단계별 내용을 표현해 보겠습니다.

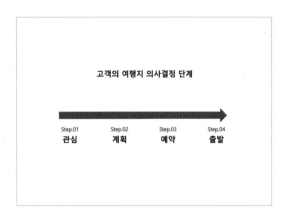

연결되는 프로세스 바 만들기

01 Ctrl + M 키를 눌러 새 슬라이드를 추가합니다. 통일성을 위해 이전 페이지에서 만든 헤드 타이틀과 본문의 회색 도형을 복사하여 새 슬라이드에 붙여넣습니다.

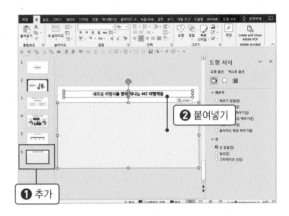

02 초안 슬라이드에서 헤드 타이틀 텍스트를 복사한 후 작업 슬라이드 텍스트 상자에 붙여넣습니다. 아래 옵션 값을 참고하여 색을 변경합니다.

옵션 값 폰트: 나눔스퀘어 ExtraBold / 색상: #A435F0 (R:164, G:53, B:240), #000000(R:0, G:0, B:0)

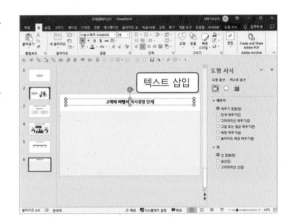

03 [도형 서식]-[도형 삽입]에서 '사각형'을 선택한 후 드래그하여 가로로 긴 사각형을 그립니다. 슬라이드 왼쪽부터 시작할 수 있도록 배치한 후 아래 옵션 값을 설정합니다.

옵션 값 색상: #000000 (R:0, G:0, B:0) / 선: 선 없음

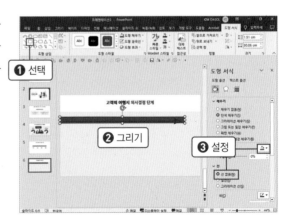

04 오른쪽 [도형 서식]-[효과]에서 '그림자'를 선택합니다. [미리 설정]-[바깥쪽]-[오프셋]에서 '오른쪽 아래'를 선택하여 도형에 그림자 효과를 적용합니다. 그다음 아래 옵션 값을 설정합니다.

옵션 값 색상: #A6A6A6 (R:166, G:166, B:166) / 투명도: 70% / 크기: 100% / 흐리게: 10pt / 간격: 2pt

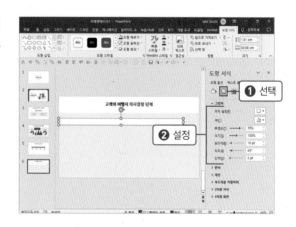

05 [도형 서식]-[도형 삽입]에서 '선'을 선택한 후 도형 상단에 맞춰 드래그하여 직선을 그립니다. 색상은 메인 색상의 보라색으로, 굵기는 두껍게 설정합니다.

옵션 값 색상: #A435F0 (R:164, G:53, B:240) / 너비: 4.5 pt

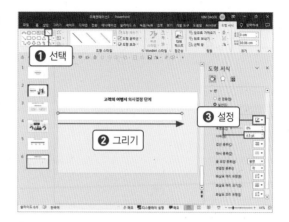

06 다시 한번 [도형 서식]-[도형 삽입]에서 '선'을 선택합니다. 이번엔 도형 안에 세로로 얇은 회색 선을 그립니다.

옵션 값 색상: #F2F2F2 (R:242, G:242, B:242) / 너비: 0.5 pt

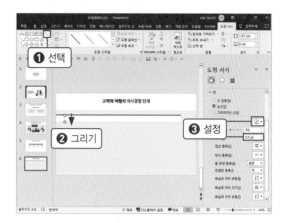

PART 4

07 스텝별로 구분 짓기 위해 [Ctrl]+[D]키를 눌러 세 개 더 복제한 후 같은 간격으로 나란히 배치합니다.

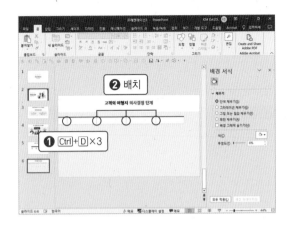

08 초안 페이지에서 텍스트를 선택한 후 복사하여 작업 슬라이드에 붙여넣습니다. 이때, 각 세로 선 옆에 Step 01~04 텍스트를 배치한 후 아래 옵션 값을 참고하여 색상을 변경합니다.

옵션 값 색상: #7F7F7F (R:127, G:127, B:127)

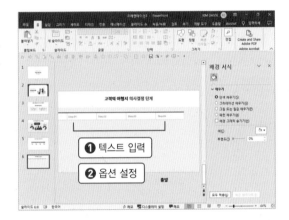

스텝 별 말풍선과 일러스트 삽입하기

01 [도형 서식]-[도형 삽입]에서 '사각형'을 선택한 후 첫 번째 스텝 밑에 세로로 긴 사각형을 그립니다.

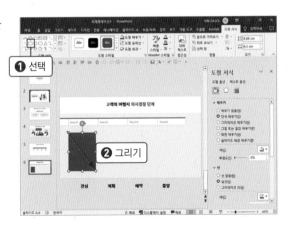

02 다시 [도형 삽입]에서 '이등변 삼각형'을 선택하여 말풍선 꼬리처럼 사각형 상단에 추가합니다. 두 도형을 선택한 후 [도형 서식]-[도형 병합]의 '통합'을 선택하여 하나의 도형으로 만듭니다.

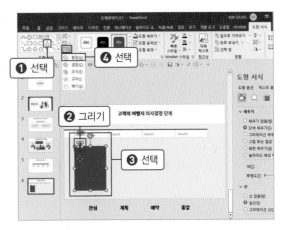

03 말풍선 도형의 색을 흰색으로 변경합니다.

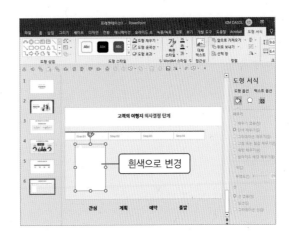

04 프로세스 바를 선택한 후 Ctrl + Shift + C키를 눌러 그림자 서식을 복사합니다. 다시 말풍선 도형을 선택한 후 Ctrl + Shift + V키를 눌러 그림자 서식을 붙여넣습니다.

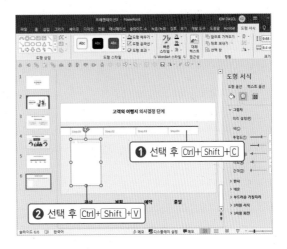

05 말풍선 도형을 선택한 후 Ctrl+D키를 눌러 옆으로 세 개를 나란히 복제합니다.

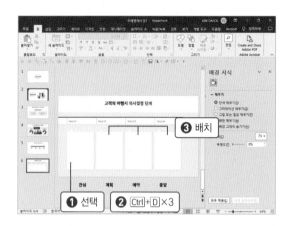

06 아래 복사해놓은 텍스트들을 말풍선 위로 배치한 후 색상을 메인 색상인 보라색으로 변경합니다.

옵션 값 색상: #A435F0 (R:164, G:53, B:240)

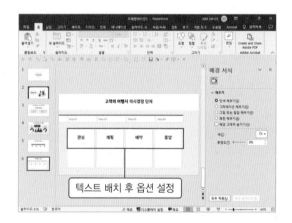

07 스토리셋 사이트에서 스텝별 키워드에 맞는 일러스트를 검색하여 메인 색상에 맞게 변경한 후 다운로드합니다. PPT로 불러온 후 키워드에 맞게 배치합니다.

옵션 값 스토리셋 (https://storyset.com/)
키워드: interest, plan, reserve, trip / 포맷: SVG
색상: #A435F0 (R:164, G:53, B:240)

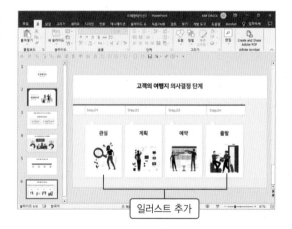

4 1P 디자인 시안 만들기

일러스트를 활용해서 톡톡 튀는 스타트업 디자인 시안을 완료했습니다. 해당 시안들과 디자인 방향에 대한 코멘트를 추가하여 클라이언트에게 컨펌 받을 한 페이지 디자인 시안으로 정리하여 마무리합니다.

최근 트렌드를 반영한
마케팅업 디자인 시안 만들기

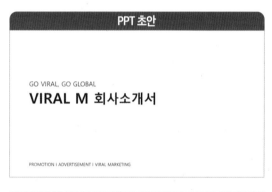

실습 [PART 04] Chapter 04 실습파일

완성 [PART 04] Chapter 04 완성파일

마케팅 산업은 고객들에게 많은 서비스 소개서와 광고 제안서를 배포합니다. 그래서 종종 PPT 디자인 의뢰를 맡깁니다. 트렌드에 앞서야 고객들을 설득할 수 있는 분야인 만큼 PPT도 최근 트렌드를 반영해서 디자인합니다. 먼저 현재 유행하는 디자인 트렌드를 살펴보고, 주목받고 있는 디자인 요소를 PPT 디자인 시안에 녹여낼 수 있는 방법을 살펴보겠습니다.

1페이지 디자인 시안 완성

초안을 기반으로 페이지별 디자인 시안을 완성한 후 전체적인 디자인 방향을 볼 수 있도록 한 페이지로 정리하여 클라이언트에게 전달합니다. 1페이지 디자인 시안에서는 크게 세 가지 항목을 다룹니다. 컬러, 폰트, 그리고 제작한 디자인 시안 페이지입니다. 각 요소의 디자인은 어떤 이유로 잡았는지에 대한 설명도 추가합니다.

• COLOR
긍정적이고 밝은 에너지의 노란색을 메인 색상으로 사용했습니다.

• FONT
최근 디자인 업계에서 제일 트렌디한 '프리텐다드' 체입니다.

❶ 3D 일러스트를 활용한 표지 디자인하기

숏폼을 전문적으로 다루는 바이럴 업체의 PPT 디자인 시안을 잡아보겠습니다. 숏폼 콘텐츠란 1분 이하의 짧은 영상 콘텐츠로, 최근 다양한 소셜 미디어에서 폭발적인 인기를 끌고 있습니다. 숏폼 타깃층이 MZ 세대인만큼 PPT 디자인도 최근 트렌드인 3D 일러스트 요소를 활용해 보겠습니다.

점 편집을 활용해 다양한 도형 만들기

01 실습 파일에서 표지 초안 슬라이드를 선택한 후 Ctrl+M키를 눌러 새 슬라이드를 추가합니다. [도형 서식]-[도형 삽입]에서 '사각형'을 선택한 후, 슬라이드 왼쪽 절반 정도 덮을 수 있는 사각형을 그립니다.

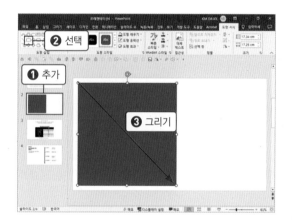

02 마우스 오른쪽 버튼을 클릭한 후 '점 편집'을 선택합니다. 꼭짓점에 검정색 사각형이 생기면서 도형을 마음대로 편집할 수 있게 됩니다. 오른쪽 위의 검정색 꼭짓점을 오른쪽 방향으로 드래그하여 그림처럼 만듭니다.

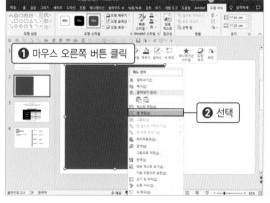

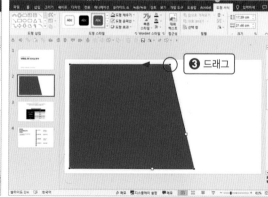

03 마우스 오른쪽 버튼을 클릭하고 '도형 서식'을 선택합니다. 오른쪽 [도형 서식]-[채우기]-[색]에서 메인 테마 색상을 설정하겠습니다. 마케팅 업체인만큼 통통 튀고 긍정적인 느낌을 주는 노란색으로 설정합니다.

옵션 값 색상: #F9991C (R:249, G:153, B:28) / 선: 선 없음

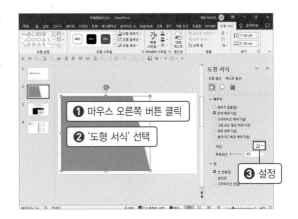

04 표지 초안에 있는 텍스트를 복사하여 작업 슬라이드에 붙여넣습니다. 노란색 도형 위에 배치한 후 아래 옵션 값을 참고하여 폰트 옵션을 설정합니다.

옵션 값 폰트: Pretendard ExtraBold, Pretendard Regular
색상: #FFFFFF (R:255, G:255, B:255)

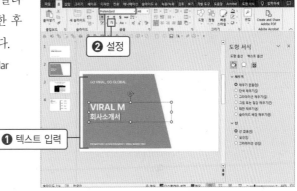

3D 일러스트 소스로 트렌디함 더하기

01 최근 유행하는 3D 소스를 활용하여 트렌디함을 더해 보겠습니다. 먼저 3D 소스를 다운로드하기 위해 '프리픽' 사이트에 접속합니다.

소스 다운로드 프리픽: https://www.freepik.com/

> 💡 **TIP**
>
> 프리픽은 이미지부터 벡터, 아이콘 등 다양한 디자인 소스를 다운로드할 수 있는 웹사이트입니다. 무료회원은 하루에 10개의 소스를 다운로드할 수 있으니, 고급 소스가 필요할 때 프리픽을 활용해 보세요.

02 바이럴 회사 소개서에 어울리도록 쇼셜 미디어를 입체적으로 표현한 소스를 찾겠습니다. '3D SNS'를 검색합니다. 3D 일러스트는 색상을 바꾸기 어려우므로 PPT 메인 색상과 비슷한 것으로 찾습니다.

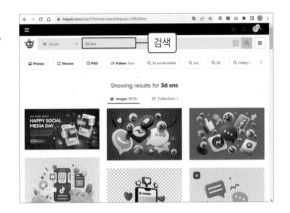

03 원하는 일러스트를 선택한 후 〈Download〉 버튼을 클릭합니다. JPEG 이미지로 다운로드합니다.

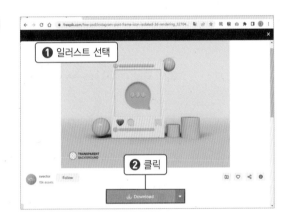

04 3D 일러스트 배경을 제거하겠습니다. 리무브비지 사이트에 접속하여 방금 다운로드한 3D 일러스트를 드래그하여 불러옵니다. 자동으로 배경이 제거됩니다. 배경 제거된 이미지를 다운로드합니다.

소스 다운로드 리무브비지: https://www.remove.bg/ko

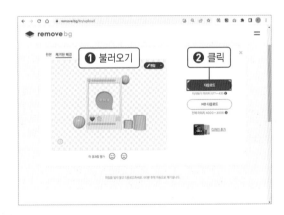

05 배경을 제거한 이미지를 PPT로 드래그하여 불러옵니다.

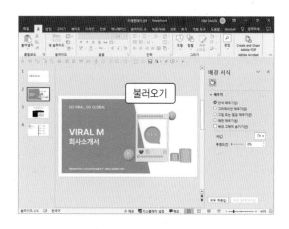

06 일러스트 크기와 위치를 조절하고, 왼쪽 노란색 도형도 일러스트와 겹치지 않게 크기를 조절합니다.

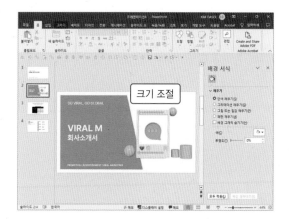

07 마지막으로 오른쪽 [배경 서식]-[채우기]-[색]에서 연한 회색을 배경으로 깔아줍니다.

옵션 값 색상: #F2F2F2 (R:242, G:242, B:242)

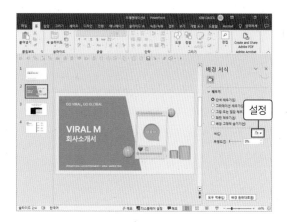

 TIP

화면 오른쪽 [배경 서식] 탭이 보이지 않을 경우 배경 위에서 마우스 오른쪽 버튼을 클릭한 후 '배경 서식'을 선택합니다.

② 표에 있는 데이터를 그래프로 도식화하기

본문 페이지를 보면 숏폼 콘텐츠가 얼마나 인기 있는지를 뒷받침해주는 수치가 나와 있습니다. 초안에서는 단순한 표 형식에 숫자가 쓰여 있지만, 한눈에 데이터가 들어오기 어렵습니다. 밋밋한 표 형식이 아닌 해당 데이터를 바탕으로 직관적인 그래프를 만들어 보겠습니다.

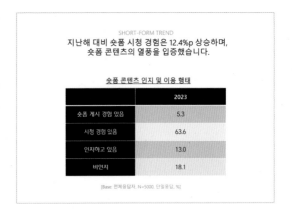

세로형 레이아웃으로 본문 틀 잡기

01 3번 슬라이드를 선택한 후 Ctrl+M키를 눌러 새 슬라이드를 추가합니다. [홈]-[그리기]-[도형]에서 '사각형'을 선택한 후 슬라이드 오른쪽 3분의 1 정도를 채우도록 그립니다.

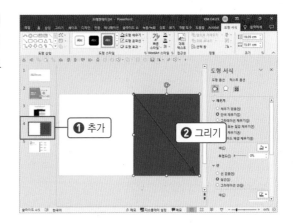

02 오른쪽 [도형 서식]-[채우기]-[색]에서 아래 옵션 값을 참고하여 메인 색상으로 변경합니다.

옵션 값 색상: #F9991C (R:249, G:153, B:28) / 선: 선 없음

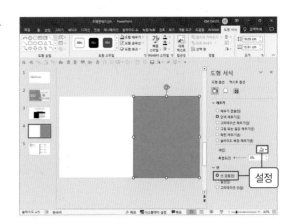

03 초안 텍스트를 복사하여 작업 슬라이드에 붙여넣습니다. 노란색 박스 위에 텍스트를 배치한 후 아래 옵션 값을 참고하여 텍스트 옵션을 설정합니다. 도형 크기는 텍스트에 맞게 조절합니다.

옵션 값 폰트: Pretendard ExtraBold, Pretendard Regular / 색상: #FFFFFF (R:255, G:255, B:255)

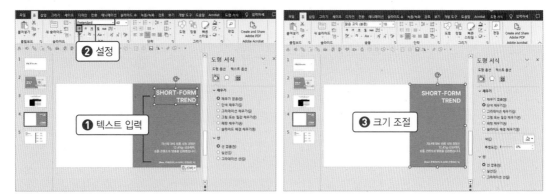

도넛형 그래프로 수치 표시하기

01 초안의 표 내용을 복사하여 붙여넣습니다. 해당 표를 참고하여 도넛형 그래프를 만들겠습니다. 먼저 [삽입]-[일러스트레이션]-[차트]를 선택합니다.

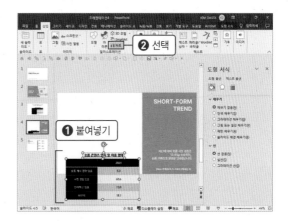

02 '차트 삽입' 대화상자가 나타나면 '원형'의 '도넛형'을 선택한 후 〈확인〉 버튼을 클릭합니다.

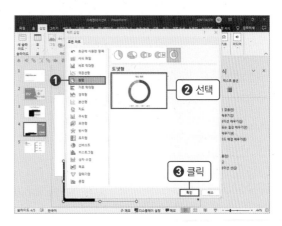

03 기본 도넛형 차트가 생기면서 데이터를 입력할 수 있는 엑셀 창이 나타납니다. 초안의 표 데이터를 참고해서 각 항목과 수치를 입력한 다음 엑셀 창을 닫습니다.

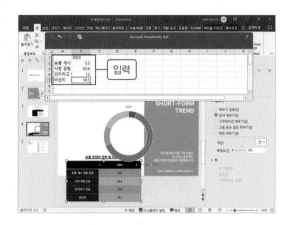

04 바뀐 데이터가 적용된 기본 도넛형 차트가 있습니다. 여기서 '2023' 제목과 하단의 범례를 선택한 후 Delete 키를 눌러 삭제합니다.

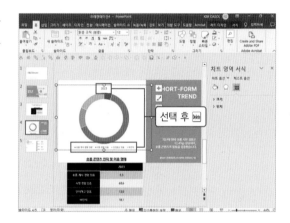

05 차트를 선택합니다. 오른쪽 [데이터 계열 서식]-[계열 옵션]의 세 번째 아이콘을 클릭하고, '도넛 구멍 크기'를 55%로 설정합니다.

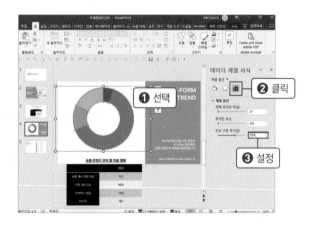

06 중간에 빈 공간이 줄어들면서 차트 바가 더 굵어집니다. 각 차트 바의 색상을 아래 옵션 값을 참고하여 메인 색상과 회색 계열로 설정합니다.

옵션 값 • 첫 번째 바 색상: #A5A5A5 (R:165, G:165, B:165)
　　　　 • 두 번째 바 색상: #D9D9D9 (R:217, G:217, B:217)
　　　　 • 세 번째 바 색상: #F9991C (R:249, G:153, B:28)

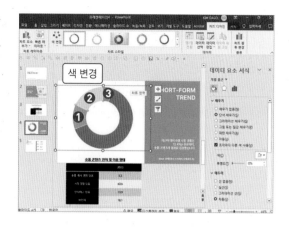

07 다시 차트를 선택한 후 나타나는 아이콘 중 플러스 아이콘을 클릭합니다. [차트 요소]에서 '데이터 레이블'의 '표시'를 선택합니다.

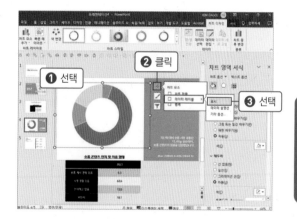

08 그래프 바 안에 데이터가 표시됩니다. 데이터가 잘 보이도록 아래 옵션 값을 참고하여 데이터가 잘 드러나게 설정합니다.

옵션 값 폰트: Pretendard ExtraBold
　　　　 색상: #FFFFFF (R:255, G:255, B:255)

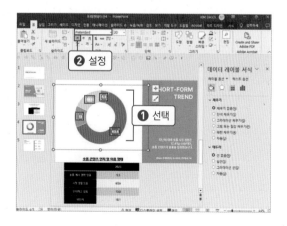

PART 4

09 그래프 안에 제목을 배치합니다. 각 바의 데이터가 보여주는 제목들은 텍스트 박스로 입력하여 숫자 옆에 배치합니다. 아래 옵션 값을 참고하여 텍스트 상자에 옵션을 설정합니다.

옵션 값 폰트: Pretendard ExtraBold
색상: #F9991C (R:249, G:153, B:28)

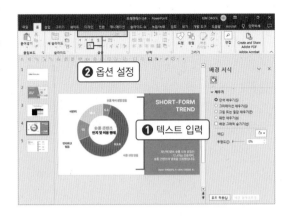

10 가장 강조하고자 하는 차트에 이미지를 삽입해 보겠습니다. 언스플래쉬 사이트에서 폰을 사용하는 사람의 이미지를 다운로드한 후 PPT로 불러옵니다.

소스 다운로드 언스플래쉬 (https://unsplash.com/ko/)
키워드: phone

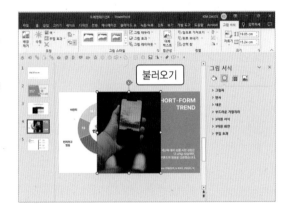

11 이미지를 차트 위에 얹은 후 [그림 서식]-[크기]의 '자르기'를 선택합니다. 차트 모양에 맞게 이미지를 자른 다음 Ctrl+X키를 누릅니다.

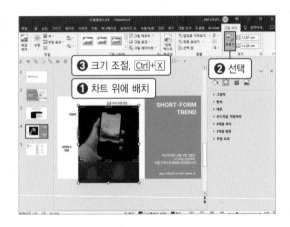

12 이미지를 삽입하려는 차트 바를 더블클릭합니다. 오른쪽의 [데이터 요소 서식]-[채우기]의 '그림 또는 질감 채우기'를 선택한 후 〈클립보드(C)〉를 클릭합니다.

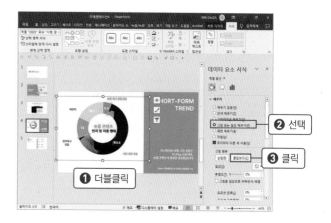

13 방금 잘라냈던 이미지가 선택한 차트 바에 채워집니다. 이미지 비율을 조정하기 위해 [데이터 요소 서식]의 '오프셋 오른쪽'을 -16%로 설정합니다.

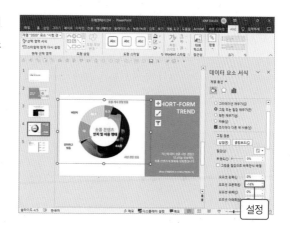

14 차트를 슬라이드 가운데에 오도록 배치하면 페이지 디자인 완성입니다.

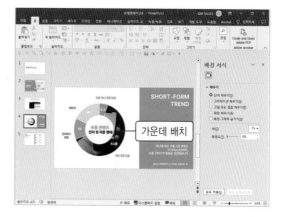

③ 아이콘을 활용한 인포그래픽 만들기

마지막 본문은 바이럴 회사에서 어떤 단계로 업무를
진행하는지 A~Z를 안내하는 페이지입니다. A~Z까
지 넓은 업무 범위를 강조해야 하므로 아이콘을 활용
해서 프로세스 형태의 인포그래픽을 제작해 보겠습
니다. 또한, 앞 페이지에서는 세로 레이아웃으로 구
성했지만, 모든 페이지에 통일성을 주는 것보다는 페
이지별로 자유로운 느낌을 부각시키기 위해 다른 레
이아웃으로 구성해 보겠습니다.

이미지를 활용한 상단 타이틀 디자인하기

01 5번 슬라이드를 선택한 후 Ctrl+M키를 눌러 새
슬라이드를 추가합니다. 그다음 언스플래쉬에서 페
이지 상단 타이틀 배경으로 사용할 이미지를 불러오
겠습니다. A~Z 마케팅을 집행한다는 것을 표현하기
위해 일하고 있는 모습의 이미지를 다운로드합니다.

소스 다운로드 ▸ 언스플래쉬 (https://unsplash.com/ko)
　　　　　　　키워드: work

02 [그림 서식]-[크기]의 '자르기'를 클릭하여 슬라
이드 상단 부분만 남도록 이미지를 자릅니다.

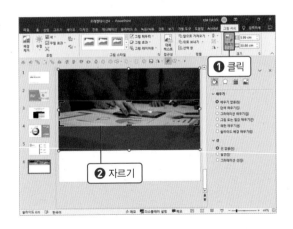

03 [홈]-[그리기]-[도형]에서 '사각형'을 선택한 후 방금 자른 이미지 크기에 맞춰 사각형을 그립니다. 텍스트 가독성을 높이기 위해 '도형 서식'에서 아래 옵션 값을 참고하여 반투명한 검정색 사각형으로 설정합니다.

옵션 값 색상: #000000 (R:0, G:0, B:0)
　　　　　투명도: 30% / 선: 선 없음

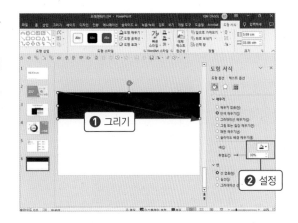

04 초안 슬라이드에서 제목 텍스트를 복사한 후 작업 슬라이드에 붙여넣습니다. 아래 옵션 값을 참고하여 폰트 옵션을 설정합니다.

옵션 값 폰트: Pretendard ExtraBold, Pretendard Regular
　　　　　색상: #FFFFFF (R:255, G:255, B:255)

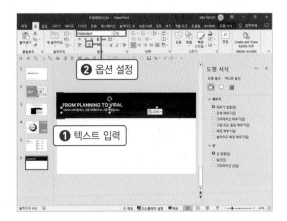

프로세스형 인포그래픽 디자인하기

01 [홈]-[그리기]-[도형]에서 '사각형'을 선택한 후 가로로 긴 사각형을 그립니다. 슬라이드 오른쪽 끝 부분까지 닿도록 한 다음 '도형 서식'에서 아래 옵션 값을 참고하여 설정합니다.

옵션 값 도형 색상: #F2F2F2 (R:242, G:242, B:242)
　　　　　선: 선 없음

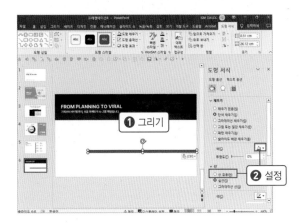

02 [홈]-[그리기]-[도형]에서 '타원'을 선택합니다. 방금 만든 사각형 세로 크기에 맞춰 Shift 키를 누른 채로 드래그하여 정원형을 그립니다. 아래 옵션 값을 참고하여 안에는 흰색, 겉에는 회색 선으로 이루어진 원형이 될 수 있도록 설정합니다. 그다음 Ctrl+D 키를 눌러 총 4개의 원형을 복제하여 나란히 배치합니다.

옵션 값 도형 색상: #FFFFFF (R:255, G:255, B:255) / 선 색상: #BFBFBF (R:191, G:191, B:191) / 선 너비: 6pt

03 이번엔 말풍선을 만들겠습니다. 다시 '타원'을 선택한 후 Shift 키를 누른 채로 드래그하여 정원형을 그립니다. '이등변 삼각형'을 선택한 후 말풍선 꼬리를 추가합니다. 두 도형을 선택한 후 [도형 서식]-[도형 삽입]-[도형 병합]에서 '통합'을 선택하여 하나의 도형으로 만듭니다. 아래 옵션 값을 설정합니다.

옵션 값 도형 색상: #F2F2F2 (R:242, G:242, B:242) / 선: 선 없음

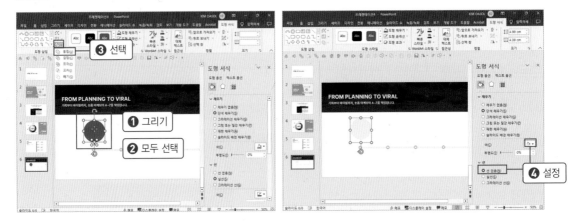

04 말풍선 도형을 선택한 후 오른쪽 [도형 서식]에서 '효과' 아이콘을 클릭합니다. [그림자]-[미리 설정]에서 '바깥쪽'의 '오프셋:오른쪽 아래'를 선택하고, 아래 옵션 값을 설정합니다.

옵션 값 그림자 색: #7F7F7F (R:127, G:127, B:127) / 투명도: 60% / 크기: 100% / 흐리게: 10 pt

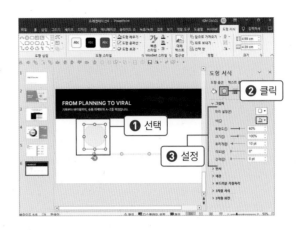

05 [Ctrl]+[D]키를 눌러 총 4개의 도형을 복제한 후 그림처럼 배치합니다.

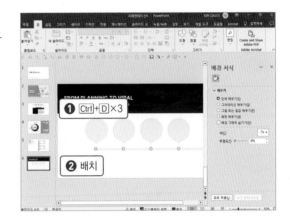

06 초안에 있는 텍스트들을 모두 복사하여 작업 슬라이드에 붙여넣은 후 각 말풍선 밑에 단계별 내용을 배치합니다. 아래 옵션을 참고하여 폰트 옵션을 설정합니다.

옵션 값 폰트: Pretendard ExtraBold / Pretendard Regular
색상: #F9991C (R:249, G:153, B:28) / #000000 (R:0, G:0, B:0)

PART 4

07 아래 소스 다운로드를 참고하여 아이콘파인더 사이트에서 각 말풍선에 들어갈 아이콘을 다운로드 한 후 PPT로 불러와 그림처럼 배치합니다.

소스 다운로드 아이콘파인더 (https://www.iconfinder.com/)
키워드: search, work, film, gift
필터: Free, Solid / 포맷: SVG

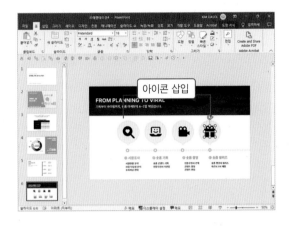

08 앞의 세 개의 아이콘을 선택한 후 [도형 서식]
-[채우기]에서 메인 색상으로 설정합니다.

옵션 값 색상: #F9991C (R:249, G:153, B:28)

TIP

아이콘 색상을 PPT에서 바꾸고 싶다면 꼭 SVG 파일로 다운로드 해야 합니다.

09 초안의 내용을 살펴보니 네 번째 말풍선이 가장 중요한 것 같습니다. 해당 말풍선을 강조하기 위해 말 풍선 색상은 노란색, 아이콘은 흰색으로 변경합니다.

옵션 값 말풍선 색상: #F9991C (R:249, G:153, B:28)
아이콘 색상: #FFFFFF (R:255, G:255, B:255)

❹ 1P 디자인 시안 만들기

트렌디한 느낌을 주기 위해 3D 일러스트 소스를 활용해서 디자인 작업을 해보았습니다. 트렌디한 디자인 방향성을 잡았다는 점을 드러낼 수 있도록 내용을 추가하여 1페이지 시안을 완성합니다.

PART 5

페이지 목적에 따라
맞춤 디자인하기

클라이언트가 디자인 시안을 승낙했다면 본격적으로 PPT 디자인을 작업할 차례입니다. 1차 시안 컨펌 후 클라이언트의 요청이 따로 없는 이상 PPT의 모든 페이지를 디자인하고, 최종 작업물을 전달하게 됩니다. 디자인 시안 단계에서 잡은 컨셉에 충실하게 나머지 페이지도 디자인합니다.

PPT에는 페이지마다 각 장표의 목적이 있습니다. 첫 페이지는 '표지'로 시작하며, 다음은 간략하게 PPT 내용을 한 장으로 설명하는 '목차' 페이지를 구성합니다. 그리고 다양한 내용을 담은 '본문' 장표들이 대부분을 차지합니다. PPT가 챕터 구성이라면 각 챕터를 나누는 '간지' 장표와 마지막을 장식하는 '막지'로 마무리가 될 것입니다.

01

컨셉을 보여주는
표지·목차 디자인하기

첫인상은 3초 만에 결정된다는 '첫인상의 법칙'이 있습니다. 사람뿐만 아니라 PPT도 마찬가지입니다. PPT의 첫인상인 표지는 가장 중요하고, 가장 많은 고민이 필요한 장표입니다. 표지에서 브랜드가 나타내고자 하는 이미지가 한눈에 파악되어야 하며, PPT가 전달하고자 하는 내용이 무엇인지 분명히 나타나야 합니다. 표지 다음에는 목차 페이지를 구성하는데요. 목차 또한 표지의 디자인 컨셉이 연계되어 보여야 합니다. 그럼, 디자인 스타일에 따른 표지와 목차를 디자인해 보겠습니다.

🔢 디자인 컨셉을 대표하는 표지

표지는 프레젠테이션의 첫 페이지로서, 디자인 컨셉을 임팩트 있게 전달하는 역할을 합니다. 독자 혹은 청중에게 프레젠테이션의 내용과 목적을 전달하고 관심을 끌어줍니다. 표지에 너무 많은 정보나 과하게 화려한 디자인은 오히려 메시지 전달력을 떨어트릴 수 있습니다.

프레젠테이션 주제와 목적 소개

표지는 회사 로고, 회사명과 프레젠테이션의 제목, 소제목으로 간단하게 구성됩니다. 제목과 소제목은 앞으로 이 프레젠테이션이 어떤 내용과 메시지를 전달할 것인지 예고합니다. 그러므로 제목이 크게 강조되어 한눈에 집중할 수 있게 만들어야 합니다.

브랜드 정체성을 강조하는 디자인이 필요

표지에서부터 회사의 브랜드 정체성이 보일 수 있도록 디자인되어야 합니다. 회사의 로고 색상을 메인 컬러로 활용하거나, 회사 산업에 관련된 이미지나 소스를 삽입합니다. 표지에서 보여준 디자인의 컨셉이 나머지 프레젠테이션에서도 통일감 있게 유지되어야 합니다.

이미지 배경 표지

표지에서 직관적으로 프레젠테이션의 목적이나 회사의 아이덴티티가 느껴져야 합니다. 시각적으로 메시지를 강력하게 전달하기 위해 이미지를 배경으로 활용할 수 있습니다. 예를 들어, 케미컬 회사 IR 자료의 표지에는 '언스플래쉬' 같은 이미지 소스 사이트에서 'chemical' 키워드로 이미지를 찾아 사용해 보세요.

3D 일러스트레이션 표지

최근 디자인 트렌드 중에 '3D 일러스트레이션'이 주목받고 있습니다. 독특한 시각적 효과로 화려함과 독창성을 더할 수 있기 때문입니다. 2D로는 한계가 있는 세밀한 디테일과 입체감을 표현하여 PPT 디자인의 완성도를 높여주기도 합니다. 트렌디한 쇼핑 산업에서는 3D 일러스트레이션을 활용한 표지를 디자인해 볼 수 있습니다.

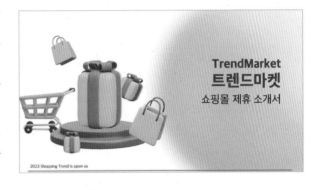

앱스트랙트 배경 표지

'앱스트랙트(abstract)'란 '추상적'을 의미하는 영어로, 실제적인 대상보다는 형상과 텍스처가 강조된 추상적인 디자인이 특징입니다. 다양한 패턴이나 형태를 활용하여 자유롭고 독창적인 느낌의 표지를 완성할 수 있습니다. 특정한 주제의 이미지나 일러스트를 찾기 힘든 산업의 경우, 앱스트랙트 이미지를 배경으로 활용해 보세요. 언스플래쉬에서 'abstract'라고 검색하면 관련 이미지들을 다운로드할 수 있습니다.

목업 이미지 활용 표지

웹사이트나 앱을 주로 활용하는 회사의 PPT
라면 목업 합성을 활용할 수 있습니다. PC,
노트북 혹은 스마트폰에 서비스 화면을 합성
하여 사용자 경험을 시각적으로 구현할 수
있죠. IT나 웹 기반 서비스를 제공하는 회사
라면 목업 합성으로 표지의 퀄리티를 높여보
세요. 다양한 PC, 노트북이나 스마트폰 PNG
이미지를 따로 자료로 정리하면 활용하기 편
리합니다.

2 PPT 항목을 한눈에 보여주는 목차 종류

목차는 프레젠테이션이 어떤 내용으로 이루어져 있는지 구조를 보여줍니다. 각 섹션과 슬라이드의 순서를 안
내하는 역할을 하며, 독자가 궁금해하는 내용이 어디에 자리 잡고 있는지 파악하게 돕습니다. 표지와 비슷한
톤 앤 매너를 유지하고 정보가 잘 보이게 나열하는 것이 중요합니다.

프레젠테이션의 로드맵 역할

목차는 프레젠테이션의 구조를 한눈에 보여주고 앞으로 어떤 내용이 전개될지 알려줍니다. 체계적으로 정리
된 목차는 신뢰감과 기대감을 조성할 수 있습니다. 독자 입장에서 프레젠테이션의 의도를 잘 이해할 수 있도
록 돕는 로드맵 역할을 합니다.

가독성이 높은 목록형 텍스트

목차는 대부분 섹션의 대주제와 해당 섹션에
포함된 서브 토픽들을 불렛포인트(글머리 기
호)로 나열합니다. 슬라이드가 많을수록 텍
스트도 많아지므로 가독성을 첫 번째 우선순
위에 놓아야 합니다. 표지와 디자인 톤 앤 매
너를 비슷하게 지키면서도 텍스트에 집중될
수 있도록 디자인은 심플한 것이 좋습니다.

패턴형 배경 목차

텍스트가 돋보이게 깔끔한 목차를 디자인하고 싶다면 패턴형 배경이 효과적입니다. 간단하고 반복적인 도형이나 그래픽으로 구성되어 내용에 대한 집중도를 높일 수 있습니다. 앱스트랙트 배경의 한 종류이며, 단정하고 세련된 연출을 원한다면 패턴으로 이루어진 이미지를 검색해 보세요.

이미지 배경 목차

주제와 분위기에 잘 맞는 이미지를 찾아서 배경으로 활용할 수 있습니다. 이미지 배경을 사용하는 경우, 텍스트와의 겹침을 줄이기 위해 투명도를 적용하는 것이 좋습니다. 반투명 검은색 도형이나 그라데이션을 깔아서 텍스트가 더욱 돋보이게 해줍니다.

아이소메트릭 일러스트 목차

아이소메트릭(Isometric) 일러스트는 3차원 객체를 2차원 평면상에서 표현하는 일러스트레이션 기법입니다. 플랫한 일러스트보다 입체적이고 디테일을 표현할 수 있어서 임팩트 있는 연출이 가능합니다. 데이터나 IT, 스마트 팩토리 등에 대한 아이소메트릭 소스가 많아 활용도가 높습니다.

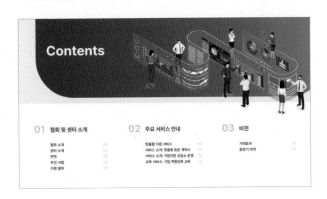

인포그래픽 활용 목차

인포그래픽은 도형이나 아이콘 등을 이용해 내용을 쉽고 직관적인 형태로 보여주는 디자인 요소입니다. 복잡한 내용을 간결하게 나타내서 정보를 명확하게 전달할 수 있습니다. 글로벌 회사의 목차를 작성할 때, 밀도 있는 지도 이미지를 활용하는 것보다는 도트 형태의 지도 인포그래픽과 도형들로 단순하게 표현해 보았습니다.

③ 매거진 타입의 표지 디자인하기

패션/스타일 관련된 서비스 소개서의 표지를 디자인한다고 생각해볼게요. 브랜드의 산업에 따라 지향하는 디자인 무드가 다르다고 했었죠? 패션, 스타일 업계는 시각적인 요소에 민감한 산업인만큼 디자인도 트렌디하고, 감각적이어야 합니다. 여기서는 블랙 & 시크한 무드의 매거진 타입의 표지를 디자인해 보겠습니다.

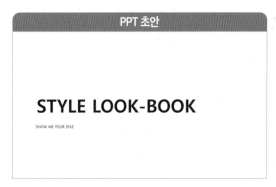

실습 [PART 5] Chapter 01 실습파일

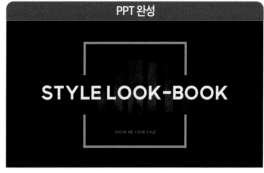

완성 [PART 5] Chapter 01 완성파일

블랙 컨셉의 이미지를 배경에 깔기

01 실습파일을 불러온 후 Ctrl+M키를 눌러 새 슬라이드를 추가합니다. 블랙&시크한 무드 컨셉에 어울리는 배경을 깔아보겠습니다. 언스플래쉬에서 'black' 키워드로 검색한 후 감각적인 이미지를 다운로드하여 PPT로 불러옵니다. PPT 슬라이드에서 마우스 오른쪽 버튼을 클릭한 후 '배경 서식'을 선택합니다.

소스 다운로드 언스플래쉬 (https://unsplash.com/ko/)
키워드: black

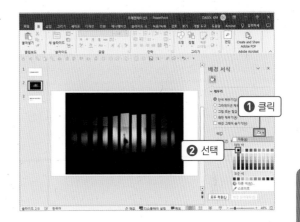

02 오른쪽 [배경 서식]-[채우기]-[색]을 클릭한 후 검정색을 선택합니다.

옵션 값 색상: #000000 (R:0, G:0, B:0)

03 [홈]-[그리기]-[도형]을 클릭한 후 '사각형'을 선택합니다.

04 슬라이드가 꽉 차게 드래그하여 슬라이드를 덮는 직사각형을 그립니다. 오른쪽 [도형 서식]에서 아래 옵션 값을 참고하여 텍스트가 배경에 묻히지 않고 더 잘 보이도록 은은하게 비치는 반투명 도형으로 만듭니다.

옵션 값 색상: #000000 (R:0, G:0, B:0) / 투명도: 30%
　　　　　선: 선 없음

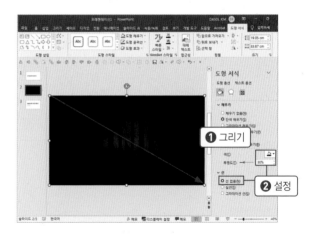

제목을 강조하기 위해 도형 병합 활용하기

01 초안에 있는 텍스트를 모두 선택한 후 복사하여 작업 슬라이드에 붙여넣습니다. [홈]-[글꼴]에서 아래 옵션 값을 참고하여 폰트 및 색상을 변경합니다. 그다음 텍스트상자를 드래그하여 그림처럼 배치합니다. 텍스트 박스를 선택한 채로 [그리기]-[정렬]-[맞춤]-[가운데 맞춤]으로 정렬합니다.

옵션 값 폰트: SUIT Heavy, SUIT Regular
　　　　　색상: #FFFFFF (R:255, G:255, B:255)

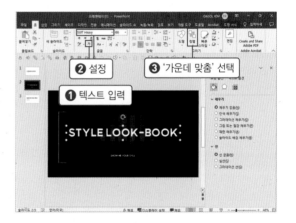

02 [홈]-[그리기]-[도형]에서 '액자'를 선택한 후 Shift 키를 누른 채로 드래그하여 정사각형 모양으로 슬라이드 가운데에 그립니다.

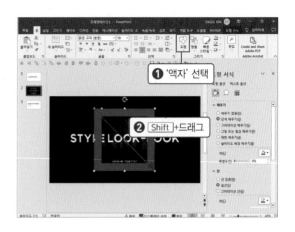

03 액자의 노란색 꼭짓점을 드래그하여 두께를 얇게 조절합니다. 그다음 오른쪽 [도형 서식]에서 액자의 색상을 회색으로 설정합니다.

옵션 값 색상: #A6A6A6 (R:166, G:166, B:166)

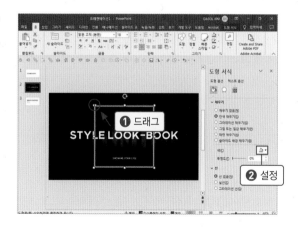

04 [도형 서식]-[도형 삽입]에서 '사각형'을 선택한 후 액자 위에 제목 텍스트를 덮을 만큼 직사각형을 그립니다. 액자 도형을 먼저 선택한 후 Shift 키를 누른 채로 직사각형을 선택합니다. [도형 서식]-[도형 삽입]-[도형 병합]에서 '빼기'를 선택하면 액자 모양에서 직사각형만큼의 영역이 빠집니다. 타이틀을 강조해주는 액자형 디자인을 완성하였습니다.

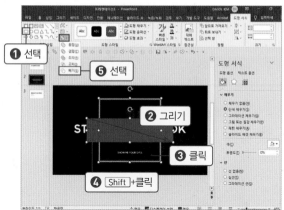

4 타이포그래피를 활용한 목차 디자인하기

표지 다음으로 등장하는 것이 목차 페이지입니다. 목차 페이지는 표지 디자인과 컨셉이 연계될 수 있도록 하는 것이 무엇보다 중요합니다. 매거진 타입의 감각적인 표지를 만들었다면, 같은 톤 앤 매너의 목차를 작업해보겠습니다. 패션 관련 서비스인만큼, 패션모델 이미지를 활용해서 매거진 분위기를 강조하겠습니다.

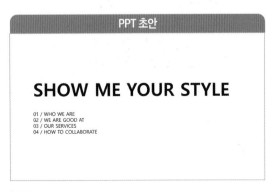

실습 [PART 5] Chapter 01 실습파일

완성 [PART 5] Chapter 01 완성파일

모델 이미지 배경 제거하기

01 실습파일을 불러옵니다. SHOW ME~ 슬라이드를 선택한 후 Ctrl+M키를 눌러 새 슬라이드를 추가합니다. 표지와 톤 앤 매너를 맞추기 위해 오른쪽 [배경 서식]에서 배경 색을 검정색으로 설정합니다.

옵션 값 색상: #000000 (R:0, G:0, B:0)

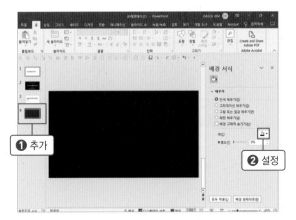

02 언스플래쉬에서 감각적인 패션모델 이미지를 다운로드한 후 리무브비지 사이트에서 해당 이미지를 업로드하여 배경을 제거합니다. 그다음 배경이 제거된 이미지를 마우스 오른쪽 버튼을 클릭한 후 '이미지 복사'를 선택합니다.

소스 다운로드 언스플래쉬 (https://unsplash.com/ko/)
　　　　　　 키워드: fashion
　　　　　　 리무브지(https://www.remove.bg/ko)

03 PPT로 돌아와 Ctrl+V키를 눌러 이미지를 붙여넣습니다. 블랙 컨셉에 맞춰 모델 이미지에도 흑백 효과를 주겠습니다. 이미지를 선택한 상태에서 [그림 서식]-[조정]-[색]을 클릭합니다. 그다음 '색 채도'에서 맨 왼쪽에 의 '채도 0%'를 선택합니다.

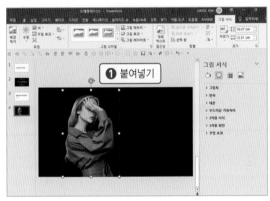

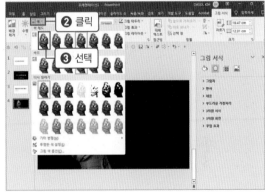

타이포그래피 디자인하기

01 초안에 있는 헤드 타이틀 텍스트를 복사한 후 붙여넣습니다. 이때, 타이포그래피 효과를 주기 위해 단어마다 다른 텍스트 상자로 설정하여 모델 이미지 위에 배치합니다.

옵션값 폰트: SUIT Heavy
　　　 색상: #FFFFFF (R:255, G:255, B:255)

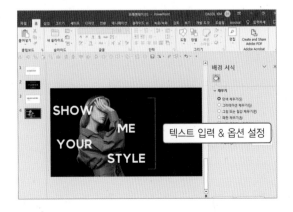

02 'YOUR'와 'STYLE' 텍스트 상자를 선택합니다. 오른쪽 [도형 서식]-[텍스트 옵션]에서 아래 옵션 값을 참고하여 설정하면 윤곽선만 남은 텍스트가 완성됩니다.

옵션 값 텍스트 채우기: 채우기 없음
텍스트 윤곽선: 실선
색상: #FFFFFF (R:255, G:255, B:255),
너비: 1.25pt

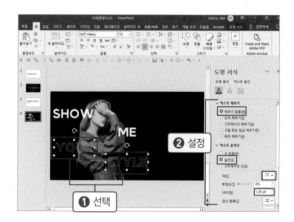

03 [홈]-[그리기]-[도형]에서 직선을 선택한 후 그림처럼 나란히 그립니다. 직선을 모두 선택한 후 마우스 오른쪽 버튼을 클릭하여 '맨 뒤로 보내기'를 선택합니다.

옵션 값 실선 색상: #FFFFFF (R:255, G:255, B:255)
너비: 05.pt

04 초안의 목차 텍스트를 모두 선택한 후 복사하여 붙여넣습니다. 두 직선 사이에 배치하여 매거진 느낌의 레이아웃을 완성합니다.

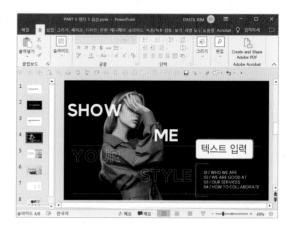

5 글래스 모피즘 타입의 표지 디자인하기

이번에는 깨끗하고 친환경 이미지를 강조하는 뷰티 브랜드의 표지를 디자인해 보겠습니다. 뷰티 브랜드와 잘 어울리고 최근 유행한 '글래스 모피즘' 디자인을 PPT에서도 적용해볼게요. 글래스(Glass)+모피즘(Morphism) 이란 유리의 특성을 활용한 디자인으로 반투명과 블러로 마치 유리가 비치는 듯한 효과를 연출합니다.

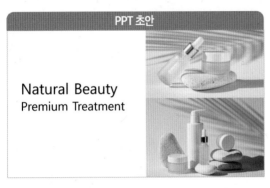

실습 [PART 5] Chapter 01 실습파일

완성 [PART 5] Chapter 01 완성파일

글래스 모피즘 효과 연출하기

01 실습파일을 불러옵니다. 'Natural Beauty' 슬라이드를 선택한 후 Ctrl+M키를 눌러 새 슬라이드를 추가합니다.

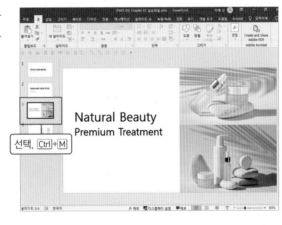

02 언스플래쉬에서 표지 배경으로 사용할 이미지를 검색한 후 다운로드합니다. 흰색과 초록색이 어우러져 깨끗하고 투명한 느낌을 주는 세로형 이미지를 다운로드했습니다. PPT로 불러온 후 이미지를 선택하고 [그림 서식]-[크기]에서 '자르기'를 클릭합니다.

소스 다운로드 언스플래쉬 (https://unsplash.com/ko/)
키워드: white

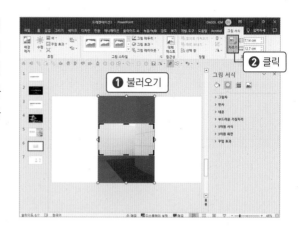

03 자르기 편집 모드에서 표지로 활용할 부분을 드래그한 후 배경 여백을 클릭하여 자릅니다. 그다음 슬라이드에 꽉 차도록 이미지 크기를 조절합니다.

04 [홈]-[그리기]-[도형]에서 '둥근 모서리 사각형'을 선택한 후 슬라이드 각 모서리에서 조금 떨어진 크기의 사각형을 그립니다.

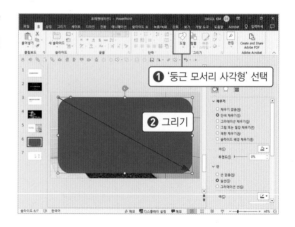

05 배경 이미지를 하나 더 추가하여 도형과 병합하기 위해 배경 이미지를 선택한 후 Ctrl+D키를 눌러 복제합니다. 마우스 오른쪽 버튼을 눌러 '맨 뒤로 보내기'를 선택한 후 슬라이드에 맞게 배치합니다.

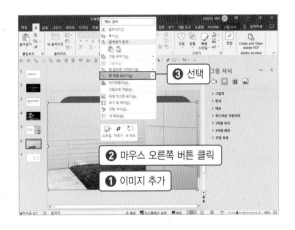

06 도형과 배경 이미지를 병합하기 위해 배경 이미지를 먼저 선택합니다. Shift키를 누른 상태에서 둥근 모서리 사각형을 선택한 후 [도형 서식]-[도형 삽입]-[도형 병합]에서 '교차'를 선택합니다.

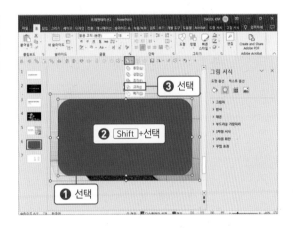

07 교차한 이미지를 선택하고 [그림 서식]-[-조정]-[꾸밈 효과]에서 두 번째 줄 맨 오른쪽에 있는 '흐리게' 효과를 선택합니다. 이미지가 블러 효과를 준 듯 흐려집니다.

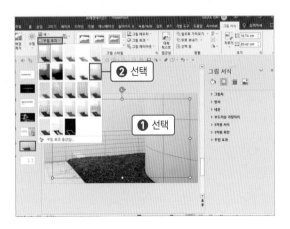

08 입체감을 표현하기 위해 그림자 효과도 적용하겠습니다. 오른쪽 [그림 서식]-[효과]-[그림자]-[미리 설정]에서 '바깥쪽'-'오프셋: 가운데'를 선택합니다. 세부적인 옵션은 아래 옵션 값을 참고하여 설정합니다.

옵션 값 색상: #7F7F7F (R:127, G:127, B:127) / 투명도: 60% / 크기: 100% / 흐리게: 25pt / 간격: 3 pt

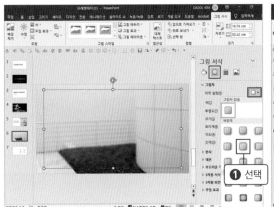 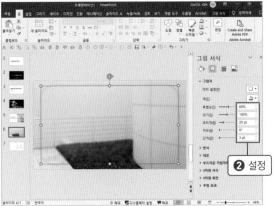

09 초안에 있는 텍스트를 모두 선택한 후 복사하여 붙여넣습니다. 아래 옵션 값을 참고하여 텍스트 옵션을 설정합니다.

옵션 값 제목 폰트: Noto Sans CJK KR Bold
색상: #748245 (R:116, G:130, B:69)
크기: 72pt
소제목 폰트: Noto Sans KR
색상: #A6A6A6 (R:166, G:166, B:166)
크기: 24pt

자연 느낌 살리는 이미지 편집하기

01 초안에 있는 화장품 이미지를 선택한 후 Ctrl + C키를 눌러 복사합니다. 리무브비지 사이트에 접속하여 Ctrl + V키를 눌러 붙여넣습니다. 배경 제거한 이미지에서 마우스 오른쪽 버튼을 클릭하여 '이미지 복사'를 클릭해 복사합니다.

소스 다운로드 리무브비지 (https://www.remove.bg/ko)

02 PPT에 붙여넣은 후 글래스 모피즘의 모서리에 배치합니다.

03 친환경 화장품임을 강조하기 위해 이미지를 추가하겠습니다. 언스플래쉬에서 'green' 키워드로 검색한 후 나뭇잎 이미지를 다운로드합니다. 리무브비지에서 배경을 제거합니다.

소스 다운로드 언스플래쉬 (https://unsplash.com/ko/)
키워드: green
리무브비지 (https://www.remove.bg/ko)

04 배경 제거한 이미지를 복사하여 PPT에 붙여넣습니다. 오른쪽 모서리에 배치한 후 15도 회전하여 배치합니다. 그다음 화장품 이미지를 맨 앞으로 가져와 풀 위에 얹은 듯한 이미지를 연출하여 마무리합니다.

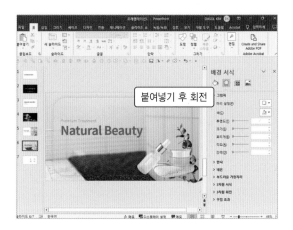

⑥ 내츄럴 톤 앤 매너의 목차 디자인하기

표지는 글래스 모피즘 디자인을 활용해서 깨끗하고 투명한 화장품 이미지를 극대화했습니다. 같은 내츄럴 톤 앤 매너를 유지한 디자인으로 목차 페이지도 디자인해 보겠습니다.

실습 [PART 5] Chapter 01 실습파일   완성 [PART 5] Chapter 01 완성파일

01 실습파일을 불러옵니다. 목차 슬라이드를 선택한 후 Ctrl+M키를 눌러 새 슬라이드를 추가합니다.

02 언스플래쉬에서 배경 이미지로 사용할 밝은 흰색 이미지를 다운로드한 후 PPT로 불러옵니다. 세로형 이미지의 경우 [그림 서식]-[크기]-[자르기]를 선택하여 16:9 비율로 자릅니다.

소스 다운로드 언스플래쉬 (https://unsplash.com/ko/)
키워드: white

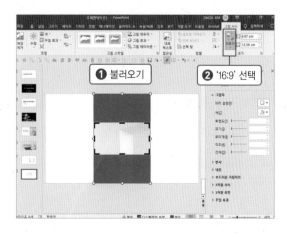

03 슬라이드에 맞게 이미지 크기를 조절합니다.

TIP

비율에 맞춰 자르는 방법은 자르기 아랫 부분의 화살표를 클릭한 후 '가로 세로 비율'에서 원하는 비율을
선택하면 됩니다.

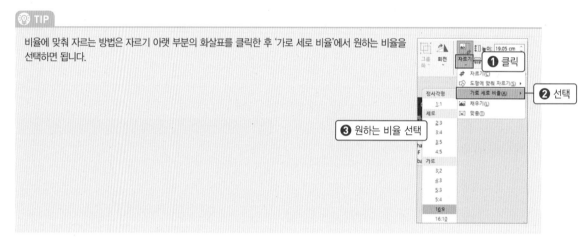

04 [홈]-[그리기]-[도형]에서 '사각형'을 선택한 후 슬라이드 크기와 같은 도형을 그립니다. 오른쪽 [도형 서
식]에서 아래 옵션 값을 참고하여 설정하면 반투명 도형으로 바뀝니다.

옵션 값 색상: #FFFFFF (R:255, G:255, B:255) / 선: 선 없음 / 투명도: 70%

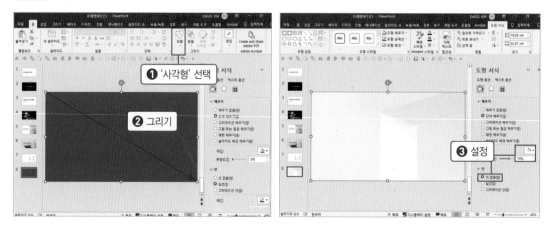

05 다시 [도형]에서 '선'을 선택한 후 왼쪽 상단에 직선을 그립니다. 초안에 있는 서브 헤딩 텍스트를 복사한 후 선 아래에 붙여넣습니다. 선과 폰트는 아래 옵션 값을 참고하여 설정합니다.

옵션 값 [선 설정] 색상: #B1B681 (R:177, G:182, B:129) / 너비: 1.75pt
[헤드 텍스트 설정] 폰트: Noto Sans CJK KR Bold / 색상: #748245 (R:116, G:130, B:69)
[서브 텍스트 설정] 폰트: Noto Sans CJK / 색상: #000000 (R:0, G:0, B:0)

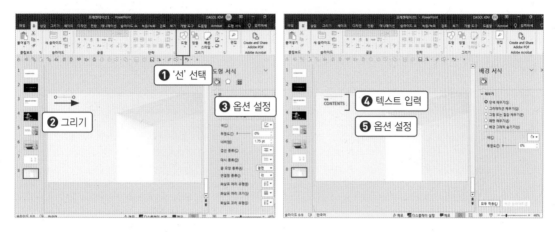

06 이번에는 '사각형'을 선택한 후 텍스트를 넣을 가로로 긴 사각형을 그립니다. 아래 옵션 값을 참고하여 설정합니다. Ctrl+D키를 눌러 3개 더 복제한 후 그림처럼 나란히 배치합니다.

옵션 값 색상: #B1B681 (R:177, G:182, B:129) / 선: 선 없음

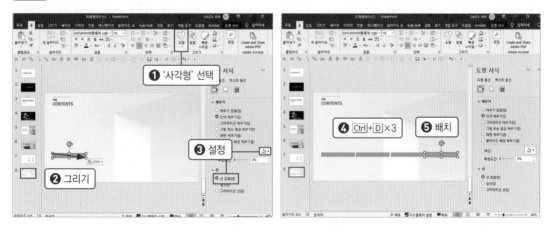

07 초안에 있는 목차 텍스트를 복사한 후 상자에 붙여넣습니다. 본문 텍스트도 복사하여 붙여넣은 후 그림처럼 배치합니다. 그다음 아래 옵션 값을 참고하여 설정합니다.

옵션 값 [헤드 텍스트 설정] 폰트: Noto Sans CJK KR Bold / 색상: #000000 (R:0, G:0, B:0)
　　　　　[서브 텍스트 설정] 폰트: Noto Sans CJK / 색상: #404040 (R:64, G:64, B:64)

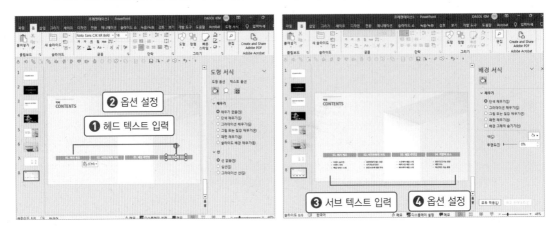

08 [도형]에서 '육각형'을 선택한 후 Shift 키를 누른 채로 드래그하여 정육각형 도형을 그립니다. 회전 꼭짓점을 잡고 오른쪽으로 돌려 꼭짓점이 위를 향하게 합니다. Ctrl+D 키를 눌러 3개 더 복제한 후 그림처럼 배치합니다.

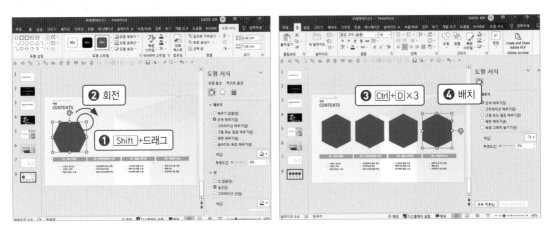

09 언스플래쉬에서 육각형에 넣을 이미지를 다운로드한 후 PPT로 불러옵니다. [그림 서식]-[자르기]에서 1:1 비율로 자른 후 Ctrl+X 키를 누릅니다.

소스 다운로드 언스플래쉬 (https://unsplash.com/ko/) / 키워드: building

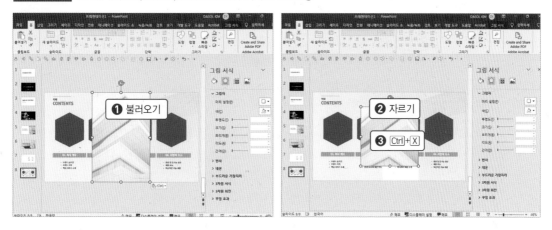

10 육각형을 선택한 후 오른쪽 [그림 서식]-[채우기]에서 '그림 또는 질감 채우기'를 선택합니다. 〈클립 보드〉를 클릭하면 방금 잘라낸 이미지가 육각형 안에 삽입됩니다. 이때, '도형과 함께 회전'의 체크를 해제하여 이미지를 정방향으로 돌립니다. 같은 방식으로 나머지 도형들도 이미지로 채워 완성합니다.

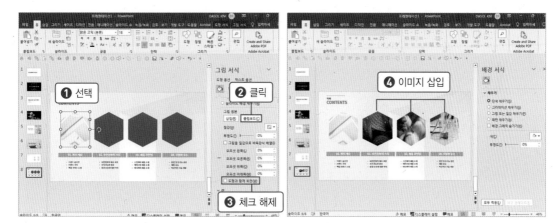

02

가독성 높은 본문 디자인하기

PPT 디자인에서 가장 큰 비중을 차지하는 것은 바로 '본문'입니다. 표지와 목차를 디자인할 때는 임팩트나 비주얼이 중요했다면, 본문에서 가장 신경 써야 하는 것은 '가독성'입니다. PPT는 내용을 전달하기 위한 목적으로 만들기 때문에 메시지 전달이 최우선이 되어야 합니다. 그럼, 초안을 바탕으로 전달력 있는 다양한 레이아웃의 본문을 디자인해 보겠습니다.

1 대표적으로 사용되는 본문 내용 종류

회사소개서나 IR 자료 PPT는 다양한 주제의 본문을 조합해 회사를 어필합니다. 회사를 소개할 수 있는 개요, 조직도, 주요 사업 분야 등의 내용을 담은 장표들이 기본적으로 있겠죠. 또, 회사의 성장성을 설득하기 위해 시장 현황 및 전망, 비전 그리고 추후 마일스톤 로드맵을 보여줍니다. 대표적으로 구성되는 본문 장표 스타일들을 알아두면 더욱 효율적으로 디자인 방향을 찾을 수 있을 거예요.

일관성을 유지하는 레이아웃 구조

PPT에서 본문이 차지하는 비율은 전체의 80% 이상입니다. 표지나 간지와 같은 임팩트 장표는 시선을 사로잡는 디자인에 집중했다면, 본문은 안정적이고 통일감을 주는 데 신경 써야 합니다. 헤드라인과 로고의 위치, 배경 색상, 전반적인 디자인 틀은 고정 값으로 만들어 일관성을 유지합니다.

1순위 고려 요소: 가독성

가끔 매력적으로 보이는 디자인에 집중하다가 내용의 가독성을 해치는 경우가 생깁니다. PPT 본문을 디자인할 때는 수시로 슬라이드의 정보가 명확하게 전달되는지 제삼자의 눈으로 검토해 봐야 합니다. 회사 프레젠테이션의 최우선 목적은 정보 전달과 설득이기 때문에 텍스트가 가장 잘 읽히는 디자인이 가장 좋은 디자인입니다.

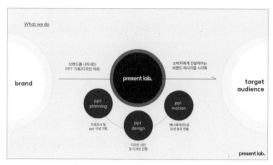 

핵심 가치 & 조직도

회사를 소개하기 위해서 핵심 가치와 조직도는 필수적으로 들어가는 기본 정보입니다. 핵심 가치는 보통 3~5 가지의 항목이 들어가게 되며, 이미지 혹은 인포그래픽으로 간결하게 표현합니다. 조직도는 조직의 상·하위 계층 구조를 명확히 표시하고, 각 부서의 책임과 역할이 쉽게 이해되도록 배치해야 합니다.

프로세스 & 흐름도

고객 관점에서 쉽게 이해할 수 있도록 단계별로 설명한 서비스 프로세스 혹은 흐름도입니다. 프로세스의 단계와 순서를 명확하게 하려면 화살표를 사용해서 흐름을 시각화합니다. 서비스 흐름도에서는 각 주체가 어떤 역할을 하는지 보여주기 위해 아이콘이나 일러스트를 사용하고, 관계성을 화살표로 표시해 줍니다.

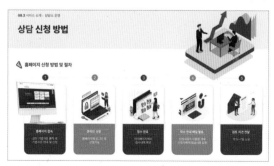 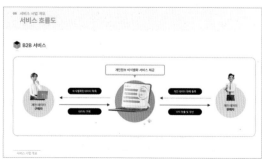

시장 분석 & 전망

투자 제안서에 필수로 들어가는 항목은 바로 시장 분석과 전망입니다. 현재 시장 규모와 성장률을 다양한 차트 형식으로 수치를 시각화합니다. 막대그래프, 꺾은선 그래프, 원그래프가 대표적으로 많이 사용되는 차트 종류입니다. 초안의 데이터를 잘 파악해서 강조해야 하는 수치를 효율적으로 보여주는 그래프 종류를 선택해야 합니다.

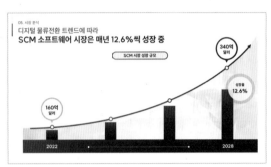 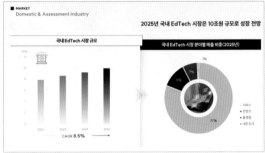

목표 & 비전

본문 마지막 부분에는 미래에 대한 목표와 비전을 보여주며, 앞으로의 회사 성장 가능성을 어필합니다. 인상적인 마무리를 위해 다른 본문보다 시각적인 강조가 더 들어가면 좋습니다. 점유하고자 하는 시장을 인포그래픽 형태로 만들거나, 글로벌 진출에 대한 목표를 세계지도로 활용해 시각화할 수 있습니다.

2 인포그래픽으로 연혁 디자인하기

회사소개서나 투자 제안서에서 자주 볼 수 있는 장표는 바로 회사의 연혁입니다. 이 회사의 발자취를 보여주는 중요한 장표이죠. 대부분은 화살표로 간단하게 연혁을 표현하지만, 우리는 도로 모양의 인포그래픽을 만들어서 회사가 나아가는 방향을 보여주겠습니다.

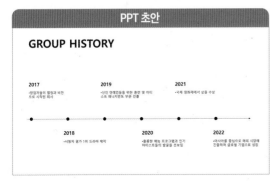

실습 [PART 5] Chapter 02 실습 파일

완성 [PART 5] Chapter 02 완성 파일

도형을 활용해 도로 모양 만들기

01 실습 파일을 불러옵니다. GROUP HISTORY 슬라이드를 선택하고 [Ctrl]+[M]키를 눌러 새 슬라이드를 추가합니다. 마우스 오른쪽 버튼을 클릭하여 [배경 서식]을 선택합니다. 아래 옵션 값을 참고하여 연한 회색을 배경에 깔아주세요. 초안에 있던 제목 텍스트를 복사하여 붙여넣은 후 그림처럼 배치합니다.

옵션 값 [배경] 색상: #D9D9D9 (R:217, G:217, B:217) / 투명도 : 50%
[텍스트] 폰트: G마켓 산스 Bold / 색상: #60348C (R: 96, G: 52, B: 140)

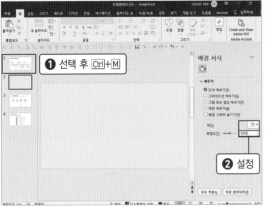

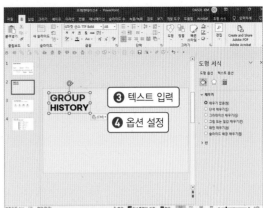

02 [홈]-[그리기]-[도형]에서 '사각형'을 선택한 후 가로로 긴 도로 모양을 그립니다. 다시 '막힌 원호'를 선택한 후 Shift 키를 눌러 구부러진 도로를 그립니다. 아래 옵션 값을 참고하여 옵션을 설정합니다.

옵션 값 색상: #FFFFFF (R:255, G:255, B:255) / 선: 선 없음

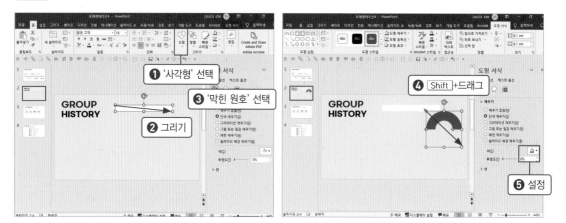

03 막힌 원호를 오른쪽으로 회전시켜 직선 도로와 맞닿도록 배치합니다. 노란색 꼭짓점을 드래그하여 원호의 두께를 조절한 후, 아래 옵션 값을 참고하여 옵션을 설정합니다.

옵션 값 색상: #FFFFFF (R:255, G:255, B:255) / 선: 선 없음

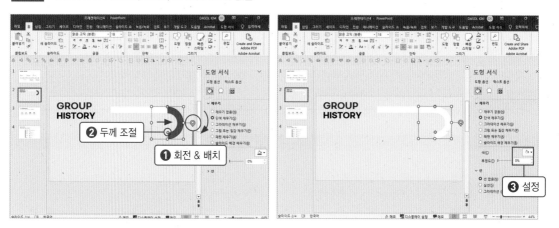

04 직선 도로를 선택하고 Ctrl+D키를 눌러 복제한 후 그림처럼 도로를 연결합니다. 같은 방법으로 구부러진 도로와 직선 도로를 각각 복제하여 그림처럼 배치합니다.

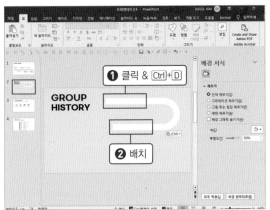 

도로 위에 아이콘으로 연혁 표시하기

01 [홈]-[그리기]-[도형]에서 '타원'을 선택한 후 Shift키를 누른 채 드래그하여 정원형을 그립니다. 아래 옵션 값을 참고하여 도형 색과 선 색을 설정한 후 도로 첫 시작 부분에 배치합니다. 원형을 선택하고 Ctrl+D키를 눌러 총 6개를 복제한 후 그림처럼 적당한 간격으로 배치합니다. 2, 4, 6번째 원형은 선 색을 더 연한 보라색으로 바꿔 구분합니다.

옵션 값 [1번 원형] 색상: #FFFFFF (R:255, G:255, B:255) / 선: 실선 / 너비: 4pt / 선 색상: #60348C (R: 96, G: 52, B: 140)
[2번 원형] 색상: #FFFFFF (R:255, G:255, B:255) / 선: 실선 / 너비: 4pt / 선 색상: #B38BC3 (R: 179, G: 139, B: 195)

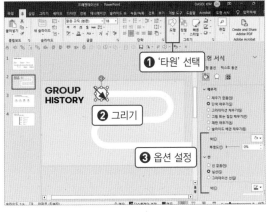 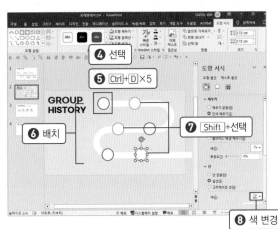

02 초안에 있는 텍스트를 모두 선택한 후 복사하여 붙여넣습니다. 그다음 각 원형 밑에 연혁 내용을 배치합니다.

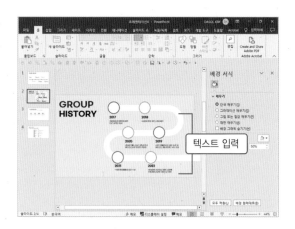

03 각 연혁에 어울리는 아이콘을 다운로드하기 위해 아이콘파인더 사이트에 접속하여 'startup' 키워드로 검색한 후 원하는 아이콘을 선택합니다. 'Download in SVG'를 클릭하여 SVG 형식으로 다운로드합니다.

소스 다운로드 아이콘파인더 (https://www.iconfinder.com/)
키워드: startup

04 PPT로 아이콘을 불러옵니다. 아이콘 크기를 원형 크기에 맞춰 조절한 후 원형 안에 배치합니다. 아이콘 색은 아래 옵션 값을 참고하여 원형의 선 색과 같은 색으로 설정합니다. 같은 방법으로 나머지 원형 안에 들어갈 아이콘을 추가하여 연혁 디자인을 완성합니다.

옵션 값 1번 아이콘 색상: #60348C (R: 96, G: 52, B: 140)
2번 아이콘 색상: #B38BC3 (R: 179, G: 139, B: 195)

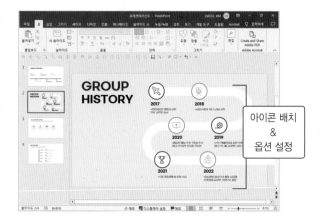

③ 지도 벡터를 활용해서 데이터 표현하기

국내 및 글로벌 현황 등의 데이터를 표현할 때 지도를 활용하면 가시성 있게 표현할 수 있습니다. 여기서는 지도 벡터 파일을 활용하여 국내 전국 지점 네트워크 현황에 대해 표현해 보겠습니다.

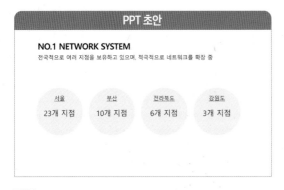

실습 [PART 5] Chapter 02 실습파일

완성 [PART 5] Chapter 02 완성파일

한국 지도 벡터로 다운로드 받기

01 실습 파일을 불러옵니다. NO.1 NETWORK SYSTEM 슬라이드를 선택한 후 Ctrl+M 키를 눌러 새 슬라이드를 추가합니다. 마우스 오른쪽 버튼을 클릭하여 [배경 서식]을 선택한 후 아래 옵션 값을 참고하여 배경색을 변경합니다.

옵션 값 색상: # FFF2CC (R:255, G:242, B:204)
투명도: 80%

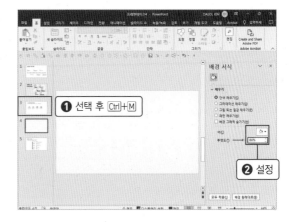

PART 5

02 한국 지도를 벡터파일로 다운로드하겠습니다. 구글 사이트에서 'south korea map svg'를 검색한 후 위키백과에 나온 'Map of South Korea' 이미지를 클릭하여 사이트에 접속합니다. 하단의 '원본파일 (SVG 파일)'로 된 텍스트를 클릭합니다.

소스 다운로드 구글(https://www.google.com/) / 키워드: south korea map svg

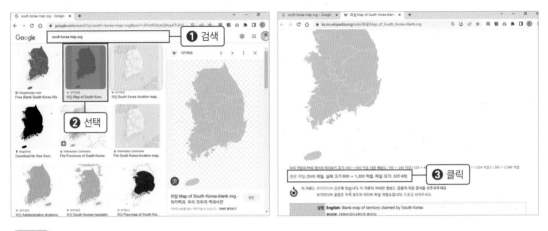

TIP

지도를 벡터파일로 다운로드하면 도시별로 각각 분리해서 작업할 수 있어 편합니다.

03 이미지 창이 나타나면 마우스 오른쪽 버튼을 클릭하여 '다른 이름으로 저장'을 선택합니다. 다운로드한 SVG 지도 파일을 PPT로 불러옵니다.

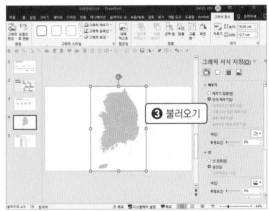

04 불러온 지도에서 마우스 오른쪽 버튼을 클릭한 후 '도형으로 변환'을 선택합니다. 하나의 이미지였던 지도가 도시별로 분리됩니다. 분리된 도시별로 색상을 변형할 수 있어 디자인하기 편해집니다.

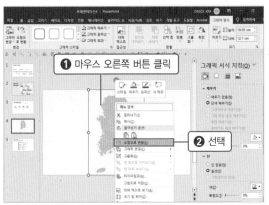 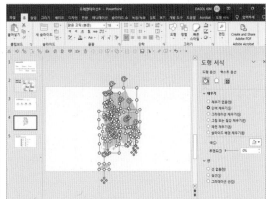

지도 이미지에서 데이터를 시각적으로 표현하기

01 초안에 있는 텍스트를 모두 선택한 후 복사하여 붙여넣습니다. 도시와 관련된 데이터는 지도상 위치에 맞춰 배치합니다. 그다음 아래 옵션 값을 참고하여 폰트 옵션을 설정합니다.

옵션 값 폰트: G마켓 산스 Bold, G마켓 산스 Regular
색상: #F9B11C (R:249, G:177, B:28),
　　　#000000 (R:0, G:0, B:0)

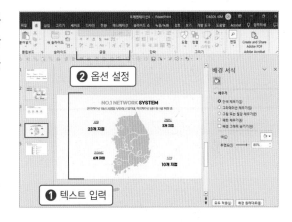

02 초안 데이터에 맞춰 숫자가 큰 도시일수록 진한 노란색을, 적은 도시일수록 연한 노란색을 설정합니다. 색 정보는 아래 옵션 값을 참고합니다.

옵션 값 색상: #F9B11C (R:249, G:177, B:28),
　　　#FFD966 (R:255, G:217, B:102),
　　　#FFF2CC (R:255, G: 242, B:204)

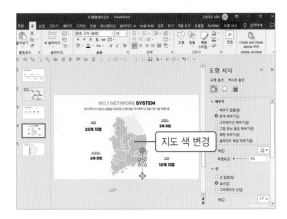

03 [홈]-[그리기]-[도형]에서 '눈물방울'을 선택한 후 Shift 키를 누른 채 드래그하여 지도의 핀포인트 모양으로 만들겠습니다. 회전 꼭짓점을 잡고 오른쪽으로 돌려서 지도에 꼭짓점이 와닿게 합니다. 핀포인트 모양은 빨간색으로 설정하고 안에 흰색 정원형을 삽입합니다.

옵션 값 색상: #C00000 (R:192, G:0, B:0)

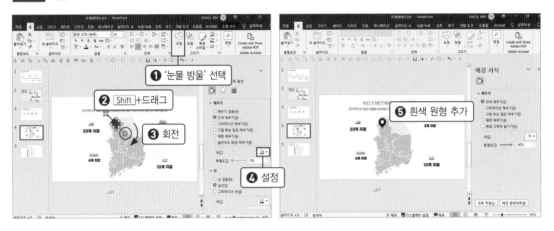

04 [홈]-[그리기]-[도형]에서 '선 화살표'를 선택한 후 Shift 키를 누른 채 드래그하여 지도에서 뻗어져 나오는 직선을 그립니다. 다시 '타원'을 선택하여 정원형을 그린 후 선 끝부분에 배치한 후 아래 옵션 값을 설정합니다. 원형은 '맨 뒤로 보내기'를 실행하여 텍스트가 얹히도록 설정합니다.

옵션 값 색상: #F9B11C (R:249, G:177, B:28) / 너비: 1pt

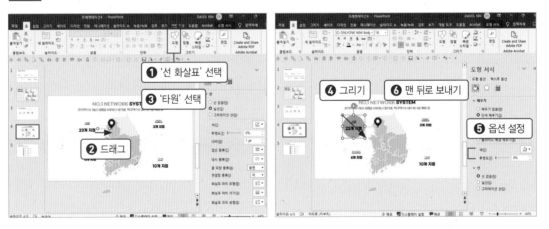

05 지도 위에 지점을 표현할 3D 아이콘을 추가하겠습니다. 먼저 아이콘파인더 사이트에서 'store'로 검색한 후 ' Download in PNG'를 클릭하여 다운로드합니다. PPT로 불러온 후 도시 위에 해당 아이콘을 배치합니다. Ctrl+D 키를 눌러 복제하여 다른 도시 위에도 배치하여 지도를 완성합니다.

소스 다운로드 아이콘파인더 (https://www.iconfinder.com/) / 키워드: store

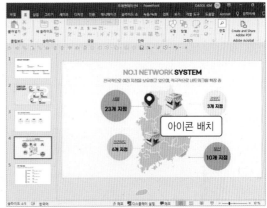

④ 역피라미드 그래픽으로 퍼널 구조 만들기

초안의 내용에 따라 특정 다이어그램을 구현해야 하는 경우가 있습니다. 예를 들어, 퍼널 모델의 경우 넓은 면적에서 점점 좁은 면적으로 가는 깔때기 모양을 구현해야 합니다. PPT에 있는 Smart Art 기능을 활용해서 역피라미드 그래픽을 쉽게 만들어 보겠습니다.

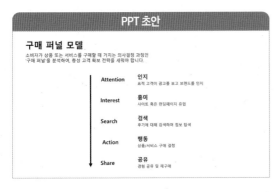

실습 [PART 5] Chapter 02 실습파일

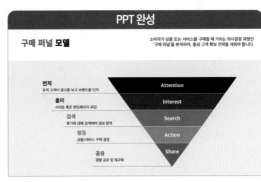

완성 [PART 5] Chapter 02 완성파일

배경 레이아웃 세팅하기

01 실습 파일을 불러옵니다. 구매 퍼널 모델 슬라이드를 선택한 후 `Ctrl`+`M`키를 눌러 새 슬라이드를 추가합니다. [홈]-[그리기]-[도형]에서 '사각형'을 선택한 후 슬라이드 하단 3/4 정도를 덮도록 그립니다. 그다음 오른쪽 [도형 서식]에서 아래 옵션 값을 참고하여 설정합니다.

옵션 값 색상: #027DC3 (R:2, G:125, B:195) / 투명도: 90%

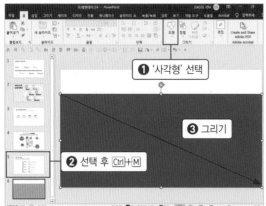
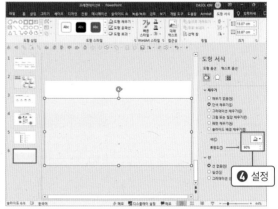

TIP

[도형 서식] 창이 보이지 않을 경우, 도형 위에서 마우스 오른쪽 버튼을 클릭하여 '도형 서식'을 선택합니다.

02 초안의 헤드 텍스트를 복사하여 작업 슬라이드에 붙여넣습니다. 상단 흰색 배경 부분에 그림처럼 배치한 후 아래 옵션 값을 참고하여 폰트 옵션을 설정합니다.

옵션 값 폰트: AppleSDGothicNeoEB00 /
　　　　　AppleSDGothicNeoR00
　　　　색상: #027DC3 (R:2, G:125, B:195),
　　　　　#000000 (R:0, G:0, B:0)

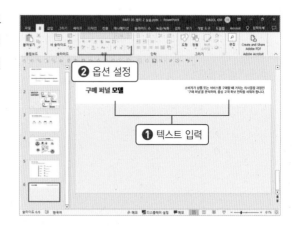

역피라미드 그래픽으로 다이어그램 만들기

01 [삽입]-[일러스트레이션]-[SmartArt]를 클릭합니다. 'SmartArt 그래픽 선택' 창이 나타나면 왼쪽 카테고리에서 '피라미드형'-'역피라미드형'을 선택한 후 〈확인〉 버튼을 클릭합니다.

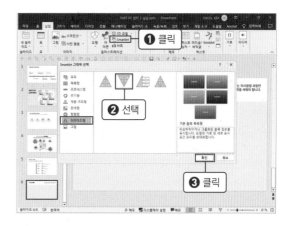

02 3단 역피라미드 그래픽이 생성됩니다. 그래픽 왼쪽의 화살표 아이콘을 클릭하면 텍스트를 입력할 수 있는 창이 나타납니다. [텍스트]라고 적힌 내용은 모두 지우고, Enter↵키를 눌러 두 층을 추가하여 총 5층 형태로 만듭니다.

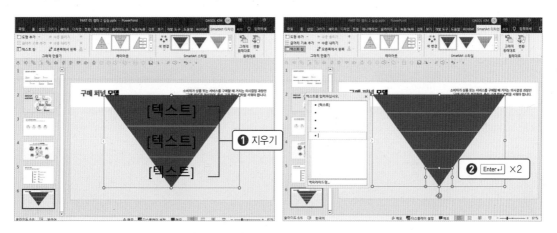

03 역피라미드 맨 위를 검정색으로 설정하고 점점 회색으로 연해지다가 마지막은 파란색으로 설정하여 단계마다 분리되어 보이게 하겠습니다. 피라미드 각 층을 선택한 후 아래 옵션 값을 참고하여 색을 적용합니다.

옵션 값 1층 색상: #000000 (R:0, G:0, B:0)
2층 색상: #404040 (R:64, G:64, B:64)
3층 색상: #7F7F7F (R:127, G:127, B:127)
4층 색상: #45A0D3 (R:69, G:160, B:211)
5층 색상: #027DC3 (R:2, G:125, B:195)

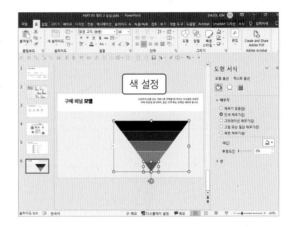

04 마지막 층을 선택하고 꼭짓점을 드래그하여 세로 높이를 늘립니다. 그다음 초안에 있는 텍스트를 모두 복사하여 붙여넣은 후 각 층에 맞게 배치합니다.

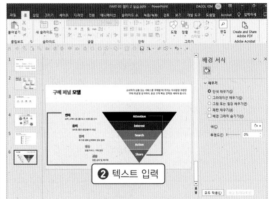

05 [홈]-[그리기]-[도형]에서 '선'을 선택한 후 Shift 키를 누른 채로 드래그하여 각 층에서 뻗어 나오는 직선을 만듭니다. 아래 옵션 값을 참고하여 선 스타일을 적용하고, Ctrl+D 키를 눌러 복제한 후 각 층마다 배치합니다. 역피라미드형 다이어그램을 완성하였습니다.

옵션 값 선 색상: #000000 (R:0, G:0, B:0) / 너비: 1pt / 대시 종류: 둥근 점선

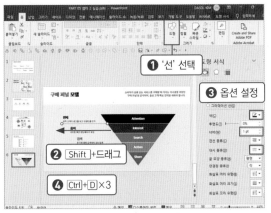
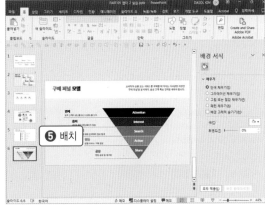

5 목업을 이용한 3D 막대 그래프 만들기

PPT 디자인을 할 때 다양한 수치들과 데이터를 마주하게 됩니다. 단순히 숫자가 나열된 표를 가시성 있게 그래프로 만들어주는 작업을 해보겠습니다. 목업 합성까지 활용해서 입체감 있는 막대그래프를 연출해 보겠습니다.

실습 [PART 5] Chapter 02 실습파일

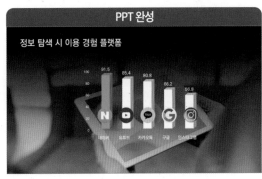

완성 [PART 5] Chapter 02 완성파일

태블릿 이미지로 목업 합성하기

01 먼저 목업 합성을 위해 스마트목업스 사이트에 접속합니다. 상단 카테고리에서 [Technology]-[Tablets]를 선택하여 태블릿 목업을 찾습니다. 'Free'를 선택한 후 사람이 직접 사용하고 있는 목업을 찾기 위해 'Photo'로 설정합니다.

소스 다운로드 스마트목업스 (https://smartmockups.com/mockups)

02 사람이 태블릿을 들고 있는 목업을 선택합니다. 이 태블릿 화면에서 막대그래프가 올라오는 느낌을 연출해 보겠습니다. 먼저 태블릿 화면을 합성하기 위해 오른쪽 [Upload From]-[Upload Image]를 클릭한 후 배경으로 사용할 이미지를 업로드합니다. 그다음 〈Download〉 버튼을 클릭한 후 'Medium' 크기로 다운로드합니다.

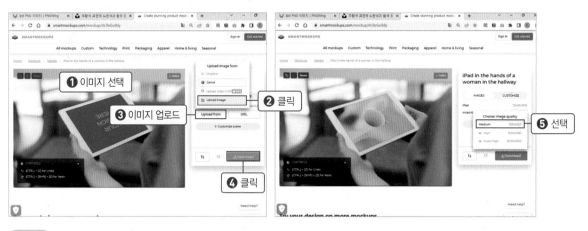

> 🔧 **TIP**
>
> 합성에 사용할 배경 이미지는 언스플래쉬 사이트에서 다운로드합니다.
> **소스 다운로드** 언스플래쉬 (https://unsplash.com/ko/) / 키워드: background

03 실습파일을 불러옵니다. '정보 탐색 시 이용 경험 플랫폼' 슬라이드를 선택한 후 Ctrl+M키를 눌러 새 슬라이드를 추가합니다. 그다음 다운로드한 이미지를 PPT로 불러옵니다. [그림 서식]-[자르기]로 이미지를 적당한 비율로 자른 다음 슬라이드 밑 부분이 꽉 차게 드래그합니다.

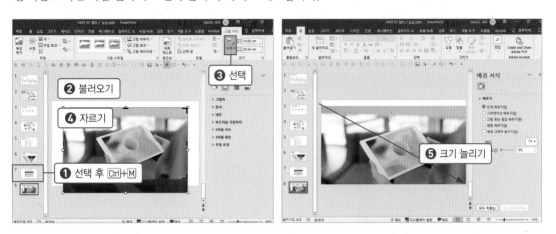

04 오른쪽 [배경 서식]에서 배경을 검정색으로 채웁니다. [홈]-[그리기]-[도형]에서 '사각형'을 선택한 후 이미지를 덮는 사각형을 그립니다. 아래 옵션 값을 참고하여 검정색 그라데이션을 적용합니다.

옵션 값 [채우기] 그라데이션 채우기 / 각도: 90도
　　　[첫 번째 중지점] 색상: #000000 (R:0, G:0, B:0) / 투명도: 0%
　　　[두 번째 중지점] 색상: #000000 (R:0, G:0, B:0) / 투명도: 100%

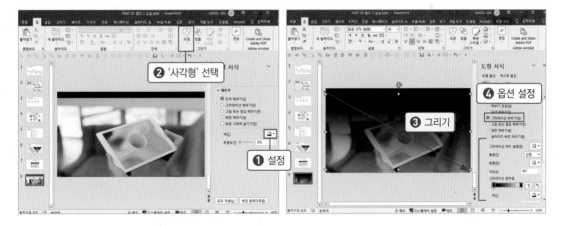

3D 막대그래프 만들기

01 초안에 있는 제목 텍스트를 복사하여 붙여넣은 후 아래 옵션 값을 적용합니다. 차트를 삽입하기 위해 [삽입]-[차트]를 클릭한 후 [차트 삽입] 창에서 '세로 막대형'-'3차원 묶은 세로 막대형'을 선택합니다. 〈확인〉 버튼을 클릭합니다.

옵션 값 폰트: KoPubWorld돋움체 Bold / 색상: #FFFFFF (R:255, G:255, B:255)

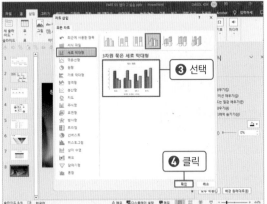

02 초안 표 데이터를 참고로 엑셀 창에 데이터를 입력합니다. 표 영역은 파란 꼭짓점을 드래그하여 계열 1만 영역으로 지정합니다.

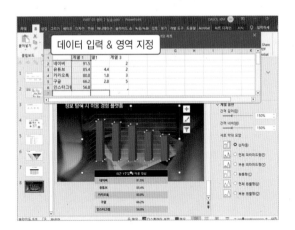

03 차트를 선택한 후 오른쪽에 나타나는 초록색 아이콘을 클릭하면 차트 요소가 나타납니다. 여기에서 '차트 제목', '눈금선', '범례'는 체크해제를 하고, '데이터 레이블'은 체크합니다. 그다음 차트 내의 텍스트를 선택한 후 흰색으로 변경합니다.

옵션 값 색상: #FFFFFF (R:255, G:255, B:255)

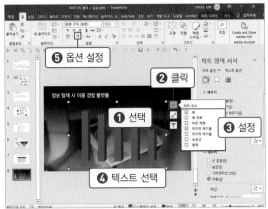
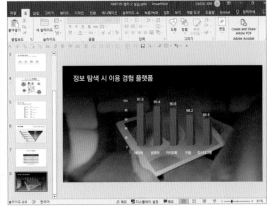

04 이번에는 그래프에 나타나는 플랫폼들의 로고를 찾아보겠습니다. 구글에서 '네이버 로고'를 검색해서 정사각형 로고 이미지를 복사한 후 PPT로 돌아와 Ctrl+V 키를 눌러 붙여넣습니다.

소스 다운로드 구글(https://www.google.com/) / 키워드: 네이버 로고

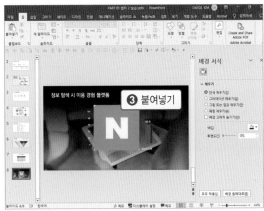

05 이미지를 선택한 상태에서 [그림서식]-[자르기]-[도형에 맞춰 자르기]에서 '타원'을 선택합니다. 그러면 선택한 이미지가 원형으로 잘립니다.

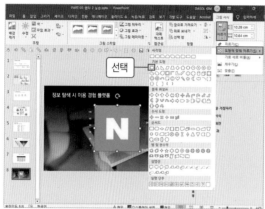 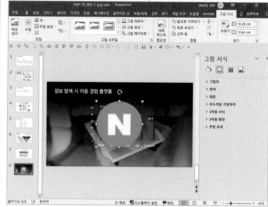

06 로고 크기를 조절하여 막대그래프 위에 배치합니다. 같은 방법으로 나머지 플랫폼 로고들을 찾아서 원형으로 잘라주세요.

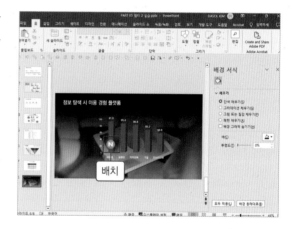

07 같은 방법으로 나머지 플랫폼 로고들을 찾아서 원형으로 잘라주세요.

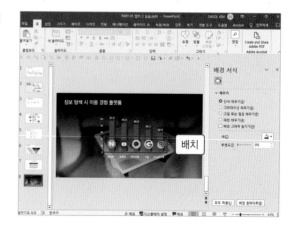

08 그래프 막대 부분을 선택한 후 오른쪽 [데이터 계열 서식]에서 색상을 흰색으로 설정합니다.

옵션 값 색상: #FFFFFF (R:255, G:255, B:255)

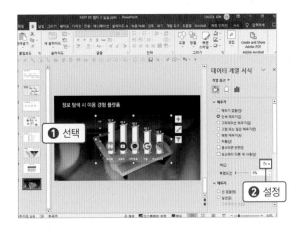

09 가장 강조하고 싶은 첫 번째 막대그래프를 선택한 후 색상 스포이드를 활용해서 네이버 로고의 색을 따줍니다. 그래프를 완성하였습니다.

옵션 값 색상: #1EE100 (R:30, G:225, B:0)

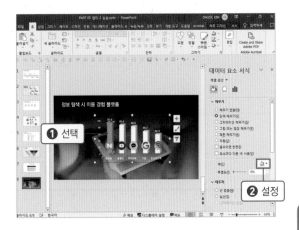

03

임팩트 있는 간지·막지 디자인하기

PPT 디자인에서 챕터를 나눌 때 세미 표지 역할을 하는 '간지' 장표를 사용합니다. PPT 마지막에는 땡큐페이지를 장식하는 '막지'를 구성하게 됩니다. 이 두 가지 장표는 표지와 통일성 있는 톤 앤 매너를 유지해야 하며, 텍스트가 많지 않기 때문에 디자인적으로 임팩트 있어야 합니다. 여기서는 비즈니스 톤 앤 매너의 깔끔한 느낌과 최근 유행하는 3D 일러스트레이션을 활용한 디자인 컨셉으로 간지와 막지를 디자인해 보겠습니다.

① 각 챕터를 대표하는 세미 표지, '간지'

PPT가 어느 정도 분량이 있는 경우, 3가지 이상의 챕터로 이루어져 내용을 분리합니다. 이때, 새로운 챕터에 들어가기 전에 챕터를 구분 짓는 간지 장표가 들어갑니다. 앞으로 어떤 내용을 다루게 될 것인지 언급을 해주며 청중의 이해를 돕습니다. 표지가 모든 PPT를 대표한다면, 간지는 각 챕터를 대표하는 세미 표지의 역할을 합니다.

슬라이드를 꽉 채우는 디자인

간지는 보통 챕터 제목과 소주제들 정도만 포함하기 때문에, 들어가는 텍스트의 양이 많지 않습니다. 그만큼 시각적인 요소로 슬라이드 하나를 모두 채워야 합니다. 이미지를 배경으로 활용하거나, 도형이나 인포그래픽으로 시각적인 주목도를 높일 수 있습니다.

통일성을 높여주는 고정된 레이아웃

PPT에서 적게는 3장, 많게는 5장 이상 간지가 반복됩니다. 간지에 포함된 내용도 반복적인 포맷을 가지기 때문에, 통일성을 주기 위해 레이아웃은 고정값으로 가져갑니다. 각 챕터의 주제를 대표하는 비주얼 요소만 교체합니다.

브랜드 심볼 활용 간지

브랜드를 대표하는 BI(Brand Identity) 요소를 활용해서 간지를 디자인할 수 있습니다. 로고의 상징적인 심볼이나 브랜드 컬러 조합을 눈에 띄게 배치하는 방법입니다. 심플하지만 미니멀하게 브랜드 아이덴티티를 나타낼 수 있어서 회사 측에서 선호하는 디자인 중 하나입니다.

아이소메트릭 일러스트 간지

적은 텍스트를 활용해서 임팩트 있는 장표 디자인을 하기 위해 일러스트레이션 소스를 활용해도 좋습니다. 평면적인 2D 일러스트보다는 입체적인 아이소메트릭 일러스트가 슬라이드를 존재감 있게 채울 수 있습니다. 각 챕터의 주제를 시각화할 수 있는 쉬운 방법입니다.

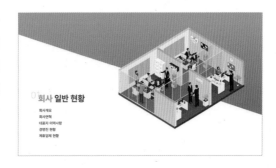

풀 슬라이드 이미지 간지

이미지를 슬라이드 전체를 채우는 형태로 임팩트 있는 장표 디자인을 할 수 있습니다. 주제에 맞는 퀄리티 높은 이미지 하나만 잘 찾아도 청중의 시선을 집중시키고 내용을 강조하는 데 도움이 됩니다. 슬라이드 전체를 채우기 때문에 너무 복잡한 요소가 담긴 이미지보다, 메인 컬러가 1~2개인 미니멀한 이미지 위주로 찾으면 좋습니다.

도형을 활용한 간지

디자인 자유도가 높고 쉽게 적용할 수 있는 도형으로 만든 간지입니다. 가장 많이 활용하는 도형은 삼각형, 사각형, 원형 3가지입니다. PPT의 도형 병합 기능을 적절히 사용하면 훨씬 더 다채로운 도형들을 만들어볼 수 있습니다.

② PPT 마무리를 장식하는 '막지'

프레젠테이션의 마지막 장표이자 청중에게 최종 인상을 남기는 중요한 막지입니다. PPT의 핵심 메시지를 강조하고 감사 인사를 전달하며, 보는 사람의 기억에 오래 남을 마침표 역할을 합니다. 컨택 포인트가 기재되어 있어서 고객들이 연락을 취하고 싶게끔 유도해야 합니다.

마지막까지 디자인 컨셉 유지

막지는 표지의 또다른 파트너 장표라고 생각하면 됩니다. 표지의 디자인 컨셉과 연장선상에서 막지 디자인을 고민해야 합니다. 표지에서 일러스트를 사용했다면 마지막 장표도 일러스트를, 이미지를 사용했다면 이미지로 마무리하는 방식입니다.

핵심 메시지만 기억에 남는 심플한 디자인

표지는 첫인상인 만큼 디자인 임팩트에 초점을 맞췄다면, 막지는 여운이 남을 수 있도록 심플한 게 좋습니다. 감사 인사와 컨택 포인트가 가장 중요하기 때문에, 이 핵심 텍스트들이 가독성 높게 잘 읽히는지 고려해야 합니다.

미니멀한 연출의 막지

미니멀한 디자인은 깔끔하고 정돈된 느낌을 주며, 프로페셔널한 이미지를 보여줄 수 있습니다. 간결한 디자인은 주요 메시지를 강조하고 시선을 편안하게 유도할 수 있어 마무리 장식으로 효과적입니다. 심플한 오브제나 도형 하나만으로 느낌 있는 막지를 완성해 보세요.

인포그래픽 활용 막지

복잡한 요소들을 간소화한 인포그래픽을 사용해 직관적으로 막지를 디자인할 수 있습니다. 여러 가지 요소가 들어간 이미지 보다, 도트로만 이루어진 지구 인포그래픽은 군더더기 없어 보입니다. 도형이나 그라데이션을 활용해 디자인적 포인트를 추가할 수 있습니다.

풀 슬라이드 일러스트 막지

표지에서 일러스트레이션을 사용했다면, 막지도 일러스트로 통일성을 주는 것이 좋습니다. 마지막 장표인 만큼 앞으로의 미래가 기대되는 이미지를 주는 일러스트를 사용할 수 있습니다. 문을 향해 걸어나가거나, 더 높이 올라가는 모습의 일러스트를 활용해 보세요.

회사 위치를 강조한 막지

마지막 장표에서 중요한 내용은 바로 컨택 포인트입니다. 회사의 PPT를 보고 문의를 하거나 방문하고 싶게끔 만드는 것이 최종 목표입니다. 회사의 위치를 더욱 가시성 있게 보여주기 위해 지도나 약도가 들어가는 것도 좋은 방법입니다. 실제 네이버나 구글 지도에서 회사 위치를 캡처해서 삽입해 줄 수 있습니다.

3 비즈니스 톤 앤 매너의 간지 디자인하기

글로벌 유통 회사소개서의 간지를 디자인해 보겠습니다. 유통 산업은 신뢰도가 중요하기 때문에 전문성을 강조하는 깔끔하고 세련된 느낌으로 작업해 보겠습니다.

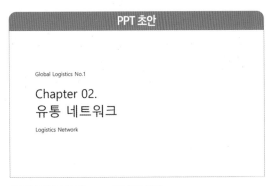

실습 [PART 5] Chapter 03 실습파일

완성 [PART 5] Chapter 03 완성파일

도형을 활용한 깔끔한 레이아웃 잡기

01 실습파일을 실행합니다. 유통 네트워크 내용이 입력된 슬라이드를 선택하고 Ctrl+M키를 눌러 새 슬라이드를 추가합니다. 초안에 있는 타이틀 텍스트를 복사하여 붙여넣은 후 아래 옵션 값을 참고하여 텍스트 옵션을 설정합니다.

옵션 값 폰트: Pretendard Black
색상: #076136 (R: 7, G: 97, B: 54),
#000000 (R:0, G:0, B:0)

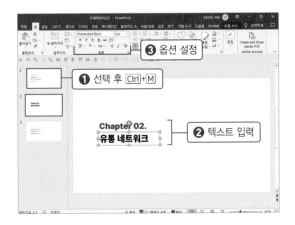

02 [홈]-[그리기]-[도형]에서 '사각형'을 선택한 후 슬라이드 왼쪽에 세로로 긴 사각형을 그립니다. 초안의 서브 텍스트를 복사하여 붙여넣은 후 텍스트 상자를 세로로 회전시켜 사각형 위로 배치합니다. 도형과 폰트는 아래 옵션 값을 참고하여 설정합니다.

옵션 값 [도형] 색상: #076136 (R: 7, G: 97, B: 54)
[텍스트] 폰트: Pretendard Medium / 색상: #FFFFFF (R:255, G:255, B:255)

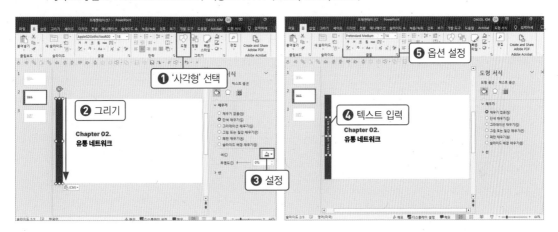

03 [홈]-[그리기]-[도형]에서 '둥근 모서리 사각형'을 선택한 다음 헤드 텍스트 밑에 길게 그립니다. 초안의 영문 텍스트를 복사하여 붙여넣은 후 둥근 모서리 사각형 안에 배치합니다. 아래 옵션 값을 참고하여 도형과 텍스트 그리고 배경 옵션을 설정합니다.

옵션 값 [도형] 색상: #076136 (R: 7, G: 97, B: 54)
[텍스트] 폰트: Pretendard Medium / 색상: #FFFFFF (R:255, G:255, B:255) /
[배경] 색상: #F2F2F2 (R: 242, G: 242, B: 242)

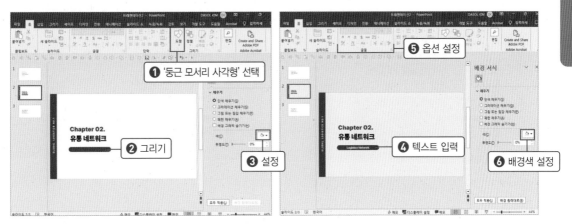

내용을 강조하는 이미지 삽입하기

01 간지를 채울 이미지를 찾기 위해 언스플래쉬에서 'logistics'를 검색하여 유통화사와 어울리는 이미지를 다운로드합니다. PPT로 불러온 후 [그림 서식]-[크기]의 '자르기'를 클릭하여 가로 길이를 적당히 잘라줍니다.

소스 다운로드 언스플래쉬 (https://unsplash.com/ko/) / 키워드: logistics

02 [홈]-[그리기]-[도형]에서 '사각형'을 선택한 후 이미지와 배경 사이에 직사각형을 그립니다. 그다음 배경과 이미지가 자연스럽게 이어지도록 아래 옵션 값을 참고하여 그라데이션 채우기를 적용합니다.

옵션 값 채우기: 그라데이션 채우기 / 각도: 0도
　　　　[첫 번째 중지점] 색상: #F2F2F2 (R: 242, G: 242, B: 242) / 투명도: 0%
　　　　[두 번째 중지점] 색상: #F2F2F2 (R: 242, G: 242, B: 242) / 투명도: 100%

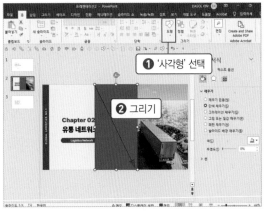

03 좀 더 자연스러운 그라데이션 효과를 위해 그라데이션 중지점 중간을 클릭하여 중지점을 하나 더 추가합니다. 아래 옵션 값을 참고하여 그라데이션을 적용한 후 도형과 이미지를 모두 선택합니다. 마우스 오른쪽 버튼을 클릭하여 '맨 뒤로 보내기'를 선택하면 가려졌던 텍스트가 보입니다.

옵션 값 [중간 중지점] 색상: #F2F2F2 (R: 242, G: 242, B: 242), 투명도: 20%

4 건물 이미지 활용해서 막지 작업하기

앞서 작업한 간지와 같은 유통 회사의 소개서 막지를 디자인해 보겠습니다. 유통 회사의 전문성을 보여주기 위해 물류 창고 이미지를 사용해서 디자인하겠습니다.

실습 [PART 5] Chapter 03 실습파일

완성 [PART 5] Chapter 03 완성파일

아이콘을 활용해서 텍스트 배치하기

01 실습파일을 불러옵니다. FEEL FREE TO~ 슬라이드를 선택한 후 Ctrl+M 키를 눌러 새 슬라이드를 추가합니다. 초안 텍스트를 모두 복사하여 붙여넣은 후 아래 옵션 값을 참고하여 텍스트 옵션을 설정합니다. 오른쪽 [배경 서식]-[채우기]에서 색상을 연한 회색으로 배경을 깔아주세요.

옵션 값 폰트: Pretendard Black/Medium
텍스트 색상: #076136 (R: 7, G: 97, B: 54) / #000000 (R:0, G:0, B:0)
배경 색상: #F2F2F2 (R: 242, G: 242, B: 242)

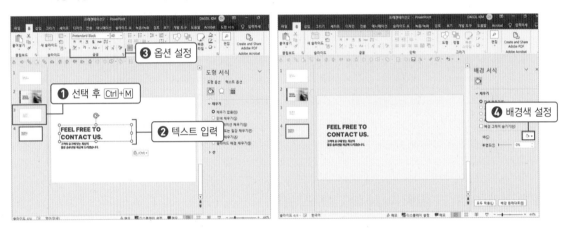

02 [홈]-[그리기]-[도형]에서 '타원'을 선택합니다. Shift 키를 누른 상태에서 드래그하여 정원형을 그린 후 텍스트 위에 배치합니다. 아이콘파인더에서 아이콘을 다운로드하여 PPT로 불러옵니다.

옵션 값 도형 색상: #076136 (R: 7, G: 97, B: 54)
소스 다운로드 아이콘파인더 (https://www.iconfinder.com/) / 키워드: idea

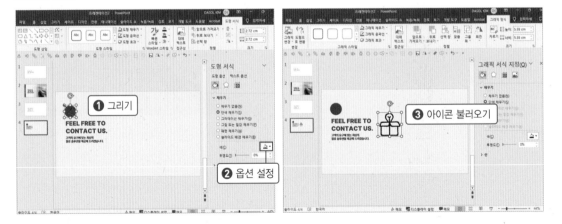

03 아이콘의 색상을 흰색으로 설정하고, 크기를 조정하여 원형 안에 배치합니다.

옵션 값 색상: #FFFFFF (R:255, G:255, B:255)

배경 제거한 건물 사진으로 디자인하기

01 배경으로 빌딩 이미지를 깔기 위해 언스플래쉬에서 이미지를 다운로드합니다. 빌딩 이미지를 고를 때 한쪽 지점에서 빌딩이 잘리지 않는 이미지를 찾습니다. 찾은 이미지를 리무브비지 사이트에 업로드하여 배경을 제거한 후 마우스 오른쪽 버튼을 누르고 '이미지 복사'를 선택하여 복사합니다.

소스 다운로드 언스플래쉬 (https://unsplash.com/ko/)
키워드: building
리무브비지 (https://www.remove.bg/ko)

02 PPT에서 Ctrl + V 키를 눌러 복사한 빌딩 이미지를 붙여넣은 후 크기를 키워 그림처럼 슬라이드 오른쪽 면에 붙도록 배치합니다.

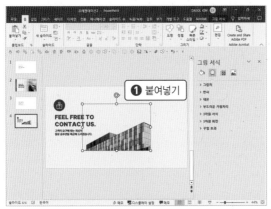

03 [홈]-[그리기]-[도형]에서 '평행사변형'을 선택한 후 세로로 길게 그립니다. 색상은 메인 컬러인 초록색으로 설정합니다.

옵션 값 색상: #076136 (R: 7, G: 97, B: 54)

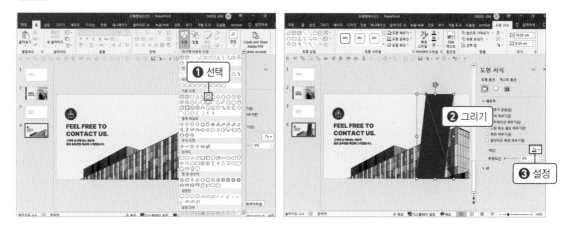

04 평행사변형의 노란색 점을 드래그해서 평행사변형의 각도를 조절할 수 있습니다. 좀 더 기울어지도록 각도를 조절합니다. 마우스 오른쪽 버튼을 클릭한 후 '맨 뒤로 보내기'를 선택하여 막지 디자인을 완성합니다.

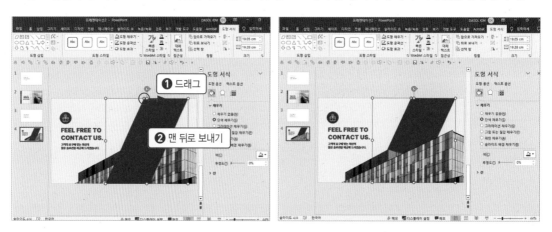

⑤ 3D 일러스트레이션으로 팝한 간지 디자인하기

최근 비비드하고 팝한 디자인이 유행하면서 입체적인 3D 일러스트레이션이 주목받고 있습니다. 젊은 취업준비생들을 대상으로 배포되는 취업부트캠프 소개서의 간지를 3D 일러스트레이션을 활용해서 디자인해 보겠습니다.

실습 [PART 5] Chapter 03 실습파일

완성 [PART 5] Chapter 03 완성파일

3D 오브제 배경 이미지 깔기

01 3D 이미지 소스를 찾기 위해 프리픽 사이트에 접속합니다. '3D background'를 검색한 후 파란 계열의 3D 오브제 이미지를 선택합니다. 〈Download〉 버튼을 클릭하여 JPEG로 다운로드합니다.

소스 다운로드 사이트: 프리픽 (https://www.freepik.com/) / 키워드: 3D background

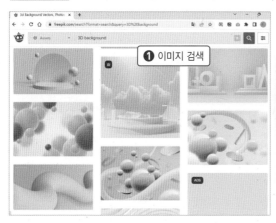

PART 5

> **TIP**
>
> 프리픽 무료회원은 하루에 10개까지 다운로드할 수 있습니다. 그러므로 꼭 필요한 소스들만 다운로드하세요.

02 실습파일을 불러옵니다. 취업부트캠프 슬라이드를 선택한 후 Ctrl+M키를 눌러 새 슬라이드를 추가합니다. 1번에서 다운로드한 이미지를 PPT로 불러온 후 [그림 서식]-[크기]-[자르기]를 클릭하여 이미지 상하단에 텍스트가 보이지 않게 자릅니다.

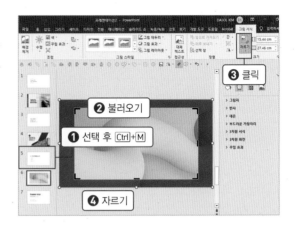

03 [홈]-[그리기]-[도형]에서 '사각형'을 선택한 후 슬라이드 전체를 덮도록 그립니다. 반투명한 도형으로 만들기 위해 오른쪽 [도형 서식]-[채우기]에서 아래 옵션 값을 참고하여 색과 투명도를 조절합니다.

옵션 값 색상: #1372FF (R:19, G:114, B:255) / 투명도: 43%

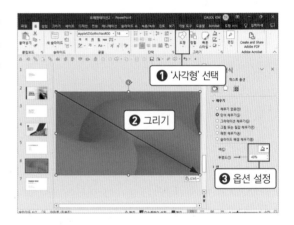

3D 일러스트레이션 활용해서 포인트 주기

01 취업 주제와 어울리는 로켓 일러스트를 찾아보겠습니다. 프리픽 사이트에서 '3D rocket'을 검색하고 마음에 드는 이미지를 클릭한 후 JPEG로 다운로드합니다.

소스 다운로드 프리픽 (https://www.freepik.com/)
키워드: 3D rocket

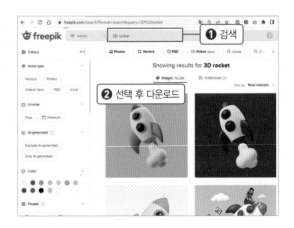

02 로켓 이미지 배경을 제거하기 위해 리무브비지 사이트에 접속한 후 업로드합니다. 인식이 잘못되어 지워진 부분을 복구하겠습니다. '복구'를 클릭하고 브러시로 지워진 창문을 클릭합니다.

소스 다운로드 리무브비지 (https://www.remove.bg/ko)

03 로켓 창문이 복원되었습니다. 〈다운로드〉 버튼을 클릭하여 이미지를 다운로드합니다. 배경이 제거된 3D 로켓 이미지를 PPT로 불러옵니다.

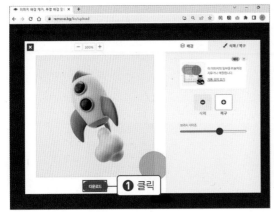

04 초안의 제목 텍스트를 복사하여 붙여넣습니다. 그다음 [홈]-[그리기]-[도형]에서 '선'을 선택한 후 제목 텍스트 위아래로 직선을 그어줍니다. 아래 옵션 값을 참고하여 텍스트와 직선의 옵션을 적용합니다.

옵션 값 [텍스트] 폰트: AppleSDGothicNeoEB00 / 색상: #FFC000 (R:255, G:192, B:0)
　　　　　 [선] 색상: #FFFFFF (R:255, G:255, B:255) / 너비: 1.5pt

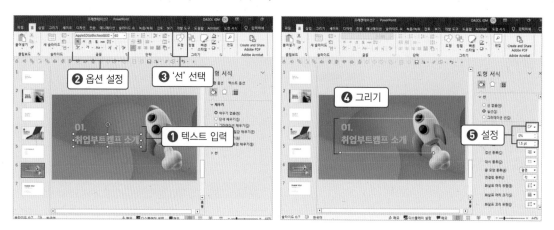

05 로켓 이미지를 선택한 후 마우스 오른쪽 버튼을 클릭하여 '맨 앞으로 보내기'를 선택합니다. 초안 슬라이드에서 나머지 텍스트도 복사하여 붙여넣은 후 아래 옵션 값을 참고하여 옵션을 적용합니다.

옵션 값 폰트: AppleSDGothicNeoR00 / 색상: #FFFFFF (R:255, G:255, B:255)

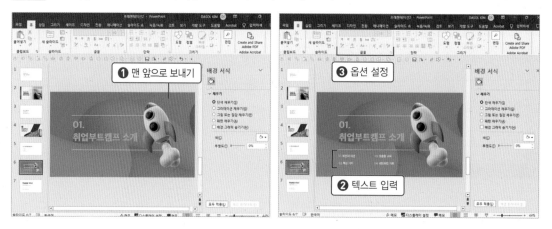

6 3D 일러스트레이션으로 트렌디한 막지 만들기

3D 일러스트로 만든 간지와 같은 톤 앤 매너로 막지 디자인해 보겠습니다. 3D 일러스트를 한번 활용하면 통일성을 위해서 웬만한 소스들을 3D로 맞추는 것이 좋습니다. 취업 관련인만큼 통통 튀는 무드로 젊은 층에게 어필될 수 있도록 하겠습니다.

실습 [PART 5] Chapter 03 실습파일

완성 [PART 5] Chapter 03 완성파일

3D 캐릭터로 임팩트 있는 배경 만들기

01 프리픽에 접속하여 '3D character'를 검색한 후 메인 컬러와 어울리는 배경색을 가진 이미지를 선택합니다. JPEG 파일로 다운로드한 후 PPT로 불러옵니다.

소스 다운로드 프리픽 (https://www.freepik.com/) / 키워드: 3D rocket

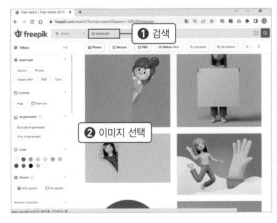

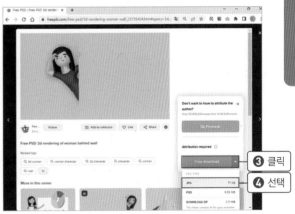

02 실습파일을 불러옵니다. 마지막 슬라이드를 선택한 후 Ctrl+M키를 눌러 새 슬라이드를 추가합니다. 초안의 텍스트를 복사하여 붙여넣은 후 아래 옵션 값을 참고하여 설정합니다.

옵션 값 [헤드 텍스트] 폰트: AppleSDGothicNeoEB00,
색상: #2432FF (R:36, G:50, B:255)
[서브 텍스트] 폰트: AppleSDGothicNeoR00,
색상: #404040 (R:64, G:64, B:64)

03 [홈]-[그리기]-[도형]에서 '타원'을 선택한 후 Shift 키를 누른 채로 드래그하여 정원형을 그립니다. 다시 [도형]에서 '둥근 모서리 사각형'을 선택한 후 원형의 높이와 똑같은 사각형을 그립니다.

옵션 값 [원형] 색상: #FFC000 (R:255, G:192, B:0)
[둥근 모서리 사각형] 색상: #FFFFFF (R:255, G:255, B:255)

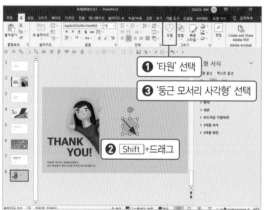
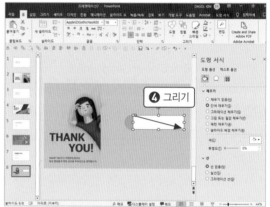

04 원형을 '맨 앞으로 보내기'로 설정한 후 사각형 위에 포개어 배치합니다. 두 도형을 선택한 후 Ctrl+D키를 눌러 두 개 더 복제하여 세로로 나란히 배치합니다.

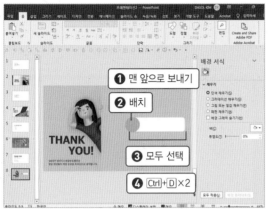 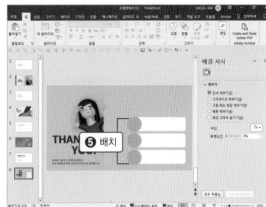

05 초안 슬라이드에서 나머지 텍스트들을 복사하여 붙여넣습니다. 각 도형 안에 배치한 후 아래 옵션 값을 참고하여 옵션을 적용합니다.

옵션 값 폰트: AppleSDGothicNeoEB00 /
AppleSDGothicNeoR00
색상: #2432FF (R:36, G:50, B:255)/
#000000 (R:0, G:0, B:0)

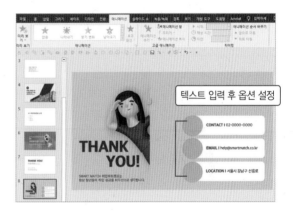

입체감 있는 3D 아이콘 활용하기

01 원형 안에 넣을 입체 아이콘을 찾겠습니다. 프리픽 사이트에 접속하여 '3D'를 검색하면 컨택 포인트에 어울리는 3D 아이콘 묶음 이미지가 있습니다. 해당 이미지를 JPEG 파일로 다운로드합니다.

소스 다운로드 프리픽 (https://www.freepik.com/) / 키워드: 3D

02 배경을 제거하기 위해 리무브비지 사이트에 접속하여 3D 아이콘 이미지를 업로드합니다. 흰색 부분을 배경으로 인지하고 지워진 부분이 있습니다. '편집'-'복구'를 클릭하여 복구할 부분을 선택하면 AI가 자동으로 흰색 부분을 감지해 복구합니다. 〈다운로드〉 버튼을 클릭하여 이미지를 다운로드합니다.

소스 다운로드 리무브비지 (https://www.remove.bg/ko)

03 배경을 제거한 이미지를 PPT로 불러옵니다. [그림 서식]-[크기]-[자르기]를 클릭하여 아이콘 하나만 보이
도록 자릅니다.

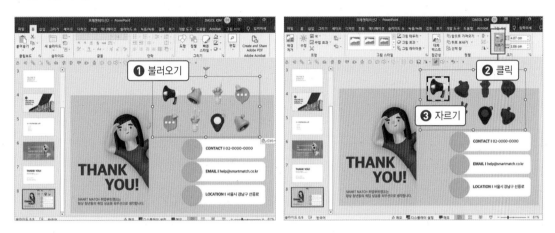

04 잘라낸 3D 아이콘을 노란 원형 위에 배치합니다. 같은 방법으로 각 원형에 어울리는 3D 아이콘들을 배
치하여 팝하고 트렌디한 디자인의 막지를 완성합니다.

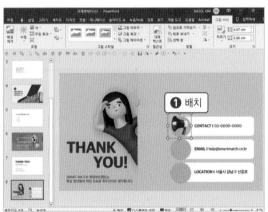
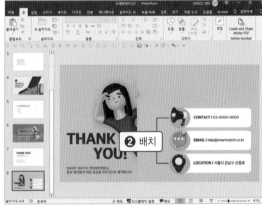

PART 6

프리랜서 마켓에 PPT 디자인 서비스 오픈하기

PPT 디자인으로 꾸준히 수익을 벌어들이기 위해서는 잠재 고객이 많은 곳에 내 서비스를 노출해야 합니다. 다양한 프리랜서 마켓 중 여기서는 '크몽'에 나만의 PPT 디자인 서비스를 등록해 보겠습니다. 이때 내 서비스의 차별화 포인트가 무엇인지 파악하고, 전문가 프로필 등록 및 서비스 제목까지 지어보겠습니다. 또한, 프리랜서 마켓에 내 서비스를 등록하고 PPT로 상세페이지를 제작해 팔리는 서비스를 오픈해 보겠습니다.

프리랜서 마켓에서
경쟁력 있는 포인트 도출하기

이제 나의 매력적인 서비스를 잠재 고객들이 알아보고 나와 프로젝트를 진행하고 싶게끔 해야겠죠. 그러려면 먼저 잠재 고객들이 많이 찾을만한 플랫폼을 찾고, 해당 플랫폼에 서비스를 등록해야 합니다. 이때 나의 서비스만이 가진 차별점이 무엇인지를 강조해서 나타내야 합니다. 이번 장에서는 프리랜서 마켓에 'PPT'를 검색하면 나오는 여러 개의 서비스 섬네일 중 고객들이 주저 없이 나의 섬네일을 클릭할 수 있도록 플랫폼에 나의 서비스만이 가진 차별점을 도출해 보겠습니다.

❶ 프리랜서 마켓 시장 조사하기

프리랜서로 활동하는 방법은 다양합니다. 숨고, 크몽과 같은 프리랜서 플랫폼에 나의 서비스를 업로드하여 프로젝트를 수주하거나, SNS에 포트폴리오를 업로드하여 작업 의뢰를 받기도 합니다. 또, 웹빌더를 통해 간단하게 웹사이트를 만들어서 문의받을 수도 있죠. 이처럼 다양한 방법들이 있지만, 첫 프리랜서 도전은 '크몽' 프리랜서 마켓에서 시작하는 것을 추천합니다.

프리랜서 마켓 No.1, 크몽 (https://kmong.com/)

크몽은 IT·디자인·마케팅 등 다양한 카테고리의 전문성을 상품화하여 거래할 수 있는 마켓입니다. 누적 회원 수가 277만 명인 국내 최대 비즈니스 플랫폼으로, 누적 거래 건수가 395만 건 이상이라고 합니다. 그만큼 많은 사람이 크몽에 들어와서 거래할 서비스를 찾는 것입니다. 크몽의 통계에 따르면 상위 10% 크몽전문가의 월평균 수익은 663만 원입니다. 2018년 기준 일반 프리랜서 월수입이 152만 원인 것과 비교하면 높은 수익률을 자랑하죠. 물론, 상위 10%에 속하기가 쉬운 것은 아닙니다. 고객을 후킹하는 섬네일과 상세페이지를 업데이트하고, 꾸준히 서비스 품질과 고객 리뷰를 관리하는 노력을 쏟아야 합니다. 높은 월평균 수익 외에도 프리랜서의 고충들을 해결할 수 있는 장점들이 많습니다.

❶ 간편한 고객 타겟팅: 프리랜서를 처음 도전할 때 가장 힘든 것은 PPT 서비스를 원하는 고객을 찾는 것입니다. PPT 디자인 프로젝트는 압도적으로 개인보다는 회사에서 중요한 문서의 의뢰가 많이 들어오는데요. 대한민국 직장인 20명 중 1명은 크몽 의뢰인이라고 하니, 우리가 찾는 잠재 고객군이 맞는 것이죠. 또한, 대한민국 최대 비즈니스 플랫폼이라는 타이틀이 있는 만큼 크몽 플랫폼에 대한 신뢰도가

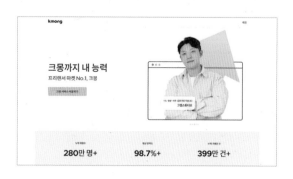

생깁니다. 200만여 명의 회원을 보유한 플랫폼에 내 서비스가 노출되는 것 자체가 홍보의 일환이 됩니다. 가장 큰 POOL의 잠재 고객 시장을 놓치지 마세요.

❷ 편리한 고객과의 커뮤니케이션: 프리랜서 고충 중 또 하나는 바로 고객과의 커뮤니케이션입니다. 개인 전화번호가 잘못 노출되었을 경우 밤낮 가리지 않고 시도 때도 없이 전화와 메시지에 시달릴 수 있기 때문이죠. 특히 24시간 프리랜서가 아닌 부업으로 일하는 분들은 본업에 방해가 될까 걱정할 수도 있습니다.

크몽은 크몽에서 제공하는 메신저를 활용한 커뮤니케이션을 권장하고 있습니다. 물론 고객이 결제한 뒤에는 프리랜서의 선택에 따라 유선 통화나 화상 미팅을 진행할 수 있습니다. PPT 디자인 프로젝트의 경우 크몽 메신저를 통해서도 충분히 진행할 수 있습니다. 크몽 앱을 통해서만 대화하기 때문에 프리랜서의 사생활과 업무 생활을 구분 지을 수 있다는 장점이 있습니다.

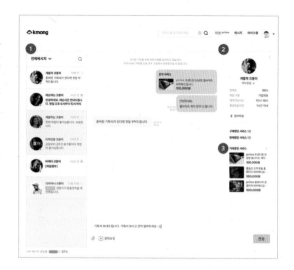

❸ 안전한 결제 및 계약 시스템: 프리랜서 고충 중 가장 큰 비율을 차지하는 것이 비용 정산 관련입니다. 시간과 노력을 쏟아 작업했는데 입금이 지연되거나 심지어 안주는 경우도 있습니다. 크몽은 의뢰인이 선결제를 진행하고 프로젝트를 완료한 후 구매 확정을 하게 되면 전문가의 수익금으로 되는 구조입니다. 전문가의 경우 프로젝트가 끝나자마자 안전하게 수익금을 받을 수 있겠지요. 프리랜서가 수익금 출금 신청을 하면 당일 연결된 개인 계좌로 수익금이 들어옵니다.

❷ 내 서비스의 차별화 포인트 찾기

수많은 서비스 중 소비자가 왜 나를 선택해야 하는지에 대해 분명한 이유를 만들어줘야 합니다. 즉, 다른 서비스들 사이에서 돋보일 수 있는 나만의 차별화 포인트에 대해 고민해 봐야 하는 것이죠. 이런 고민 없이 남들과 비슷한 서비스를 등록하면 초반에 문의가 들어올 때까지 하염없이 기다려야 할지도 모릅니다. 소비자가 내 서비스를 클릭하고 싶을 만큼 매력적인 차별화 전략은 반드시 구상해야 합니다.

가격 차별화 전략

초반에 서비스를 오픈했을 때 충분한 포트폴리오나 리뷰가 없다면 고객의 신뢰도가 떨어질 수밖에 없습니다. 이 시기에는 무조건 첫 고객과의 프로젝트를 진행하는 것이 무엇보다 중요합니다. 포트폴리오와 리뷰를 쌓기 위한 전략으로 서비스 오픈 시 저가로 시작하거나 할인 이벤트를 해도 좋습니다. 잠재 고객 중 퀄리티를 위해 높은 가격을 낼 고객군도 있지만, 빠르고 합리적인 가격에 PPT 디자인 서비스를 받기를 희망하는 고객군도 있습니다. 초반에는 후반 고객군을 타겟팅하여 오픈 이벤트 겸 저가 전략으로 시작하는 것을 추천합니다.

포트폴리오가 쌓일 때마다 상세페이지를 업데이트하면서 차츰 가격대를 높여야 합니다. 충분히 포트폴리오와 리뷰가 쌓인 단계에서는 오히려 서비스의 가격을 고가로 잡는 것도 전략입니다. 사람들은 '비싼 것이 좋은 것'이라는 고정관념을 무의식적으로 느낍니다. 서비스의 가격이 높은 만큼 전문성이 있을 것이라 인식하는 것입니다. 물론 높은 가격을 뒷받침할 훌륭한 디자인의 포트폴리오와 친절한 응대가 준비되어야 합니다.

신뢰 차별화 전략

수치만큼 직관적으로 신뢰성과 타당성을 높이는 훌륭한 무기도 없습니다. '우리 서비스의 퀄리티가 좋아요.', '훌륭한 경력이 있어요.'라고 백번 말하는 것보다, '평점 99%를 받는 서비스', '디자인 회사 경력 3년'이라는 구체적인 수치를 언급해 주는 것이 훨씬 신뢰가 갑니다. 내가 어필할 수 있는 모든 포인트를 나열해 보세요. 디자인 관련 업무를 했다면 몇 년 차 디자이너인지, 몇 개의 디자인 작업을 했는지 수치로 기록해 봅니다. 디자인 경력이 없다면 PPT를 다루는 관련된 업무라도 상관없습니다. '3년 차 기획자', '몇십억 규모의 경쟁 PT' 등에 참여했던 경험도 PPT와 연관 지어서 녹여낼 수 있습니다.

'사회적 증거 원칙'에 따르면 우리는 옳고 그름을 판단할 때 다른 사람들이 내린 판단을 근거로 삼는다고 합니다. 즉, 다른 사람들의 평가에 따라 이 서비스의 품질을 결론짓는 경향이 있다는 뜻입니다. 처음 크몽에 서비스를 오픈해서 리뷰가 없는 경우, 이 부분을 보완하기 위해 다른 사람들의 코멘트를 인용하는 것도 전략입니다. 주변 지인들에게 저렴한 가격 혹은 공짜로 PPT 디자인을 도와주겠다고 하고 카톡 등으로 서비스에 대한 코멘트를 남겨달라고 요청해 보세요. 해당 내용을 캡처본으로 상세페이지에 활용해서 서비스에 대한 신뢰도를 높일 수 있습니다.

서비스 차별화 전략

처음 디자인 프리랜서로 독립할 때 많이들 하는 오해는 '디자인만 잘하면 되지.'입니다. 물론 좋은 퀄리티의 디자인 작업물을 제공하는 것이 서비스의 본질입니다. 하지만 우리의 고객들은 생각보다 디자인 외적인 사항들에 영향을 받아서 구매 결정을 내리게 됩니다. 크몽에서 문의를 했을 때 신속하고 친절하게 응대하는 태도로 판단하기도 합니다. 혹은 서비스 프로세스 안내가 얼마나 체계적인지에 따라 상대방의 업무 전문성을 가늠 짓습니다.

나의 서비스는 어떤 느낌으로 비추어지고 싶은지 컨셉을 먼저 잡는 것이 도움이 됩니다. 친절하고 친근한 서비스로 비추어지고 싶다면 섬네일과 상세페이지에서 사용하는 문체와 상담할 때의 보이스톤도 맞춰서 설정해야 합니다. 혹은 딱딱하더라도 전문성 있게 비추어지고 싶다면 비즈니스 톤 앤 매너에 맞춰 상담 시나리오를 구성해야 합니다. 저 또한 초반에는 친근하고 감성적인 부분을 부각하기 위해 개인적인 스토리를 풀어나가며 서비스를 소개했습니다. 추후 팀원들이 생기고 조직화 되었을 때는 프로페셔널하게 보이기 위해 상담 말투까지 조정했습니다. 내 서비스가 다른 서비스와 차별화되기 위해 어떤 이미지로 보이고 싶은지 고민해 보세요.

❸ 크몽에서 전문가 프로필 등록하기

본격적으로 크몽에서 전문가로 등록해 보겠습니다. 크몽 사이트(https://kmong.com/)에 접속한 다음 화면 오른쪽 위에 있는 '무료 회원가입' 버튼을 클릭합니다. SNS 간편 가입을 선택하거나, '이메일로 가입하기' 버튼을 클릭합니다.

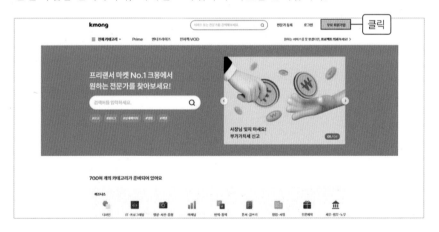

'의뢰인으로 가입'과 '전문가로 가입' 두 가지 옵션이 나타납니다. 우리는 '전문가로 가입'을 선택하겠습니다. 이메일과 비밀번호 등 개인정보를 채우고, 직업은 '프리랜서' 혹은 나의 상황에 맞는 포지션으로 선택합니다. '비즈니스 분야'는 현재 관심 있는 분야를 선택하거나, 없다면 '기타'로 설정해 주세요. 관심사는 '디자인'을 선택하고 중복 선택을 원한다면 다른 옵션도 선택합니다. 이런 항목들을 선택하고 '가입완료'를 클릭하면 간단하게 회원가입이 마무리됩니다.

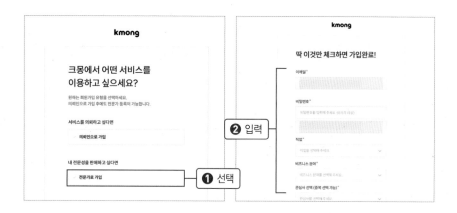

크몽 상단 메뉴 중 '전문가 등록'을 선택하여 본격적으로 전문가 프로필을 채워보겠습니다. 〈전문가 등록하기〉 버튼을 클릭하면 전문가 프로필을 채울 수 있습니다.

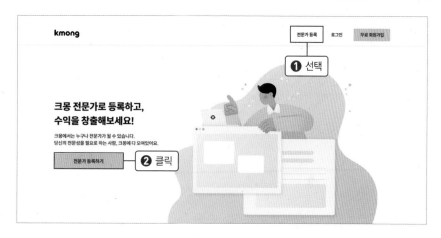

전문가 소개

전문가에 대한 기본적인 소개를 입력하는 곳입니다. 우리가 다른 전문가들 대비 어필할 수 있는 부분을 최대한 녹여내야 합니다.

PART 6

291

❶ 전문가 닉네임: 크몽에서 전문가 닉네임은 우리 서비스의 이름과 마찬가지이기 때문에 신중하게 골라야 합니다. 닉네임은 처음 설정하고 딱 1회만 수정할 수 있으므로, 처음에 별 고민 없이 닉네임 설정했다가 후회할 수도 있습니다. 닉네임에서 전문성을 어필하기 위해 'PPT' 혹은 '디자인' 관련된 키워드를 녹여서 만들어 보세요. 닉네임은 직관적일수록 '이 분야의 전문가구나'라는 생각이 들게 만듭니다.

❷ 프로필: 프로필 이미지는 전문가에 대한 첫인상입니다. 온라인에서 일하려면 대면 만남이 없다 보니, 프로필 사진이 간판 역할을 합니다. 본격적으로 프리랜서 생활을 할 거라면 사진 스튜디오에서 프로필 사진을 촬영하는 것을 추천합니다. 전문적으로 촬영한 프로필 사진은 좀 더 프로처럼 보이는 데 도움을 줍니다. 만약 얼굴을 드러내는 것이 부담스럽다면 로고 형태 이미지를 제작해 보세요. 내 닉네임이나 서비스 이름을 적은 단순한 이미지도 좋습니다.

> 💡 **TIP**
>
> (1) 이미지 크기: 1:1 비율 권장 (최소 100 x 100 픽셀)
> (2) 이미지 형식: jpg, png 파일
> (3) 등록 불가한 이미지
>   – 타인에게 불안·불쾌감을 조성하거나 미풍양속에
>   어긋나는 이미지
>   – 공공기관, 학교 등 다른 단체의 로고를 사용한 이미
>   지(기업 로고 사용 여부는 카테고리별로 상이)
>   – 저작권·초상권 등 제3자의 권리를 침해할 수 있는 이미지
>   – 워터마크가 포함된 이미지
>   – 크몽 전문가 등급이 명시된 이미지
>   – 외부 연락 채널이 기재된 이미지
>   🔹 휴대폰 번호, 이메일 주소, SNS 계정 정보, 링크·URL 정보 등
>   – 과대·과장·허위성 광고 문구가 포함된 이미지
>   🔹 최저가, 이벤트 진행 중, 매출 보장, 환불 보장, 후기 5점 만점, 100%만족 등
>   – 판매 금액 관련 문구가 포함된 이미지
>   🔹 N원·N% 할인, 합리적인, 가성비, 저렴한, 환불, 00원에 가능 등
>   – 검증 불가한 문구가 포함된 이미지
>   🔹 1위, 베스트, BEST, 추천, No.1, 최초, 유일, 무한, 누적 의뢰 수 등

❸ 자기소개: 자기 경력 중 어필할 수 있는 내용을 자기소개로 적어주세요. 디자이너 경력이 있다면 구체적으로 몇 년 차 디자이너 경력이 있는지, 몇 가지 프로젝트를 진행했는지 등을 적습니다. 디자인 작업을 진행했던 클라이언트 중 회사 규모가 있다면 언급해 줘도 좋습니다. 디자인 경력이 없다면 전반적으로 업무를 잘하고 책임감이 있어 보이는 경력을 써주세요. 저도 처음에는 기획자 출신임을 내세워서 문서 내용의 이해도가 높은 디자인이 가능하다고 어필했습니다.

❹ **지역:** 현재 사는 지역을 선택하면 됩니다. 크몽에서 PPT 디자이너로 일할 때 대면 미팅은 필요 없으므로 오프라인 위치는 전혀 상관없습니다. 다만, 가끔 프로젝트 기간 내 사무실에서 상주하면서 작업이 가능하냐는 문의가 들어올 때가 있습니다. 상주 가능한 프리랜서를 찾는 분들에게는 지역도 중요한 요소가 될 수 있겠죠.

❺ **전문분야 및 상세분야:** 최대 3가지 선택할 수 있습니다. '디자인'을 전문분야로 선택하겠습니다. 디자인의 상세분야로는 'PPT·인포그래픽'을 선택합니다. 추가로 어필하고 싶은 기술이 있다면 추가합니다.

❻ **보유기술:** 보유기술에서 디자인 작업 중 다룰 수 있는 프로그램 및 스킬을 선택하세요. 최대 20개까지 선택할 수 있습니다. 우리는 PPT 디자인을 전문으로 서비스를 오픈할 예정이니 'Microsoft PowerPoint'는 꼭 체크합니다. 그 외에 디자인할 때 도움이 되는 프로그램은 'Adobe Photoshop'과 'Adobe Illustrator'입니다. 사진 보정이나 합성할 때는 포토샵을, 벡터 파일 편집할 때는 일러스트레이터를 쓸 줄 안다면 분명 디자인 퀄리티를 높일 때 도움이 됩니다.

경력사항 및 학력·자격증

기존에 일한 경력사항들에 대해 입력하는 곳입니다. 디자인 분야와 연관된 총 경력 기간 및 세세한 경력사항을 입력할 수 있습니다. 학력 및 자격증은 선택항목으로, 만약 디자인 관련된 전공을 이수했다거나 관련 자격증을 취득했다면 추가할 수 있습니다.

❶ **경력기간:** 이전에 디자인 관련 일한 경험이 있다면, 연 단위로 입력합니다. 별도 경력기간이 없다면 '신입'을 체크하면 됩니다.

❷ **경력사항:** 프리랜서 경력이 있다면 '프리랜서인 경우, 체크해 주세요'란만 체크하면 됩니다. 혹은 회사에서 근무한 경험이 있다면 세부 사항까지 입력할 수 있습니다. 회사명, 근무부서, 직위, 근무지부터 근무기간까지 입력할 수 있습니다. 국민연금 가입증명서, 재직/경력증명서 등 증빙자료를 첨부하면 담당자 검토 후, 확인 마크를 달아줍니다. 만약 경력사항이 너무 자세히 드러나는 게 싫다면 이 부분은 건너뛰어도 됩니다.

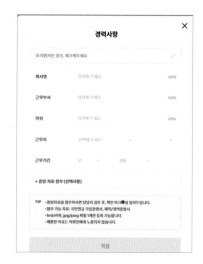

❸ **학력·전공:** 학교명, 전공 그리고 재학, 휴학, 졸업 등 상태를 선택할 수 있습니다. 재학증명서, 졸업증명서 또는 성적증명서 등의 증빙자료를 첨부하면 담당자 검토 후 확인 마크를 달아줍니다. 학력을 드러내는 것이 어필 포인트가 되겠다고 생각되면 등록해도 좋습니다.

❹ **자격증:** 파워포인트 혹은 디자인 관련 자격증이 있다면 추가해도 좋습니다. 자격증명, 발급일, 발급기관 등을 입력해서 본인의 실력에 대해 증빙할 수 있습니다.

TIP

자격증은 있다면 플러스겠지만, 없다고 해서 필수로 따야 할 필요까진 없습니다. 그래도 추천해 보자면 ITQ PowerPoint, MOS PowerPoint 등의 자격증을 따면 파워포인트의 웬만한 기능들을 익힐 수 있습니다. 시각 디자인 관련 자격증으로는 GTQ, 컴퓨터그래픽스 운용기능사, 시각디자인 · 컬러리스트 기사 등이 있습니다.

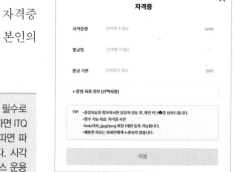

희망 급여 및 상주 가능 정보

종종 회사에서 프로젝트성으로 함께 단기간 일할 디자이너를 크몽에서 구인하기도 합니다. 프로젝트성으로 진행할 경우, 약 한 달 이상 정도는 안정적으로 일할 수 있어 접근성 좋은 곳에 사는 분들은 고려해 보아도 좋습니다.

❶ **희망 급여:** 세전 기준의 희망 시급을 입력할 수 있습니다. 2023년 기준 최저임금은 시간당 9,620원이며, 크몽에서는 최소 10,000원 이상의 시급을 입력해야 합니다. 한 달 동안 최소 벌어야 하는 월급여액을 생각해 보고, 내가 하루에 일하는 시간을 나눠서 원하는 시급을 책정해 보세요.

> **TIP**
>
> 예를 들어 1일 8시간, 주 5시간으로 한 달에 총 209시간을 일한다고 가정했을 때, 월 300만 원을 벌고 싶다면 시간급은 14,354원이 되게 됩니다. 포털사이트에서 '최저임금 계산'을 검색하면 자동으로 계산해 주는 사이트들이 나오니 참고해 보세요.

❷ **상주 가능 정보:** PPT 디자인의 경우 제안서나 경쟁입찰 등 정해진 데드라인이 있는 단기 프로젝트를 종종 진행합니다. 이때 프로젝트 기간 사무실에 출근해서 함께 일하는 것이 가능하냐는 문의를 받게 됩니다. 출퇴근이 너무 오래 걸리지 않는 상황에 한동안 안정적인 수익을 올릴 기회가 될 수 있으므로 긍정적으로 고려한다면 '상주 가능'으로 체크하면 됩니다.

전문가 정보 입력하기

프로필을 등록하고 나면, 전문가 정보를 입력하라는 팝업창이 뜰 겁니다. '전문가 정보 입력하러 가기' 버튼을 클릭해서 전문가 정보까지 완성해 보겠습니다.

❶ 인증 정보: 본격적으로 서비스를 오픈하기 전에, 수익금 출금 계좌 등 전문가 정보를 입력해야 합니다. [계정 설정]-[전문가 정보]-[인증 정보]에서 수익금을 받을 계좌를 등록할 수 있습니다. 실명과 주민등록번호를 확인하고, 수익금 출금 은행과 계좌를 등록해 주세요. 사업자 인증 없이도 프리랜서 등록이 가능하나, 만약 지속적인 매출이 발생한다면 사업자 등록하는 것이 좋습니다.

❷ 기본 정보: 기본 정보에서는 유선 연락처와 연락할 수 있는 시간을 설정할 수 있습니다. 연락할 수 있는 시간을 설정하면 의뢰인들에게 연락할 수 있는 시간이 뜨게 됩니다. 물론, 해당 시간이 아니더라도 문의 연락은 올 수 있습니다. 연락할 수 있는 번호를 입력하면 안심번호가 부여되며, 안심번호 공개 여부를 설정할 수 있습니다. 만약 무분별한 전화 문의로 스트레스받고 싶지 않으면 '내 서비스를 결제한 의뢰인에게

만 공개합니다'를 선택합니다. 의뢰인에게 전화번호가 공개되어도 프로젝트 시작 전 정중하게 크몽 메신저를 통해서만 커뮤니케이션한다고 안내하면 유선 연락이 올 일은 없습니다.

02

프리랜서 플랫폼 '크몽'에 나의 서비스 등록하기

크몽에서 PPT 전문가로서 활동하기 위해 입력해야 할 내용은 모두 등록했습니다. 이제, PPT 디자인을 팔기 위한 나의 서비스를 신청해야 할 차례입니다. 어떻게 하면 의뢰인들의 눈길을 사로잡을 서비스 제목을 정할 수 있을지 고민해 보겠습니다. 또한, 서비스 카테고리 및 서비스 타입을 설정하고, 마지막으로 가장 고민이 될 가격 책정에 대해서 함께 알아보겠습니다.

1 후킹하는 서비스 제목 정하기

크몽 상단 메뉴 중 [마이크몽]을 클릭한 후 [나의 서비스]를 선택하면 크몽에서 판매할 수 있는 서비스를 등록하거나 수정할 수 있는 페이지가 나타납니다. '판매 시작하기'를 클릭하면 서비스를 본격적으로 등록할 수 있습니다. 서비스 제목을 정하는 것이 바로 첫 항목입니다. 최대 30자까지 입력할 수 있으며, 이 짧은 문장으로 고객이 우리의 서비스를 클릭하고 싶게끔 만들어야 합니다. 서비스 홍보에 효과적인 제목을 만들기 위한 3가지 방법이 있습니다.

경력/경험 어필 유형

프리랜서 마켓에서 가장 중요한 것은 바로 프리랜서의 신뢰도를 증명하는 것입니다. 의뢰인 입장에서 과연 이 프리랜서의 실력 검증이 되었는지, 혹은 프로젝트 중간에 말 없이 사라질지도 모른다는 불안감을 안게 됩니다. 이때 관련 업무 경력이 있음을 드러내어 '믿을 만한 프리랜서구나'라는 인식을 심어주는 것도 좋은 방법입니다.

> ☺ N년차 디자이너가 PPT 디자인 해드립니다
> ☺ 시각디자인 학과 출신의 트렌디한 PPT 디자인

> **TIP**
>
> 증빙이 필요한 문구의 경우, 프로필 등록 시에 증빙자료를 등록해야 합니다. 예를 들어 XX 1위 출신, XX 회사 재직 경력 10년 이상, XX 대학 출신, XX 자격증 보유 등을 제목에서 어필하고 싶다면 [프로필 등록/수정]-[경력사항, 학력 · 자격증] 영역에서 요구하는 증빙자료를 제출해 주세요.

고객 니즈 공략 유형

처음 포트폴리오를 쌓기 위해 고객의 니즈를 구체적으로 공략하는 방법도 있습니다. 사업계획서 디자인을 맡기려는 의뢰인이 있다면, 'PPT 디자인 진행'보다는 '사업계획서 PPT 제작'이라는 제목에 더 끌리겠죠. 혹은 마감이 급해 주말에도 작업이 가능한 프리랜서를 찾는 고객에게는 '주말 작업 가능'이라는 제목이 매력적으로 느껴집니다. 넓은 범위에 그물망을 던지는 것이 아닌, 좁지만 뾰족하게 특정 타깃층을 겨냥한 낚싯대를 드리우는 것입니다.

> ☺ 투자 IR 사업계획서 PPT 제작 전문
> ☺ 주말 작업 가능한 PPT 디자인 스튜디오

차별화 포인트 강조 유형

내 서비스가 다른 서비스와 비교했을 때 다른 점을 강조하는 방법입니다. 모두가 똑같이 '전문성 있는 PPT 디자인'이라고 강조할 때, 눈에 띌 수 있는 차별화 포인트를 생각해 내는 거죠. 저는 디자인 경력이 없었기 때문에 오히려 광고 기획자라는 경력을 내세워 제목을 정했습니다. 분명히 문서 이해도가 높은 기획자에 대한 니즈가 있을 거라고 판단했습니다. 그래서 서비스를 오픈한 지 몇 시간도 되지 않아 첫 의뢰로 광고회사의 회사소개서 제작을 맡게 되었죠. 내 경력이 디자인이나 PPT와 상관없더라도 해당 분야의 회사가 이해도 높은 디자이너를 찾을 확률이 높으니 차별화 포인트로 둬도 좋습니다. 또한, PPT 디자인 외에 시너지를 일으킬 수 있는 능력이 있다면 추가해 주세요. 인포그래픽이나 일러스트레이션 제작까지 가능하다면 제목에 A~Z까지 커버 가능하다고 언급하는 것입니다.

> **예** 경쟁PT N회 경험한 기획자가 만드는 PPT
> **예** 인포그래픽 직접 제작하는 PPT 디자인

💡 TIP

사용 불가한 제목 유형
- 외부 연락처가 포함된 경우
  - **예** 휴대전화 번호, 이메일 주소, SNS 계정 정보, 링크 · URL 정보 등
- 과대 · 과장 · 허위성 광고 문구가 포함된 경우
  - **예** 최저가, 이벤트 진행 중, 매출 보장, 환불 보장, 후기 5점 만점, 100% 만족 등
- 의미 없는 특수 기호가 포함된 경우
  - **예** //////블로그 마케팅 진행//////해드립니다. #대박#디자인#드립니다. 등
- 서술어 생략 등 문법에 맞지 않는 문구 · 문장을 사용한 경우
  - **예** 디자인 진행해, 성우 녹음해, 최고의 마케팅을 보여줄 등
- 불필요하게 동일 단어를 반복 사용한 경우
  - **예** 인스타 인스타 광고 인스타 홍보 인스타 진행

2 카테고리 및 서비스 타입 선택하기

서비스 제목을 정했다면 카테고리와 서비스 타입을 설정할 차례입니다. 크몽은 카테고리마다 수익금이 다르므로 카테고리를 설정하면 정확한 수수료를 확인할 수 있습니다. 그리고 서비스 타입을 어떻게 설정하느냐에 따라 문의량이 달라질 수도 있어 이 부분을 함께 알아보겠습니다.

카테고리 설정하고 수익금 확인하기

자세한 카테고리를 설정해 보겠습니다. 상위 카테고리는 '디자인', 하위 카테고리는 'PPT·인포그래픽'을 선택하세요. 3차 카테고리는 'PPT'를 설정합니다. 크몽은 카테고리마다 수익금이 다른데, 카테고리를 설정하면 '수익금 확인하기'를 클릭해서 거래별 예상 수익금을 확인해 볼 수 있습니다.

kmong 제출하기

1 기본정보
　제목　서비스를 잘 드러낼 수 있는 제목을 입력해주세요　　0/30

2 가격설정
3 서비스 설명　카테고리　상위 카테고리　디자인　⌄
4 이미지　　　　하위 카테고리　PPT·인포그래픽　⌄
5 요청사항　　　3차 카테고리　PPT　⌄

수익금 확인하기　거래금액별 해당 수익금을 확인해보실 수 있습니다

한 번에 통과하는
서비스 등록 가이드　서비스 타입　주말 작업 가능여부*　주말 작업가능　⌄
디자인 판매 금액
설정가이드　　　　　작업유형*　회사소개, 사업제안서, 제품소개서　⌄

　　　　　　　작업스타일*　프레젠테이션　⌄

　　　　　　　추가옵션　선택해주세요　⌄

TIP · 제공되는 서비스의 유형을 정확하게 체크하여 의뢰인이 빠르게 서비스를 찾을 수 있도록 도와주세요.

검색 키워드**　키워드 입력　　　0/5　추가

저장　다음

'수익금 계산기'에서는 거래 1건당 어느 정도
의 수수료가 제외되어 실제 전문가에게 들
어오는 수익금을 계산할 수 있습니다. 예를
들어 '거래 완료 금액'에 500,000원을 입력
해 보겠습니다. 서비스 이용료와 결제 수수
료 등이 제외되고 나면 전문가 총수익은 총
399,350원이 됩니다.

수익금 계산기　　✕

상위 카테고리
디자인　⌄

하위 카테고리
PPT·인포그래픽　⌄

3차 카테고리
PPT　⌄

거래 완료 금액
500,000　원

(a) 서비스 이용료 자세히 보기 ⌄　　-75,000원
(b) 결제 수수료 및 결제망 이용료　　-16,500원
(a) + (b)에 대한 VAT　　　-9,150원

전문가 총 수익　　　399,350 원
수익금 정산 방법이 궁금하세요?

크몽 서비스 이용료 체계

'왜 난 50만 원짜리 거래를 했는데 수수료가 이만큼 빠져나가는 거지?'라는 생각이 들 수도 있습니다. 실제로 작업은 내가 했는데 불필요한 수수료만 나간다는 생각에 불만을 품을 수 있는데요. 생각을 조금만 전환해 보면 크몽의 수수료가 합리적이라고 판단할 수 있습니다. 크몽 수수료의 구조를 자세히 살펴보겠습니다.

[판매 완료 금액 - (서비스 이용료 + 결제 수수료 및 결제망 이용료 + 두 금액의 부가세 합계)]

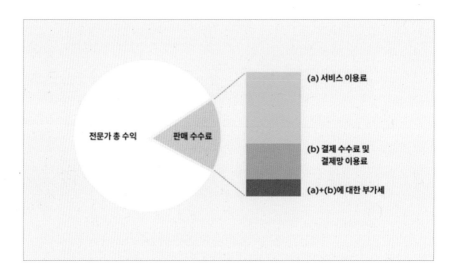

서비스 이용료는 거래 금액에 따라 다르게 책정됩니다. 거래 금액이 커질수록 그만큼 서비스 이용료는 적어지는 합리적인 시스템입니다. 이 서비스 이용료는 약 280만 명의 회원 수를 보유한 크몽이란 플랫폼에 서비스를 게재하고 홍보할 수 있는 비용이라고 생각하면 됩니다. 크몽이 아닌 자체적인 플랫폼에 고객을 유입시키기 위해 들어가는 광고비는 생각보다 높은 편입니다. 이 점을 감안하면 서비스 이용료가 아깝지 않고 투자라고 생각할 수 있습니다.

적용구간	서비스 이용료
1원 ~ 500,000원	15%
500,001원 ~ 2,000,000원	8.0%
2,000,001원 이상	3.0%

또한, 결제 수수료 및 결제망 이용료가 수익금에서 제외되는데요. 프리랜서 입장에서 크몽의 최대 장점 중 하나는 안전한 결제 시스템입니다. 고객이 선결제한 후 프로젝트가 마무리되면 프리랜서가 수익금을 받을 수 있습니다. 이 과정에서 입금 혹은 카드 결제 등 다양한 방법으로 의뢰인이 프로젝트 비용을 결제하게 됩니다. 플랫폼이 아닌 곳에서 카드 결제를 마련하기 위해서는 PG 사용료를 지불해야 합니다. 프로젝트 비용 입금이 연기라도 되면 독촉해야 한다는 스트레스를 받기도 하죠. 이 불편함을 크몽을 통해 간편하게 해소할 수 있기에 나의 편의에 대한 대가라고 생각하면 마음이 편안해집니다.

서비스 타입 - 주말 작업 가능여부

이어서 서비스 타입도 설정해 보겠습니다. '주말 작업 가능여부'에서는 총 세 가지 옵션이 있습니다. '주말 상담가능', '주말 작업가능', '주말 불가능'입니다. 프리랜서 본인의 일정에 맞춰서 선택할 수 있는데요. 본업이 있고 부업으로 한다면 '주말 작업가능'으로 하는 것이 더 좋겠죠.

서비스 타입	주말 작업 가능여부 *	주말 작업가능	∨
	작업유형 *	회사소개, 사업제안서, 제품소개서	∨
	작업스타일 *	프레젠테이션	∨
	추가옵션	선택해주세요	∨
검색 키워드 "	키워드 입력		0/5 **추가**

TIP · 검색 키워드는 서비스 설명에 노출되지 않지만, 서비스 제목, 서비스 타입과 함께 검색 대상 단어로 사용됩니다.
· 띄어쓰기 없이 20글자까지 입력할 수 있으며, 특수문자 및 이모지는 입력할 수 없습니다.
· 서비스와 연관된 짧은 단어를 여러 개 입력하는 것이 검색 노출 향상에 도움이 됩니다. (다만, 동일 키워드 중복 입력은 검색 결과와 무관합니다.)

또한, 고객이 서비스를 검색할 때 걸 수 있는 옵션 중에 '주말 작업 가능여부'가 뜨게 됩니다. 즉, 급한 마감으로 인해 주말까지 작업이 필요한 서비스를 찾는 고객에게 노출될 기회입니다. 초반에 어느 정도 수익이 안정화될 때까지 '주말 작업가능' 혹은 '주말 상담가능'으로 설정해 놓는 것도 전략입니다.

서비스 타입 - 작업 유형 및 작업 스타일

작업 유형에는 PPT 카테고리에서 내가 작업할 수 있는 유형을 선택하는 것입니다. 총 12가지 작업 유형이 있으며, 이 중에서 내가 자신 있거나 작업하길 희망하는 유형들을 복수 선택할 수 있습니다. 제공되는 서비스의 유형을 정확하게 체크하면 의뢰인이 빠르게 원하는 서비스를 찾을 수 있게 됩니다.

공기업·관공서	회사소개	사업제안서	입점제안서
제품소개서	기획안	발표자료	강의자료
공모전	취업포트폴리오	IR·투자제안서	정부지원사업

작업 스타일은 총 3가지 중에서 선택할 수 있습니다. '프레젠테이션', '인포그래픽', 그리고 '기획'입니다. 기본적으로 프레젠테이션을 체크하고, 인포그래픽 작업이 가능하다면 인포그래픽도 체크합니다. 기획의 경우 초안이 없는 의뢰인의 요청에 따라 문서의 내용도 기획이 가능한 지 여부입니다. 좀 더 확장성 있는 서비스 제공을 원한다면 PPT 기획도 고려해 보세요.

서비스 타입 - 검색 키워드

검색 키워드는 서비스 설명에 노출되지 않지만, 서비스 제목, 서비스 타입과 함께 검색 대상 단어로 사용됩니다. 크몽 검색 창에서 특정 키워드를 검색했을 때, 우리의 서비스가 노출되도록 하는 것이죠. PPT뿐만 아니라 파워포인트, 프레젠테이션, 디자인 등 여러 연관 키워드를 등록할 수 있습니다. 각 키워드는 띄어쓰기 없이 20글자까지 입력할 수 있으며, 총 5가지 키워드를 등록할 수 있습니다.

③ 서비스 가격 설정하기

가장 고민이 되는 가격 설정입니다. 첫 서비스를 시작할 때 어느 정도가 적정 단가인지 감이 오지 않습니다. 우선 크몽에서 가격 정보는 계속해서 수정하거나 업데이트할 수 있으므로 첫 고객들의 반응을 테스트해보자는 마음으로 가격을 설정하면 됩니다.

제목과 설명

제목과 설명에는 정확히 어떤 서비스를 제공하는지 구체적으로 적어주면 좋습니다. 제목에는 서비스의 간단한 개요를 적고, 설명에서 꼼꼼하게 제공하는 서비스 범위를 적어주세요. 간혹 PPT 디자인이 어디부터 어디까지 범위에 해당하는 것인지 헷갈리는 의뢰인들이 있으므로 친절하게 각 개요를 적어줍니다.

> **예시**
> **제목**: PPT 디자인
> **설명**: PPT에 텍스트가 있는 초안을 공유 주시면 디자인 컨셉을 잡은 시안부터 본문 디자인 작업까지 제공

서비스 금액

프리랜서라면 VAT 제외된 금액을, 사업자 등록된 사업자라면 VAT 포함된 가격을 적어줍니다. 보통은 PPT 1장 디자인의 가격으로 설정합니다. 크몽에서 제공하는 '서비스 금액 설정 가이드' 게시글을 보면 PPT 디자인 서비스의 평균 거래 단가는 5장 미만의 PPT 제작 기준으로 '13.5만 원'이라고 합니다. STANDARD 가격은 인포그래픽, 프리미엄 이미지를 활용한 PPT 1장 제작 기준 장당 '3.7만 원'*이라고 명시되어 있습니다. 다만, 해당 금액은 소수의 고가 프리미엄 서비스 금액이 평균치를 높일 수 있다는 점을 고려해야 합니다.

Q1. PPT 디자인 서비스의 평균 거래 단가는 얼마일까요?
► 초안을 바탕으로 한 5장 미만의 PPT 제작 기준으로 **13.5만 원**입니다.

Q2. PPT 디자인 전문가들이 주로 등록하는 가격 범위는 어떻게 되나요?

STANDARD	DELUXE	PREMIUM
3.7만 원	20만 원	71만 원

** STANDARD : 인포그래픽, 프리미엄 이미지를 활용한 PPT 1장 제작 기준
** 위 내용은 2021년 10월 기준, 크몽의 서비스 단가 및 주문 데이터를 기반으로 산출하였으며 작업 범위 및 전문가 수준에 따라 실제 금액은 다를 수 있습니다.
** 디자이너 경력에 따른 상세한 금액 산정 기준은 한국디자인산업연합회에서 제공하는 '디자이너 등급별 노임 단가(클릭)'을 참고해보세요.

* 2021년 10월 기준, 크몽의 서비스 단가 및 주문 데이터를 기반으로 산출하였으며 작업 범위 및 전문가 수준에 따라 실제 금액은 다를 수 있습니다.

정확한 가격을 살펴보기 위해서 경쟁자들의 가격을 모니터링하는 것이 좋습니다. 크몽 사이트에서 직접 검색해 보면서 평가가 많은 서비스 위주로 살펴보세요. 서비스가 제공하는 포트폴리오의 퀄리티 수준과 서비스 가격과의 상관관계를 주시합니다. 크몽에서 PPT 디자인 서비스들을 훑어보니 최저가는 5천 원부터 높게는 3~4만 원 사이의 가격이 형성되어 있습니다. 5천 원이라면 가격이 너무 낮은 듯한 생각이 들 수 있죠. 이런 서비스를 클릭해 보면 대부분 3가지 가격 옵션의 패키지 가격으로 설정된 서비스입니다. 최저가로 5천 원 단가로 고객을 후킹하지만, 막상 실제 많이들 의뢰하는 서비스 수준의 가격은 1~2만 원 사이로 책정되어 있습니다.

처음에 포트폴리오도 없고 리뷰도 0개인 상태에서는 저가 전략으로 가는 것을 추천합니다. 처음에는 의뢰 경험을 쌓는 것을 최우선 순위로 놓고 점점 리뷰가 쌓이면 서비스의 가격을 올려도 됩니다. 저 또한 리뷰가 어느 정도 쌓였을 때 포트폴리오를 업데이트하며 가격을 올렸고, 초반에 제시한 가격의 3배로 상승시켰습니다.

하지만 너무 저가라면 서비스 퀄리티도 저렴하지 않을지 의심될 수도 있습니다. 크몽 측에서도 평균 시장가보다 60% 이상 낮은 서비스의 경우 검수 대상이 될 수 있다고 경고합니다. 과하게 낮은 금액보다는 평균 서비스 가격을 고려하여 합리적으로 책정해 주세요. 또한, 시급으로 따져봤을 때 크몽 수수료를 제외하고 너무 수익이 안 되는 금액이면 일할 의욕이 생기지 않겠죠.

첫 서비스 개시여도 본인의 포트폴리오 퀄리티에 자신이 있다면 최저가보다는 높게 책정해서 프리미엄 전략을 세울 수 있습니다. 가격이 높아서 의뢰가 안 들어오는 것 같다고 판단되면 다시 가격을 낮춰서 개시 초기라 할인 중이라는 마케팅을 할 수 있습니다. 과연 시장에서 내 서비스를 얼마의 가치로 판단할지 실제 반응을 보면서 테스트하는 것을 추천합니다.

패키지 가격

크몽에서 패키지 가격으로 설정할 경우 총 3단계의 가격을 설정할 수 있습니다. STANDARD, DELUXE, 그리고 PREMIUM으로 제공하는 서비스의 범위나 퀄리티에 따라서 가격 차별화를 줄 수 있습니다.

PPT 디자인 작업에 들어가는 리소스 및 퀄리티에 따른 차등적 가격 책정

- **STANDARD**: 심플한 PPT 디자인 / 폰트 활용 + 디자인 톤 앤 매너 통일 + 레이아웃 정리와 같은 기본적인 디자인 작업
- **DELUXE**: PPT 컨셉 맞춤 리디자인 / 기획 목적에 맞춘 디자인 컨셉 + 전문적인 디자인 작업
- **PREMIUM**: 고퀄리티 PPT 디자인 / 인포그래픽 제작 및 포토샵 활용 프리미엄 비주얼화 작업

PPT 디자인뿐만이 아니라 초안 타이핑 혹은 기획까지 진행할 경우 가격 책정

- **STANDARD**: PPT 초안을 디자인 / PPT 형태의 초안 바탕 디자인 시안 & 본문 디자인
- **DELUXE**: 텍스트 형태 초안을 PPT 디자인 / 메모장, 한글 등에 있는 초안을 PPT로 디자인
- **PREMIUM**: 초안 기획부터 PPT 디자인까지 / 초안이 없는 경우 자료 조사 및 PPT 초안 카피 작업부터 디자인까지 A~Z 패키지

작업 기간, 수정횟수 및 시안 개수

작업 기간의 경우 평균적으로 걸리는 일정을 고려해서 입력하면 됩니다. 여기서 작업 기간은 절대적인 것이 아니며, 의뢰인이 문의하기 전에 대략적인 일정을 가늠하는 잣대입니다. 보통의 PPT 디자인 의뢰가 15~30페이지 내외인 것을 생각해서 디자인 시안부터 마무리 작업, 그리고 수정까지 걸릴 대략적인 일자를 입력합니다. 기본 금액 결제 시 제공할 수 있는 수정 횟수를 설정해야 합니다. 무제한 수정 등의 무리한 수정 횟수 설정은 프리랜서의 피로도를 높이기 때문에, 분명하게 수정 횟수를 제한해야 합니다. 대부분 1~3회가량 수정을 제공하는 편입니다.

또한, 디자인 시안을 몇 가지 안으로 제공할 수 있는지 개수를 설정합니다. 만약 프리미엄 서비스로 차별화하고 싶다면 시안 개수를 높이고 가격도 높이는 방법도 있습니다.

추가 옵션

기본 가격 외 추가 금액이 발생할 경우, 추가 옵션을 사용할 수 있습니다. 고지한 평균 일정보다 급하게 마감이 필요한 클라이언트의 경우 '빠른 작업' 옵션 추가 시 금액을 더 내고 마감 일정을 당길 수 있습니다. 혹은 더 높은 가격에 수정 횟수나 시안 개수를 추가하고 싶다면 해당 옵션을 활성화할 수 있습니다.

대부분 PPT 디자인은 PPT 원본 파일을 제공하고 상업적으로 이용할 수 있게 제작하기 때문에 해당 옵션은 추가하지 않아도 됩니다. 슬라이드 추가는 기존에 문의한 내용보다 페이지 수가 늘어날 경우 사용할 수 있으며, 리서치는 PPT 기획까지 원하는 클라이언트를 위한 옵션입니다. 그 외에도 '+맞춤 옵션 추가'로, 내가 원하는 옵션을 마음대로 추가할 수 있습니다.

4 서비스 설명 채우기

서비스 설명은 왜 우리 서비스를 선택해야 하는지 의뢰인을 본격적으로 설득하는 단계입니다. 전문가 소개, 작업 가능 분야, 작업 제공 절차, 서비스 특징에 대해서 의뢰인이 이해하기 쉽도록 정확하게 작성해야 합니다. 특히나 프리랜서와 작업하는 것이 익숙지 않을 의뢰인을 위해 친절하게 서비스 전개 과정을 안내해야 합니다.

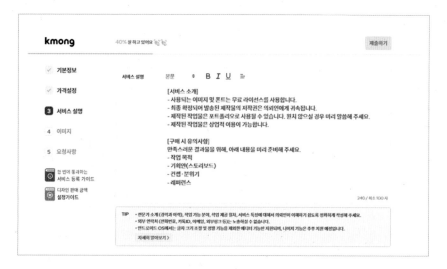

의뢰인은 우리 서비스 설명을 보고 다음 3가지 질문에 대한 답을 찾을 수 있어야 합니다.

1. 이 서비스가 제공하는 것이 무엇인가?
2. 이 서비스를 통해 어떤 결과물을 얻을 수 있는가?
3. 이 서비스를 이용하려면 어떻게 해야 하는가?

고객이 해답을 찾을 수 있기 위해 효과적인 서비스 설명 방법들을 살펴보겠습니다.

흡입력 있는 스토리텔링

고객을 설득하기 위한 강렬한 방법의 하나는 바로 '스토리텔링'입니다. 딱딱한 비즈니스 메시지보다는 쉽고 공감 가는 스토리를 통해 고객을 설득하는 방법이 훨씬 효과적입니다. 여기서 중요한 것은 스토리의 주인공은 '고객'이기 때문에 고객의 입장에서 스토리를 전개해야 합니다. 임팩트 있는 스토리텔링을 위해 아래의 3가지 요소가 담기면 좋습니다.

1. 문제점: 고객이 겪고 있는 현재 상황은 무엇일까? 어떤 고민을 하고 있을까?
2. 솔루션: 고객의 고민을 해결할 방법은 무엇일까? 효과적인 해결책인가?
3. 결과: 솔루션을 통해 고객은 어떤 변화를 겪게 될까? 비포&애프터를 비교할 수 있을까?

> **예시**
>
> PPT 디자인 의뢰를 하는 고객들은 과연 회사에서 어떤 문제를 맞닥뜨리고 있는지 상상해 보겠습니다. 보통 일반적인 보고서나 기획서라면 회사 내부에서 제작하겠지만, 외주를 찾아볼 정도란 것은 외부에 발표하는 중요한 문서란 뜻이겠죠. 이런 중요한 문서를 성공적으로 선보이는 것에 대한 니즈가 있는 직장인이 우리의 의뢰인입니다.
>
> 1) 문제점: 회사 투자 유치를 위한 중요한 IR 투자 제안서인데, PPT에는 흰 바탕에 검정 텍스트밖에 없어서 걱정이신가요?
> 2) 솔루션: 투자 제안서를 NN개 제작한 디자이너가 메시지 전달력을 높이는 PPT 디자인을 해드립니다.
> 3) 결과: 투자자들을 설득할 수 있는 멋진 비주얼의 프레젠테이션으로 성공적으로 IR 발표를 마무리해 보세요.

프리랜서 전문성 강조

서비스 문의로 이어지게 하는 결정적인 요인은 프리랜서의 전문성입니다. 나의 디자인 실력 혹은 업무 능력을 뒷받침할 수 있는 이력이라면 적극적으로 어필해 주세요.

❶ 경력: 꼭 디자인 관련이 아니더라도 회사에 다녔다는 경력은 업무 및 커뮤니케이션 능력을 입증할 수 있습니다. 어떤 산업에서 종사했는지, 몇 년의 업무 경력이 있는지, 어떤 포지션으로 프로젝트를 리드했는지 등을 적어주세요.

> **예시**
> • 광고대행사에서 3년간 뷰티부터 엔터테인먼트 업종의 다양한 디자인 프로젝트들을 맡아왔습니다.
> • 리서치 회사에서 5년간 근무하며 데이터 분석 능력을 길러, PPT 메시지를 반영한 디자인 작업이 가능합니다.

❷ 학력: 디자인 관련 전공 혹은 학과라면 적극적으로 어필할 수 있습니다. 디자인 관련이 아니더라도, 기획서나 제안서에 대한 이해도를 높일 수 있는 프로젝트를 진행한 것을 적어주세요.

> **예시**
> • XX 대학교의 시각디자인 학과를 졸업하여 다양한 디자인 프로젝트 경험이 있습니다.
> • 연구직에서 수십 개의 논문을 읽고 작성하여 문맥 파악 능력이 뛰어납니다.

❸ 수상 이력: 디자인 분야에는 다양한 공모전 또는 대외활동들이 진행됩니다. 이런 활동에서 수상 이력이 있다면 나의 실력을 입증하는 중요한 단서가 될 수 있습니다.

> **예시**
> • XX 디자인 공모전의 시각디자인 부문에서 3회 수상 이력이 있습니다.
> • 뛰어난 디자인 실력을 바탕으로 XX와 진행한 프로젝트에서 우수 인재로 뽑혔습니다.

❹ 진행 프로젝트: 네임밸류가 있는 클라이언트와 프로젝트 경험이 있다면 언급해 주세요. 유명한 기업과 진행했다는 경험은 어느 정도 프리랜서에 대한 신뢰감을 줍니다.

예시

- S사, N사, H사와 같은 국내 대기업들과 디자인 프로젝트를 성공리에 진행한 경험이 있습니다.
- PPT 디자인을 진행한 A사의 제안서가 NN억 짜리 비딩 계약을 성공적으로 땄습니다.

구체적인 작업 절차

PPT 디자인 의뢰를 처음 해보는 의뢰인 입장에서는 서비스가 어떤 절차로 이루어지는지 궁금합니다. 특히, 메시지로 자세한 프로세스에 대해 문의하는 경우도 많습니다. 작업 기간과 절차를 미리 서비스 소개에 꼼꼼히 써놓으면 의뢰인은 번거롭게 또 문의하지 않아도 되겠죠? 단계마다 어떤 작업이 이루어지는지 구체적으로 써주세요.

예시

- **1단계 ▸ 자료 준비**: PPT에 텍스트와 필요한 자료를 얹힌 형태의 초안을 준비해 주세요. 만약 원하시는 디자인 무드가 있다면 레퍼런스도 전달해 주세요.
- **2단계 ▸ 문의하기**: 메시지로 초안 파일을 공유해 주시면서 원하시는 마감 일정을 말씀 주세요. 일정을 협의하고 견적을 안내해 드립니다.
- **3단계 ▸ 서비스 구매**: 프로젝트 진행을 위해 크몽에서 결제가 필요합니다. 세금계산서 필요시 따로 말씀해 주세요.
- **4단계 ▸ 디자인 시안 전달**: 초안을 바탕으로 디자인 시안을 먼저 전달해 드립니다. 폰트, 컬러 및 디자인에 대한 컨펌을 주시면 나머지 작업에 들어갑니다.
- **5단계 ▸ 최종 디자인본 전달**: 최종 디자인본 파일(PPT, PDF, 폰트)을 크몽을 통해 전달해 드립니다. 보시고 만약 수정사항 있으시면 수정 요청 주세요.
- **6단계 ▸ 수정 및 구매 확정**: 수정 사항이 모두 반영된 최종본을 전달해 드리면 '구매 확정'을 눌러주세요! 프로젝트가 마무리됩니다.

저작권 관련 안내

디자인 과정에서 다양한 폰트, 이미지 등의 소스들을 사용하게 됩니다. 이때 각 소스의 저작권 범위를 미리 안내해야 합니다.

- **사용 폰트** : ㉾ 무료 폰트 사용 / 유료 폰트 사용 / 수작업
- **원본 파일** : ㉾ 무료 제공 / 유료 제공 / 미제공
- **상업적 이용** : ㉾ 상업적 이용 가능(무료) / 상업적 이용 가능(유료) / 상업적 이용 불가능
- **저작권 귀속** : ㉾ 전문가 귀속 / 의뢰인 귀속 / 상호 협의
- **포트폴리오 사용** : ㉾ 포트폴리오 사용 / 미사용 / 협의 후 사용

PART 6

매력적인 섬네일과
상세페이지 만들기

앞서 우리 서비스의 차별화 포인트가 무엇일지 고민했고, 서비스 제목과 가격을 정해보았습니다. 이 제는 매력적인 섬네일로 고객의 클릭을 유도하고 신뢰감 있는 서비스 설명으로 문의까지 이어지도록 해야겠죠. 특히나 디자인 서비스인만큼 섬네일 이미지가 주는 임팩트는 크기 마련입니다. 강렬한 섬 네일 이미지를 PPT로 간단하게 제작하고, 서비스의 퀄리티에 대한 믿음을 줄 수 있는 설명까지 써보 겠습니다.

1 섬네일 유형 및 가이드라인 알아보기

우리 서비스가 디자인 카테고리인 만큼 비주얼적으로 보이는 이미지가 매우 중요합 니다. 퀄리티 높은 이미지를 바탕으로 후킹하는 카피를 적은 섬네일을 제작해 보겠습 니다. 크몽의 섬네일 가이드라인에 맞춰 여러 버전의 섬네일을 살펴보겠습니다.

포트폴리오 강조형

고객 입장에서 가장 궁금한 것은 바로 실제 결과물, 즉 PPT 디자인이 어떤 식으로 나올까입니다. 이런 궁금증을 충족할 수 있는 것이 바로 포트폴리오입니다. 이때까지 제작한 PPT 디자인 중 가장 내세울 수 있는 PPT를 선별해 보세요. 그리고 섬네일에 여러 슬라이드가 보일 수 있도록 배치해주면 됩니다. 이때, 만약 고객이 의뢰를 주었던 제작물이라면 사전에 섬네일로 활용해도 괜찮을지 확인받아야 합니다.

카피 강조형

명확한 정보를 전달하기 위해 카피에만 집중한 섬네일입니다. 여러 섬네일중에 오히려 볼드하게 텍스트만 있는 이미지가 더 눈에 띌 수 있습니다. 내 서비스 중 가장 강조할 차별화 포인트를 크게 내세워 주세요. 전문가의 이력 중 증빙이 필요한 구체적인 경력·이력·학력의 경우 프로필 등록란에서 증빙자료를 올려 주세요.

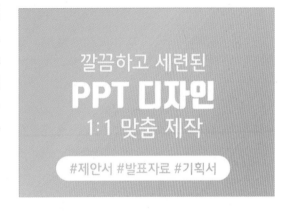

로고 활용형

파워포인트 혹은 사용할 수 있는 프로그램의 로고를 부각하는 섬네일입니다. 직관적으로 제공하는 서비스를 표현할 수 있습니다. 구체적인 서비스 제공 내용을 적어줘도 좋습니다. 카테고리별로 로고 사용의 제한이 있는 경우 승인 검수 시 별도 안내가 된다고 합니다.

목업 이미지형

내 포트폴리오를 더욱 퀄리티 높아 보이게 만드는 방법은 목업 이미지를 활용하는 것입니다. 앞서 추천했던 스마트목업스(https://smartmockups.com/mockups) 사이트에서 무료 목업 합성한 이미지를 사용할 수 있습니다. 만약 Adobe Photoshop 프로그램이 있다면, 무료 PSD 목업 파일을 다운로드하여 합성 이미지를 만들 수도 있습니다.

공통 이미지 가이드라인

크몽에서 제시하는 대표 이미지 가이드라인은 아래와 같습니다.

❶ **크기**: 4:3 비율 권장 (최소 652 x 488픽셀)
  *서비스를 어필할 만한 내용은 1:1 비율(최소 488*488) 안에 삽입하는 것을 권장합니다.

❷ **형식**: jpg, png 파일 / 움직임이 있는 이미지 사용 불가 (gif 형식)
  - 이미지 여백: 텍스트 입력 면적을 제외한 사방 여백이 각 50픽셀 이상
  - 텍스트 면적: 띄어쓰기, 공백을 포함하여 전체 면적의 60% 이하
  - 텍스트 크기: 최소 크기 27pt 권장
  - 고해상도 이미지 사용 권장

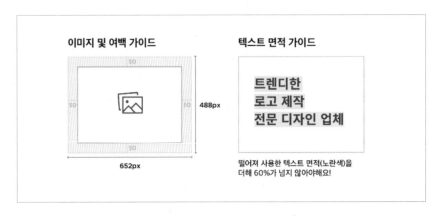

등록 불가한 이미지

- 타인에게 불안 · 불쾌감을 조성하거나 미풍양속에 어긋나는 이미지
  - 예 휴대전화 번호, 이메일 주소, SNS 계정 정보, 링크 · URL 정보 등
- 공공기관, 학교 등 다른 단체의 로고를 사용한 이미지(기업 로고 사용 여부는 카테고리별로 상이)
- 저작권 · 초상권 등 제삼자의 권리를 침해할 수 있는 이미지
- 낮은 해상도로 인해 식별이 어렵거나 불가한 이미지
- 워터마크가 포함된 이미지
- 크몽 전문가 등급이 명시된 이미지
- 판매 중인 다른 서비스의 메인 이미지와 동일한 이미지
- 외부 연락 채널이 기재된 이미지
  - 예 휴대전화 번호, 이메일 주소, SNS 계정 정보, 링크 · URL 정보 등
- 과대 · 과장 · 허위성 광고 문구가 포함된 이미지
  - 예 최저가, 이벤트 진행 중, 매출 보장, 환불 보장, 후기 5점 만점, 100% 만족 등
- 판매 금액 관련 문구가 포함된 이미지
  - 예 N 원 · N % 할인, 합리적인, 가성비, 저렴한, 환불, 00원에 가능 등
- 검증 불가한 문구가 포함된 이미지
  - 예 1위, 베스트, BEST, 추천, No.1, 최초, 유일, 무한, 누적 의뢰 수 등

2 PPT에서 섬네일 이미지 고화질로 저장하기

별도 디자인 툴을 쓰지 않아도, PPT만으로 섬네일부터 상세페이지 디자인까지 제작할 수 있습니다. PPT에서 간단하게 섬네일 이미지를 제작하고, 고화질 JPG로 저장하는 방법까지 함께 해 보겠습니다.

4:3 비율 슬라이드에 이미지 추가하기

01 섬네일 가이드에서는 4:3 비율의 이미지를 추천합니다. PowerPoint를 켜고 [디자인]-[슬라이드 크기]-[표준(4:3)]에서 '최대화(M)'을 선택하면 슬라이드 비율이 4:3으로 맞춰집니다.

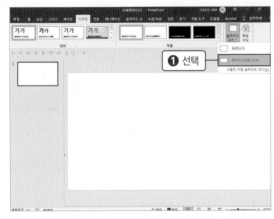

02 섬네일 가이드에서 텍스트의 경우 1:1 비율의 영역 내에 넣는 것을 추천합니다. 1:1 비율에 맞춰 작업하기 위해 PPT에서 안내선을 세팅하겠습니다. [보기]-[표시]에서 '눈금자'와 '안내선'을 체크합니다. 그리고 세로 안내선 위에 커서를 두고 마우스 오른쪽 버튼을 클릭한 후 '세로 안내선 추가'를 선택합니다.

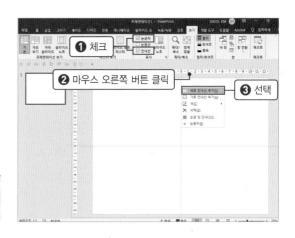

💡 TIP

SNS 광고 시 1:1로 섬네일이 노출되기 때문에, 텍스트가 잘리는 것을 방지하기 위함입니다.

03 각 세로 안내선을 드래그해서 눈금자가 좌우 '9.5'를 가리키는 곳으로 옮겨줍니다. 이 안내선 내에 텍스트를 배치하면 됩니다.

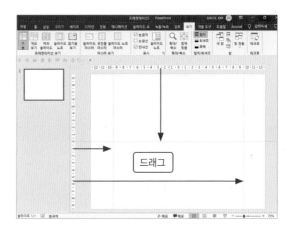

04 신뢰도를 어필하기 위해 전문가의 프로필 사진을 활용해 보겠습니다. 이미지 배경 제거가 필요하면 리무브비지(www.remove.bg) 사이트를 이용해 제거한 후 이미지를 복사해서 PPT 위에 배치합니다.

섬네일 완성하고 JPG로 저장하기

01 [홈]-[그리기]-[도형]에서 '타원'을 선택하고 [Shift] 키를 누른 채로 드래그하여 정원형을 그립니다. 원형 색상은 연보라 로 설정한 후, 마우스 오른쪽 버튼을 클릭해서 '맨 뒤로 보내기'를 선택합니다.

옵션 값 색: #D2C2E9 (R:210, G:194, B:233)

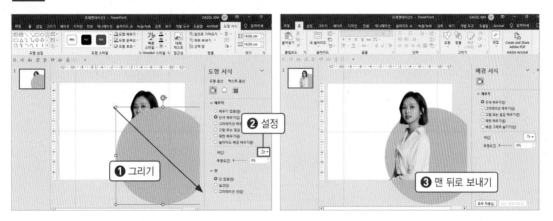

02 [배경 서식]-[단색 채우기]-[색]에서 회색 배경을 선택합니다.

03 섬네일에 표시할 카피도 입력하겠습니다. 가장 강조할 헤드 카피를 굵고 크게 표시해줍니다. 이때, 텍스트가 안내선을 벗어나지 않도록 유의합니다.

옵션 값 폰트: AppleSDGothic Neo ExtraBold
색상: #000000 (R:0, G:0, B:0),
#65419A (R:101, G:65, B:154)
크기: 서브카피 32pt, 헤드카피 54pt, 하단카피 20pt

PART 6

04 PPT 파일에서 작업한 섬네일 이미지를 JPEG로 저장해 보겠습니다. [파일] 탭에서 '다른 이름으로 저장'
을 선택합니다. 이미지를 저장할 위치를 선택하고 파일 이름을 적습니다. '파일 형식'은 'JPEG 파일 교환 형식
(*.jpg)'을 선택하고, 〈저장〉 버튼을 클릭합니다. 섬네일 이미지가 한 장밖에 없어 '현재 슬라이드만' 내보내기
를 클릭합니다.

05 저장 위치에 찾아가 보면 PPT에서 작업한 섬네일이 이미지 형태로 저장된 것이 보입니다.

고화질 JPEG 저장을 위해 해상도 설정하기

PPT에서 작업해서 JPG로 저장했는데 화질이 떨어지는 경우가 있습니다. 이미지 출력 시 파워포인트에서 설
정된 해상도가 낮기 때문입니다. 보통 인쇄용 이미지는 해상도를 300dpi로 맞추는 것이 좋은데, 파워포인트의
기본값은 96dpi밖에 되지 않습니다. 고해상도 이미지를 추출하기 위해 파워포인트 설정을 바꿔보겠습니다.

> 💡 **TIP**
>
> • dpi(dots per inch): 이미지 해상도를 나타내는 값
> • MAC OS를 사용하시면 별도 해상도 조정이 필요 없습니다. WINDOW OS 사용자만 따라 해 주세요.

01 윈도우 창에서 '실행'을 검색하거나 〈Window〉+R키를 누릅니다. 실행 창이 나타나면 'regedit'이라고 입력하고 〈확인〉 버튼을 클릭합니다.

02 레지스트리 편집기가 나타나면 컴퓨터 밑에 있는 폴더 중 'HKEY_CURRENT_USER'-'SOFTWARE'에 들어갑니다. [Microsoft]-[Office]를 선택하면 두 자릿수 숫자 이름의 폴더가 나타납니다. 파워포인트 버전마다 이 숫자가 다른데 2016버전 이상이라면 '16.0'이라는 숫자가 있을 것입니다. 이 숫자 폴더를 선택하고 'PowerPoint'-'Options'를 선택합니다.

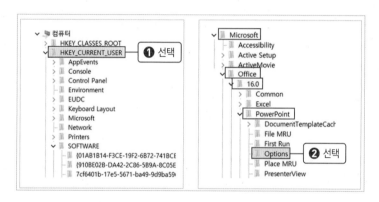

03 [편집]-[새로 만들기]-[DWORD(32비트)값]을 선택한 후 첫 번째에 나타나는 '값 이름'을 ExportBitmapResolution으로 변경합니다. 다시 편집 메뉴에서 '수정'을 선택하고 단위를 '10진수'로 클릭합니다. '값 데이터'에 300을 입력하고 〈확인〉 버튼을 클릭하면 해상도 설정이 적용됩니다. 앞으로 PPT에서 저장한 이미지는 모두 고화질로 저장됩니다.

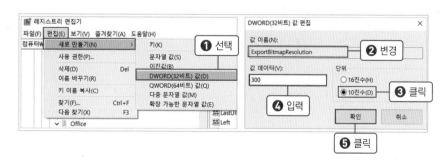

PART 6

❸ 구매를 유도하는 상세페이지 제작하기

우리의 서비스가 어떤 내용을 제공하는지 보여주는 상세이미지를 등록할 차례입니다. 크몽에서는 상세페이지를 최소 3개를 필수로 등록해야 하며, 각 이미지는 가로 652px 이상, 세로 3,000px 이하로 구성되어야 합니다. PPT에서는 슬라이드 크기를 'cm'로만 비율 조절이 가능해서 픽셀이 헷갈릴 수 있습니다. 위의 규격을 cm로 변환하면 가로 17.25cm 이상, 세로 79.375cm 이하입니다. 즉, 높이가 79cm가 넘지 않는 상세페이지 이미지를 3개 이상 등록하면 됩니다. 비주얼과 텍스트로 이루어진 상세페이지를 어떻게 구성해야 고객이 끝까지 스크롤하고, '문의하기' 버튼까지 누르게 만들지 살펴보겠습니다.

세일즈 퍼널에 따른 설득력 있는 상세페이지

마케팅 업계에서 유명한 '세일즈 퍼널(Sales Funnel)'이란 개념이 있습니다. 고객은 제품이나 서비스를 다짜고짜 사고 싶다는 마음이 드는 것이 아닙니다. 영어로 '깔때기'라는 뜻인 퍼널 모양처럼, 잠재 고객들이 유입되고 최종적으로 결제까지 만드는 점진적 모델을 거칩니다.

- 1단계▶인지 (Awarenss): 고객이 우리의 서비스를 인지하게 만들기 위한 메시지를 전달합니다.
- 2단계▶흥미 (Interest): 고객에게 필요한 니즈를 충족해주는 서비스임을 어필합니다.
- 3단계▶욕망 (Decision): 타깃 고객이 서비스를 사용해보고 싶은 욕구를 느끼게 됩니다.
- 4단계▶행동 (Action): 고객이 직접 문의를 하고, 구매까지 이어집니다.

세일즈 퍼널을 우리의 PPT 디자인 서비스 상세페이지에 적용해보면 아래와 같습니다.

> **1) 인지**: 섬네일과 제목에서 강조했던 차별화 포인트를 원 메시지로 강조
> **2) 흥미**: 전문성이 있는 서비스임을 숫자/데이터로 인증
> **3) 욕망**: 고객이 찾는 분야로 카테고리화된 퀄리티 높은 포트폴리오
> **4) 행동**: 소비자 반응 및 리뷰를 보고 문의하기까지 연결

이런 퍼널 구조를 염두에 두며, 상세페이지에 들어갈 수 있는 내용을 살펴보겠습니다.

❶ 임팩트 있는 원 메시지 전달

섬네일과 제목에서 우리의 서비스 중 가장 차별화 포인트라고 생각하는 키워드를 담았습니다. 이 내용을 상세페이지 첫 시작 부분에 한 번 더 강조해 주며, 우리의 서비스에 대한 일관된 컨셉을 고객의 머릿속에 남겨야 합니다.

> **예시**
> 섬네일 제작할 때 잡았던 키포인트를 살펴보겠습니다.
> - **서비스 제목**: 기획자 출신 전문가의 PPT 디자인
> - **키워드**: 기획자 / 문서 목적 파악 / PPT 종류에 맞춤 디자인 / 커뮤니케이션

의뢰인이 우리 서비스의 섬네일을 클릭하고 볼 수 있는 첫 이미지인 만큼 가장 중요한 원 메시지를 강조하겠습니다. '광고 기획자 출신 PPT 전문가'라는 헤드 카피와 서비스를 차별화할 수 있는 닉네임/서비스 제목을 각인시켜 줍니다.

기획자로서의 차별화 포인트는 단순히 예쁜 디자인이 아닌, 문서의 내용을 이해하고 그에 맞는 컨셉으로 디자인 방향성을 잡는다는 것입니다. 그래서 '단순 디자인이 아닌, PPT가 전달하려는 내용의 가치를 극대화하는 PPT 디자인 작업을 합니다'라는 문구로 우리의 컨셉을 설명합니다. 그 외에 강조하고 싶은 포인트는 불렛 포인트(Bullet Point) 형태로 간단하게 나열합니다.

- 광고 기획자로서 수천 페이지 제안서 작업
- PPT 내용을 파악한 맞춤 컨셉과 디자인
- 빠른 커뮤니케이션과 피드백 반영

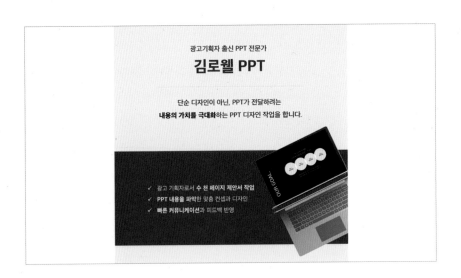

❷ 효과적인 비포&애프터

고객이 우리의 서비스를 통해 어떤 결과물을 받을 수 있을지 상상하게 만들겠습니다. 의뢰인이 처음에 주었던 평범한 초안의 PPT가 디자인 작업 후 어떻게 변했는지 시각적으로 보여줍니다. 많은 상세페이지에서 구매 욕구를 자극하기 위해 사용되는 Before&After 전략입니다. 디자인 요소가 거의 없는 PPT 초안을 Before 버전으로 뽑아서 변화를 더욱 극적으로 연출할 수 있습니다.

❸ 고객 니즈에 맞는 포트폴리오

의뢰인이 맡기는 PPT도 여러 가지 유형과 목적이 있습니다. 회사소개서, IR 자료, 발표 자료 등 각 문서의 유형에 따라 강조해야 하는 디자인 포인트들이 다릅니다. 그래서 다양한 유형의 PPT 작업이 가능하다는 점을 어필하면 좋습니다. 특히, PPT 디자인 작업을 하면서 포트폴리오가 쌓였다면 상세페이지에서 카테고리를 나눠주세요.

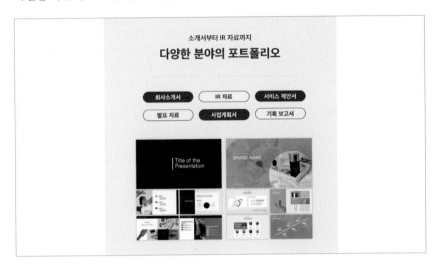

❹ 셀링포인트 어필

아직 문의를 망설이는 분들을 위해 왜 내 서비스를 선택해야 할지 마지막으로 설득해 보겠습니다. 특히 디자인뿐만 아니라 프리랜서와 협업하는 것에 의구심이 있을 분들을 위해 실무 경험과 소통 능력을 강조하겠습니다. 가시성 좋게 3가지 셀링포인트를 뽑아서 아이콘과 함께 헤드라인을 크게 적어주었습니다. 작업하다 후기가 쌓이게 되면 후기의 개수나 별점을 언급해서 셀링 포인트로 어필하는 것도 방법입니다.

- 문서 100% 맞춤 컨셉
광고 기획자 출신으로 회사소개서/IR 자료/제안서에 대한
이해도가 높아, 문서의 내용을 극대화한 디자인을 합니다.

- 트렌디한 PPT 디자인
최신 해외 트렌드를 참고한 심플하지만 세련된
PPT 디자인 컨셉을 잡습니다.

- 후기가 인증한 소통 능력

협업할 때 가장 중요한 건 실력과 커뮤니케이션입니다.

4.9점 후기가 인정하는 친절하고 빠른 소통이 철칙입니다.

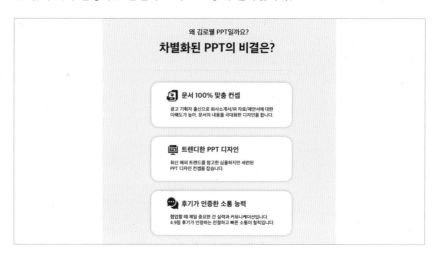

상세페이지 이미지들까지 등록하면 마지막 '작업 전 요청사항' 칸이 나타납니다. 작업 시작 전 의뢰인으로부터 전달받아야 하는 필수 정보 및 파일들을 미리 작성해 두면 결제 직후 해당 요청사항이 자동으로 발송되어 빠른 거래가 가능합니다. 요청사항은 선택사항이기 때문에 필요하면 추가하고, 그렇지 않으면 추가하지 않아도 됩니다.

〈제출하기〉 버튼을 클릭하면 영업일 기준 5일 이내에 판매 적합도 검토가 진행됩니다. 크몽 알림과 카카오톡(미설치 시 문자)으로 검토 결과를 안내하게 됩니다. 등록된 서비스 형식이 승인 가이드에 부합하지 않는 경우, 문제의 소지가 있다고 여겨지는 경우 판매 승인이 불가할 수 있습니다. 하지만 기본 가이드만 잘 지키면 어렵지 않게 서비스 등록 성공할 수 있습니다.

서비스 등록 시 유의 사항

– 무료 · 유료 템플릿 소프트웨어의 작업물을 복제하여 단순 판매하는 행위를 엄격히 제한합니다.
– 판매 승인 이후 서비스 금액을 무리하게 낮추는 경우 판매 중단될 수 있습니다.
– 저퀄리티 서비스 제공에 따른 불만족으로 잦은 취소가 발견될 경우 판매 중단될 수 있습니다.
– 거래 전 외부 연락처 노출 및 외부 거래 유도 시, 크몽 시스템을 통해 자동으로 이용 제한 및 판매 중단될 수 있습니다.
–저작권 관련 법규에 의거 무단 복제, 도용된 작업물 등록 시 판매 중단 및 이후 승인 불가 사유가 됩니다.

크몽에서 서비스가 승인되었다는 기쁜 소식이 들려온다면, 그때부터 서비스 판매가 가능합니다. 크몽에서 '나의 서비스'에서 등록된 서비스를 확인할 수 있습니다. 등록된 서비스의 섬네일이나 상세페이지가 제대로 등록이 되었는지 꼼꼼하게 체크해 주세요. 그럼, 이제 본격적으로 PPT 디자인 서비스로 수익 창출을 해보겠습니다.

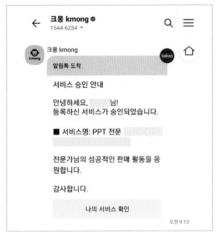

PART **7**

클라이언트에게
잘 팔리는 전문가 되기

PPT 디자인 실력도 중요하지만, 무엇보다 내 서비스를 클라이언트에게 제대로 홍보해서 일감을 수주하는 것이 중요합니다. 특히 프리랜서 플랫폼의 경우 전문가들도 홍보하고 있어 내 서비스가 눈에 띄기 위해서는 반드시 고객 관리 전략이 필요합니다. 이번 파트에서는 클라이언트의 문의가 들어왔을 때 어떻게 수주율을 높일 수 있는지, 클라이언트가 만족할 만한 디자인 프로세스는 무엇인지에 대해 알아보겠습니다. 더 나아가 서비스에 대한 신뢰도를 높일 수 있는 높은 별점과 리뷰 받기 및 PPT 템플릿을 판매하여 추가 부수입을 얻는 방법까지 살펴보겠습니다.

PPT 디자인
응대 프로세스 A~Z

파트6에서 재능 마켓 크몽에 PPT 디자인 서비스를 등록하는 방법을 알아보았습니다. 규정에 맞게 신청했다면 일주일 이내 크몽에서 서비스가 등록됐다는 기쁜 메시지를 받을 겁니다. 하지만 첫 문의 메시지가 오는 순간 어떻게 대응해야 할지 당황할 수 있습니다. 여기서는 첫 메시지 응대부터 프로처럼 대응할 수 있도록 PPT 디자인 작업 프로세스를 알아보겠습니다.

❶ PPT 디자인 서비스의 6단계

크몽에서 이루어지는 PPT 디자인 서비스의 프로세스는 6단계로 정리할 수 있습니다.

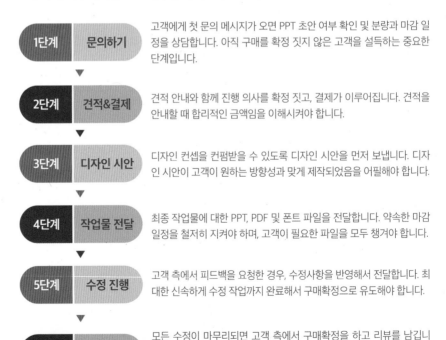

1단계	문의하기	고객에게 첫 문의 메시지가 오면 PPT 초안 여부 확인 및 분량과 마감 일정을 상담합니다. 아직 구매를 확정 짓지 않은 고객을 설득하는 중요한 단계입니다.
2단계	견적&결제	견적 안내와 함께 진행 의사를 확정 짓고, 결제가 이루어집니다. 견적을 안내할 때 합리적인 금액임을 이해시켜야 합니다.
3단계	디자인 시안	디자인 컨셉을 컨펌받을 수 있도록 디자인 시안을 먼저 보냅니다. 디자인 시안이 고객이 원하는 방향성과 맞게 제작되었음을 어필해야 합니다.
4단계	작업물 전달	최종 작업물에 대한 PPT, PDF 및 폰트 파일을 전달합니다. 약속한 마감 일정을 철저히 지켜야 하며, 고객이 필요한 파일을 모두 챙겨야 합니다.
5단계	수정 진행	고객 측에서 피드백을 요청한 경우, 수정사항을 반영해서 전달합니다. 최대한 신속하게 수정 작업까지 완료해서 구매확정으로 유도해야 합니다.
6단계	구매확정	모든 수정이 마무리되면 고객 측에서 구매확정을 하고 리뷰를 남깁니다. 1단계~6단계를 통해 서비스에 감동한 고객이 좋은 리뷰를 남길 수 있게끔 합니다.

크몽 앱 다운로드하기

PPT 작업물을 보낼 때는 PC를 이용하는 것이 편합니다. 하지만, 즉각적인 문의 응대를 위해서는 '크몽' 앱을 이용하는 것을 추천합니다. 특히 PC에서는 크몽 알림이 따로 오지 않기 때문에 반드시 앱으로 알림을 즉시 체크할 수 있게 해야 합니다. 크몽 앱을 다운로드하고 로그인한 후에 화면 아래 '메시지' 탭에서 문의 관리를 하면 됩니다.

- **안드로이드**: 구글 플레이스토어에서 '크몽' 검색 후 다운로드
- **아이폰**: 앱스토어에서 '크몽' 검색 후 다운로드

2 첫 문의에서 구매의 확신을 주기

첫 문의 응대가 가장 중요합니다. 문의하는 고객 입장에서는 아직 내 서비스를 이용할 것인지 100% 확신이 없는 단계이기 때문이죠. 그래서 구매까지 이어질 수 있게 확신을 줘야 합니다. 우리가 제공하는 서비스가 어떤 것인지, 또 어떤 구매 경험을 하게 될 것인지 자세히 안내해서 고객을 감동하게 해야 합니다.

A 서비스 차별점 소개

첫 문의 메시지에 어떻게 응답하느냐에 따라 고객이 더 대화를 이어 나갈지가 결정됩니다. 그래서 첫 메시지에 최대한 어필하고 싶은 내용을 담는 것이 좋습니다. 상세페이지에서 어필했던 서비스만의 돋보이는 점을 담아서 다시 한번 소개합니다.

> 예 안녕하세요, 문의해 주셔서 감사합니다. 저는 전문적인 비즈니스 PPT 디자인을 작업하는 XXX입니다.
> 예 안녕하세요, 어떤 초안도 멋진 디자인으로 변화시키는 XXX PPT 서비스입니다!

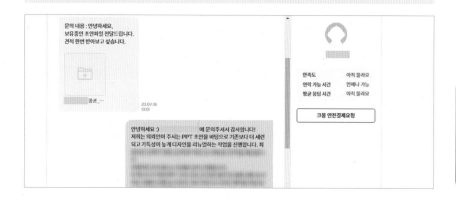

ⓑ 프로세스 안내

상세페이지에 미리 안내했지만, 모든 프로세스를 꼼꼼히 읽지 않는 고객들도 있습니다. 우리 서비스 이용 시 어떤 경험을 할 수 있을지 상상할 수 있도록 만들어야 합니다. 고객이 묻기 전에 먼저 프로세스를 체계적으로 안내합니다.

> 예 프로젝트 진행 시, 디자인 시안 1종을 먼저 컨펌받고, 나머지 본 작업에 들어갑니다.
> 예 크몽 정책상 먼저 결제를 진행하고 이후에 디자인 작업 들어가는 점 안내드립니다!

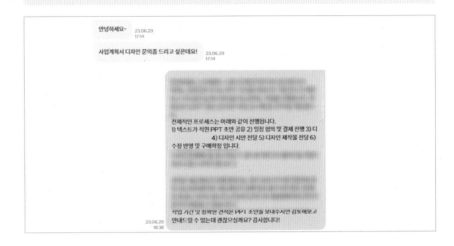

ⓒ 초안 확인 및 추가 내용 체크

첫 문의 메시지에서 초안 파일을 공유해 주며 원하는 방향성을 설명해 주는 고객도 있습니다. 또, 어떤 파일과 내용을 전달해야 할지 막막한 고객들도 분명히 있습니다. 후자의 경우에는 필요한 파일 및 내용을 우리가 요청하는 것이 좋습니다.

> 예 혹시 초안 파일을 전달해 주시면 정확한 일정 안내가 가능합니다.
> 예 전달해 주신 파일 확인했습니다. 혹시 디자인 작업 시 사용할 수 있는 로고 파일 공유해 주실 수 있을까요~?

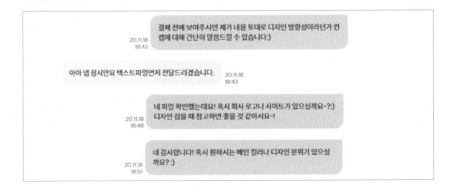

결제까지 유도하는 견적 안내

일정이 협의가 되었다면 최종적인 견적을 안내할 차례입니다. 견적 및 결제 프로세스는 최대한 자세하게 안내해서 고객이 다시 질문할 필요 없게 만들어야 합니다.

Ⓐ 견적 및 일정 안내

서비스 소개 부분에 장당 가격이 이미 안내되어 있지만, 초안의 분량 혹은 난이도에 따라 견적은 달라질 수 있습니다. 어떤 기준으로 견적이 책정되었고, 최종 견적은 얼마로 산정되었는지 자세하게 안내합니다.

> 예 전달해 주신 초안 확인했을 때, 해당 난이도의 작업은 장당 000원이며, 총 0000원입니다.
>
> 예 최종 견적 확인해 보시고 진행 원하시면 결제창 띄워드리겠습니다.

안녕하세요. 보내주신 초안을 검토해봤습니다. 다양한 제품 사진들이 필요한데 따로 보내주실 수 있을까요?
다:) 견적 및 작업일정 안내를 드리면 세금계산서 발행 시 장당
으로 9장 기준   원이며 미발행시
입니다. 오늘 결제가 진행되시면 목요일까지 시안을 제작해 드리고 승인해주시면 최종본은 5/30일(화)에 전달 가능할 것 같습니다:)

23.05.23
16:13

Ⓑ 결제창 띄우기

고객이 우리와 프로젝트 진행을 원한다고 마음먹었다면 축하합니다! 이제 결제창을 띄우는 단계입니다. 크몽 채팅창 우측에 '크몽 안전결제요청'이라는 버튼을 누르면 '안전결제 요청' 창이 나타납니다. 안전결제 요청 창에 있는 칸들을 하나씩 채워보겠습니다.

• 서비스 선택

클릭 시 내가 크몽에 등록한 서비스 리스트가 나타납니다. PPT 디자인 서비스를 클릭합니다.

• 제공 서비스 내용

의뢰인에게 제공 예정인 서비스들을 구체적으로 입력합니다. PPT 디자인 작업에 관해 설명하면 됩니다.

• 작업일

의뢰인과 일정을 협의했다면 해당 일정에서 넉넉하게 +7일 정도를 더한 날짜를 기재합니다. 이는 의뢰인의 피드백 및 수정 기간도 고려한 총 일정입니다. 해당 일정보다 늦게 최종 작업물을 보내게 되면 '작업일 준수율'의 수치가 떨어지니 유의하세요.

• 금액

의뢰인에게 안내한 최종 금액을 입력합니다. 사업자의 경우 부가세(VAT) 10%를 더한 최종 금액을 입력해야 합니다.

❸ 디자인 시안 및 작업물 전달하기

디자인 시안 컨펌받기

성공적으로 첫 문의에서 결제까지 이끌었다면 본격적인 디자인 작업에 들어갈 차례입니다. 초안을 바탕으로 디자인 시안 작업을 먼저 하고, 고객에게 컨펌받아야 합니다. 디자인 시안 단계에서 몇 장의 샘플만 보여주기 때문에 디자인 컨셉이 잘 보이는 장표 위주로 작업합니다.

Ⓐ 디자인 시안 파일 전달

표지를 포함해서 본문 2장 정도를 작업하여 고객에게 공유합니다. 이때, 폰트 설치 없이도 확인할 수 있도록 PDF 파일 형태로 전달합니다. 디자인 시안을 확인한 고객의 피드백 사항이 있다면 해당 피드백 사항을 반영하여 본 작업에 들어가겠다고 안내합니다.

> 📧 안녕하세요, 디자인 시안 파일 전달해 드립니다. 첨부 파일 확인 후 피드백 부탁드립니다!
>
> 📧 말씀해 주신 피드백 사항 반영하여 나머지 본문 디자인 작업 진행하겠습니다. 최종본은 dd/dd까지 전달해 드릴 예정입니다.

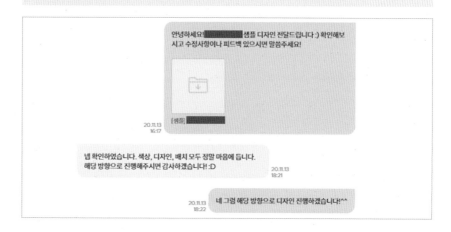

⑧ 설득력 있는 디자인 컨셉

어떤 생각으로 해당 디자인 컨셉을 잡았는지 간단하게 설명해 주는 것이 좋습니다. 단순히 예쁜 디자인이 아닌, 초안의 목적이나 타깃 고객을 고려하여 나온 디자인 컨셉임을 어필합니다.

> 📧 발표 자료인 만큼 가독성이 좋고 깔끔하게 디자인 컨셉을 잡았습니다.
>
> 📧 브랜드 로고의 색상을 반영하여 #C8DF2 컬러를 메인으로 활용했습니다.

PPT 디자인 작업물 전달

컨펌받은 시안을 바탕으로 본문 디자인 작업을 완료한 뒤 작업물을 발송해야 합니다. 최종본을 확인한 고객이 구매확정을 누르거나 혹은 피드백을 요청하게 됩니다.

Ⓐ 작업물 발송하기

거래 중인 고객과의 채팅창 우측을 보면 '거래 중 주문'이 나타납니다. [거래 중 주문]을 클릭하면 현재 주문 현황을 확인할 수 있습니다. '진행 중'인 거래에서 〈작업물 발송〉 버튼을 클릭합니다.

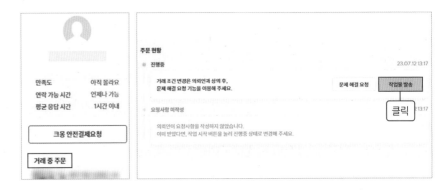

Ⓑ 발송 멘트와 첨부파일

'작업물 발송' 창이 나타나면 의뢰인에게 보내는 메시지와 파일 첨부 항목이 보입니다. 의뢰인에게 보낼 안내 메시지와 함께 PPT 원본 파일, PDF 파일, 그리고 폰트 파일을 첨부한 후 〈작업물 발송〉 버튼을 클릭합니다.

> 예 안녕하세요, 작업물 전달해 드립니다. 피드백 사항 있으시면 말씀해 주세요.
> 예 PPT, PDF 및 폰트파일 첨부하니 폰트 설치 후 PPT를 확인해 주세요.

4 수정 진행 및 구매확정 받기

수정 사항 반영하기

추가 수정 없이 바로 구매확정이 되면 좋겠지만, 종종 수정 요청이 들어오는 경우가 있습니다. 레이아웃 수정이나 너무 리소스가 많이 드는 수정이 아닌 이상, 빠르게 수정 사항 반영하여 구매확정까지 마무리하는 것이 좋습니다.

Ⓐ 수정 피드백 및 일정 체크

수정사항을 전달하는 방식은 다양합니다. 채팅창에서 메시지로 수정사항을 주는 경우도 있고, 파일을 첨부해서 피드백을 자세히 매 페이지 남기는 의뢰인도 있습니다. 수정 피드백 사항들을 확인하고 헷갈리는 내용이 있다면 확실히 확인하는 것이 좋습니다. 수정본 전달 시점도 함께 안내해 주세요.

> 예 OO페이지에 그래프를 수정해달라고 요청하셨는데, 좌측의 그래프 말씀하시는 것이 맞을까요?
>
> 예 전달해 주신 피드백 사항 확인했습니다. 내일 오후까지 수정 전달해 드리겠습니다.

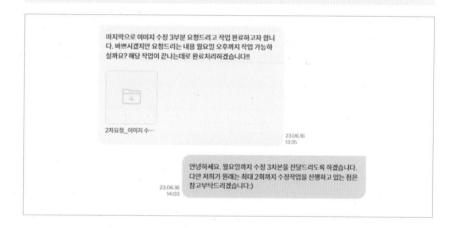

Ⓑ 수정파일 전달

첫 작업물 전송할 때와 마찬가지로 PPT, PDF 및 폰트 파일을 전달합니다. 파일 이름 앞에 [수정]이라고 덧붙여 수정이 반영된 버전임을 쉽게 알 수 있게 해 주세요.

> 예 안녕하세요, 수정사항 반영한 최종본 전달해 드립니다.
>
> 예 전달해 드린 파일 중 [수정] PPT 원본 확인하시면 됩니다.

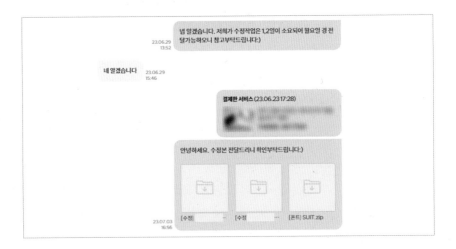

구매확정 및 리뷰 유도하기

수정까지 완료가 되었다면 의뢰인이 서비스에 대한 구매확정을 누르고 리뷰를 쓸 단계입니다. 최종 작업물을 받은 의뢰인이 발송 일자로부터 7일간 아무런 응답이 없으면 8일째에 자동으로 구매가 확정됩니다. 자동 구매확정이 될 경우 리뷰가 남지 않기 때문에 그 전에 의뢰인에게 구매확정을 요청하는 것이 좋습니다.

Ⓐ 구매확정 요청하기

자동 구매확정되기 3일 전에 크몽 시스템상 의뢰인에게 알림이 가지만, 그 전에 우리가 직접 챙기는 것이 더 효과적이겠죠. 최종본을 받고 의뢰인이 별도 액션이 없는 경우, 한 번 메시지 창에서 노티를 주는 것이 좋습니다.

> 예 안녕하세요, 혹시 더 이상의 피드백 사항은 없으신 걸까요?
> 예 추가 수정사항이 없으시다면 구매확정 부탁드리겠습니다!

Ⓑ 좋은 리뷰 유도

작업물의 만족도에 따라 긍정적인 리뷰를 부탁해 볼 수 있습니다. 의뢰인에게 부담스럽지 않은 선에서, 좋은 리뷰를 남기면 도움이 될 것 같다고 어필합니다.

> 예 혹시 작업물이 만족스러우셨다면 긍정적인 리뷰 부탁드리겠습니다 :)
> 예 저와의 프로젝트에 대한 좋은 리뷰를 남겨주시면 큰 힘이 될 것 같습니다.

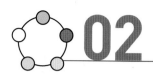

문의율 높이는
후킹 전략

서비스를 오픈한 후 가만히 앉아서 고객이 알아서 찾아오기를 기다릴 수만은 없습니다. 고객에게 우리 서비스를 노출하여 문의하고 싶게끔 만들어야겠죠. 크몽 플랫폼 내에서 활용할 수 있는 광고 상품으로 노출을 높이는 방법이 있습니다. 또, 전문가 등급을 관리하여 신뢰도를 높이고, 세금계산서 발행을 원하는 고객과의 거래를 위해 사업자를 등록하는 방법도 있습니다. 이처럼 이번 챕터에서는 고객 유치 후킹 전략을 자세히 살펴보겠습니다.

■ 크몽 플랫폼 광고 적극 활용하기

크몽에는 전문가 광고를 신청해서 플랫폼에서 상위노출 되는 등의 혜택을 받을 수 있습니다. 월 150만 명의 방문자에게 나의 서비스를 홍보할 기회입니다. 초반에 아직 리뷰가 많지 않을 때 최대한 문의율을 높이기 위해서 광고를 활용할 수 있습니다. 크몽에서 발표한 바에 따르면, 광고 집행 후 서비스 클릭률이 3배 증가하고 상담 문의가 2배 이상 증가했다고 합니다.

> ### 월 150만 크몽 방문자에게
> ### 전문가님을 홍보하세요!
>
> **이미 8만 건 이상의 광고가 전문가님의 성공을 도왔습니다.**
>
> 프리랜서 서비스를 구매하고자 크몽에 방문하는 잠재 구매자에 대한
> 광고이기에 높은 수준의 광고 효과를 기대하실 수 있습니다.
> 광고 집행 후, 서비스 클릭율 3배 증가, 상담 문의가 2배 이상 증가하였습니다.
>
> (2021년 기준, 광고를 처음 집행한 상품의 광고 전후 영업일 5일을 비교한 결과)

크몽의 광고 상품 종류

광고 상품에도 다양한 종류가 있습니다. 일주일에 999,000원에 달하는 고가의 플래티넘 광고부터, 신규 서비스를 위한 49,000원짜리 루키 광고까지 있는데요. 가격이 높아짐에 따라 카테고리 페이지의 최상단에 노출하게 되지만, 그만큼 비용이 부담될 수 있습니다. 적당한 투자 대비 아웃풋이 나왔던 광고 몇 가지를 추천해 드릴게요. '마이 크몽'에 들어가서 '광고 신청'을 클릭해 보겠습니다.

광고 상품 종류

♡ Platinum	★ Premium	+PlusUP	+Plus	Rookie	전문가pick
플래티넘	**프리미엄**	**플러스UP**	**플러스**	**루키**	**후기 상위 노출**
카테고리 페이지 최상단 1명 고정	카테고리별 상단 2열 이후로 최상위 노출	프리미엄 광고 이후 상위 노출	플러스UP 광고 이후 상위 노출	신규 서비스만을 위한 특별 광고	선택한 구매 고객의 후기를 후기 영역 상단에 노출
1주일	1주일	1주일	1주일	3회	2주일
999,000원	499,000원	359,000원	99,000원	49,000원	19,000원

Ⓐ 루키 광고 - 신규 서비스만을 위한 특별 광고, 49,000원

루키 광고는 신규 서비스 등록을 한 전문가에게만 제공되는 광고 서비스입니다. 저렴한 비용으로 플러스 광고 다음에 상시 노출되는 동시에, 광고 기간 내에 총 3회 이상 접프업을 하여 매우 최상단에 노출되는 혜택이 있죠. 신규 서비스를 등록했다면 이 루키 광고를 꼭 사용하라고 추천하고 싶습니다. 특히나 리뷰가 아무것도 없는 상황일수록 상단에 노출되어 첫 문의를 받는 것이 매우 중요하니까요.

ⓑ 후기 상위노출 - 2주간 원하는 리뷰를 최상단에 노출하는 광고, 19,000원

후기 상위노출은 리뷰가 어느 정도 쌓인 후에 추천하는 광고입니다. 내 서비스 하단의 구매 후기 영역은 가장 최근에 올라온 리뷰 순으로 노출되는데요. 후기 상위노출은 맨 위에 내가 원하는 특정 리뷰를 고정할 수 있습니다. 특히 정성스러운 리뷰가 시간에 따라 하단으로 밀려가는 게 아쉬운 분들은 저렴한 가격에 유용하게 활용할 수 있습니다. 서비스를 효과적으로 어필할 수 있는 내용의 후기를 상단 노출해 보세요.

ⓒ 플러스 광고 - 일주일 간의 합리적인 예산의 고효율형 광고, 99,000원

루키 광고를 이미 사용했다면 그다음으로 가장 합리적인 광고는 플러스 광고입니다. 크몽마켓 내 1, 2차 카테고리 리스트의 1~2페이지 상단에 노출되어 꽤 효과적입니다. 가끔 작업 문의를 많이 받기 위한 시즌에 부스트업 느낌으로 사용합니다. 실제 플러스 광고를 사용했을 때 문의량은 체감상 2배 정도 뛰게 됩니다.

광고 신청하는 법 및 유의 사항

광고를 구매하는 방법은 '마이크몽'에 들어가서 '광고 신청'을 클릭합니다. 내가 원하는 광고 서비스를 선택하고 '광고 신청하기'를 클릭한 다음 결제하면 간단하게 광고 신청이 끝나며, 바로 광고가 돌아가기 시작합니다.

Ⓐ 광고 상세 안내

- 광고는 인기순, 추천순 정렬 조건에만 적용되며, 그 외 서비스 정렬 조건에는 적용되지 않습니다.
- 광고가 적용된 이후에는 광고 상품, 서비스 및 후기를 변경할 수 없습니다.
- 휴가모드 사용 또는 자발적인 서비스 판매 중단 시 광고를 '일시 중지'하거나, 기간을 연장할 수 없습니다.

Ⓑ 취소 및 환불 안내

- 광고는 구매 완료 즉시 서비스에 적용되며, 광고가 적용된 이후 중도 해지 시 환불이 불가합니다.
- 회원이 이용약관 및 운영정책을 위반하여 판매 중단, 서비스 이용 제한 및 기타 조치를 받을 경우, 광고 기간은 연장되지 않으며 환불이 불가합니다.

Ⓒ 결제 및 영수증 안내

- 무통장입금 수단으로 발급받은 가상계좌는 12시간 동안 유효하며, 입금 기한 내 미입금 시 광고 신청이 자동으로 취소됩니다.
- 광고 구매 비용에 대한 영수증은 결제 수단에 따라 '카드 전표' 또는 '현금영수증'으로 발행받을 수 있습니다.

전문가 마일리지로 광고 신청하기

광고비를 매번 지출하는 것이 부담스럽다면, 전문가 마일리지를 적극 활용해 보세요. 크몽에는 '전문가 마일리지'라는 시스템이 있는데, 서비스 판매 완료 후 거래 금액의 일부를 적립해 주는 제도입니다. 거래 금액에 따라 적게는 몇천 원에서 크게는 몇만 원대의 마일리지가 쌓이기 때문에, 열심히 활동하다 보면 마일리지가 꽤 많이 쌓인 것을 발견할 수 있습니다.

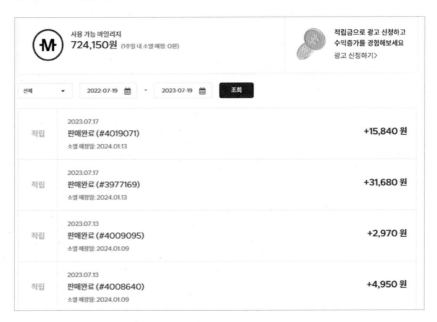

마일리지는 크몽 광고를 신청할 때 현금처럼 사용하실 수 있습니다. [마이크몽]-[광고신청]에서 원하는 광고 상품의 '광고 신청하기' 버튼을 누르면 팝업창이 뜹니다. 광고 금액란에 사용할 수 있는 마일리지와, 마일리지로 결제할 금액을 원하는 대로 입력할 수 있습니다. 마일리지 유효기간은 6개월이기 때문에 마일리지가 소멸하기 전에 꼭 광고로 활용해 보세요.

2 전문가 등급 관리해 'MASTER' 달성하기

고객이 서비스를 검색할 때, 원하는 옵션으로 서비스 필터링을 할 수 있습니다. '전문가 옵션' 탭을 클릭하면 몇 가지 옵션을 고를 수가 있는데요. 각 옵션에 해당하는 서비스들만 노출되기 때문에, 해당 옵션의 조건을 충족해 놓으면 문의가 들어올 확률이 높아집니다. PPT 디자인 카테고리 옵션 중에는 'MASTER 전문가'가 있는데, 이는 전문가 등급 중 상위 레벨입니다.

전문가 등급 시스템

[마이크몽]-[나의 전문가 등급]에 들어가면 나의 현재 레벨을 확인할 수 있습니다. 누적 판매 건수부터 활성화 일자, 만족도, 메시지 응답률, 작업일 준수율 등이 특정 수치 이상인 전문가에게 단계별로 NEW, LEVEL 1, LEVEL 2, LEVEL 3, MASTER로 구분됩니다.

NEW: 크몽에서 판매 활동을 시작한 신규 전문가입니다.
LEVEL 1: 성실한 판매 활동으로 급성장하고 있는 전문가입니다.
LEVEL 2: 꾸준한 판매 활동과 높은 만족도로 성장세를 유지하고 있는 전문가입니다.
LEVEL 3: 오랜 기간 활동하며 풍부한 거래 경험과 인기를 쌓은 우수 전문가입니다.
MASTER: 활동 경력과 서비스 퀄리티를 모두 보장하는 최고 수준의 전문가입니다.

내 현황 (06월 01일 - 07월 17일)		
누적 판매 건수	활성화	90일~
	만족도	5.0
	메시지 응답률	95%
누적 판매 금액	주문성공률	90%
	작업일 준수율	100%

전문가 등급은 승급 조건에 따라 매월 1일 업데이트됩니다. 누적 판매 건수/금액은 지난 1년, 이외 승급 조건은 지난 2개월을 기반으로 산정합니다. 누적 판매 건수/금액 조건을 만족하였더라도 그 외 조건을 미충족한 전문가는 NEW 등급이 적용됩니다. 매달 등급이 업데이트되기 때문에 꾸준히 서비스를 관리해야 합니다.

전문가 등급 승급 조건

총 6가지 조건들을 일정 수치 이상으로 충족해야만 전문가 등급이 승급될 수 있습니다. 레벨별 승급 조건은 아래와 같으니, 조건들을 신경 써서 관리해야 합니다.

등급	누적 판매 건수/금액	활성화	만족도	메시지 응답률	주문성공률	작업일 준수일
New	신규 전문가 / 등급 조건 미충족 전문가					
LEVEL 1	1건 이상 or 5,000원 이상	30일				
LEVEL 2	15건 이상 or 500만 원 이상		4.7	90%	85%	85%
LEVEL 3	100건 이상 or 2,000만 원 이상	60일				
MASTER	300건 이상 or 8,000만 원 이상	90일				

전문가 등급 안내 / 승급 조건 안내 ⓘ

※ MASTER 등급 심사 기준: 누적 판매 금액 900만 원 이상

누적 판매 건수: 직전 달 말 기준 최근 12개월 동안 구매확정된 총거래 건수입니다.

누적 판매 금액: 직전 달 말 기준 최근 12개월 동안 구매확정된 총거래 금액입니다.

활성화: 크몽 전문가로 등록하고, 첫 서비스를 승인받은 시점부터 경과 일을 의미합니다.

만족도: 최근 2개월의 거래에 대해 의뢰인들이 남긴 평점의 평균 점수입니다.

메시지 응답률: 첫 문의 메시지가 발생한 최근 일자 60일에 대한 24시간 이내 응답률의 평균입니다.

주문성공률: 최근 2개월 이내 구매확정 및 취소된 주문 중, 취소된 주문 건을 제외한 비율입니다. ※ 의뢰인의 귀책 사유에 의한 주문 취소는 포함되지 않습니다.

작업일 준수율: 최근 2개월 이내 구매확정된 주문 중, 작업 기한 내 완료된 주문 건의 비율입니다.

여기서 가장 유의해야 하는 항목은 '작업일 준수율'입니다. 처음 크몽 결제창을 올릴 때 정확히 마감일에 맞춰서 일정을 잡았다가 클라이언트의 늦은 컨펌 혹은 수정 요청으로 인해 마감일을 넘어갈 경우가 생깁니다. 이때 작업일 준수율에 타격이 가게 됩니다. 그래서 결제창을 올릴 때 수정일까지 +7일 이상으로 넉넉하게 일정을 잡고, 부득이하게 '늦은 발송' 상태가 된다면 클라이언트에게 '작업일 연장 요청'을 할 수 있습니다.

크몽 레벨별 혜택들

클라이언트가 서비스 검색 시 'MASTER 전문가' 옵션으로 설정하는 것 외에도, 아래와 같은 다양한 혜택들이 있습니다.

서비스 할인 쿠폰 및 승급 축하 마일리지(첫 달성 시 1회): Level 1, Level 2
서비스 카드 등급 배지 노출: Level 2, Level 3, MASTER
서비스 승인 및 고객센터 문의 우선 처리: MASTER

* 위 혜택은 매월 1일에 적용됩니다. (단, 할인 쿠폰/마일리지는 매월 2일 지급)

③ 개인사업자 등록해서 세금계산서 발행하기

규모가 있는 회사들은 거래할 때 종종 세금계산서 발행 요청을 합니다. 세금계산서란 재화 또는 용역을 공급하고, 이에 대해 부가가치세를 포함하여 거래했다는 내용을 국세청에 신고하는 것입니다. 프리랜서로 작업을 할 때는 원천징수 3.3%를 세금으로 떼가지만, 사업자로 신고하고 회사 간 거래할 때는 10% 부가가치세를 붙여 거래하고 세금계산서를 발행합니다. 규모가 있는 프로젝트 중에는 세금계산서가 필수인 경우가 있으니, 개인사업자로 등록하는 것도 좋은 전략입니다.

홈택스에서 사업자등록 신청하기

01 국세청 홈택스에서 간단하게 사업자등록 신청을 할 수 있습니다. 홈택스(https://www.hometax.go.kr/)에 접속하여 메뉴에서 '신청/제출'을 클릭합니다.

02 '사업자등록 신청/정정 등'을 클릭합니다.

03 왼쪽에 '(개인)사업자등록 신청'을 클릭합니다. 아직 법인사업자 등록을 할 규모가 아니기 때문에 간편하게 개인사업자로 등록해 보겠습니다.

사업자등록에 필요한 정보 입력하기

04 기본정보를 입력합니다. 상호명, 대표의 주민등록번호, 성명 등 필수 사항들은 모두 기재해 주세요. 휴대전화번호/사업장전화번호/자택전화번호 중 꼭 하나는 입력해야 합니다. 사업장의 소재지의 경우 임대차 계약서에 나와 있는 주소를 입력해야 하는데, 현재 월세, 전세 등으로 거주 중인 집의 주소도 가능합니다.

05 '업종 입력/수정'을 클릭하면 업종 선택 창이 나타납니다. '업종코드' 옆에 있는 '검색'을 클릭하면 업종코드 목록 조회가 가능합니다. 업종코드에 따라서 기준경비율 및 단순경비율이 결정되어 잘 선택해야 합니다. '업종' 옆에 '디자인'을 입력하고 '조회하기'를 클릭해 보세요. PPT 디자인의 경우 전문, 과학 및 기술 서비스업 업태의 시각디자인업(749910)으로 선택하면 됩니다.

06 개업일자의 경우 일주일 전후로 날짜를 지정해 주세요. 또한, 사업자 유형의 선택이 중요합니다. '일반'으로 선택해야 세금계산서 발행이 가능하기 때문에 꼭 '일반' 사업자 유형을 선택해 주세요. 나머지 선택사항은 해당 여/부에 따라 작성하면 되고, 해당사항이 없으면 '저장 후 다음'으로 넘어가 주세요.

07 구비서류 중 해당하는 서류만 '파일 찾기'를 눌러 제출하면 됩니다. 자가가 아니라면 임대차 계약서를 필수 첨부해야 합니다. PPT 디자인 업종은 그 외에 허가신고증이나 자금출저 소명서는 필요 없으며, 동업이 아닌 경우 동업계약서도 필요 없습니다. 즉, 필요한 파일은 사무실 임대차 계약서이며 별도로 사무실이 없다면 거주 중인 곳의 임대차 계약서로 사용할 수 있습니다.

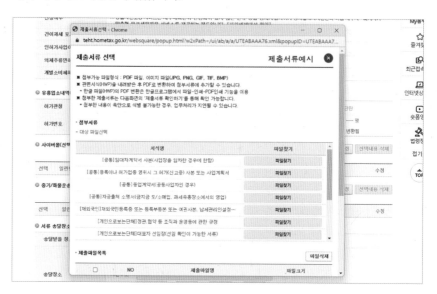

홈택스에서 사업자등록을 신청 완료하면 신청일로부터 3~5일 영업일 이내에 사업자 등록증이 발급됩니다. '직접수령' 또는 '홈택스 민원증명'에 들어가서 '사업자등록증명' 메뉴를 통해 발급할 수 있습니다.

크몽에서 사업자 전문가로 등록

08 사업자등록증이 발급되었다면 크몽에서 세금계산서 발급할 수 있는 전문가로 등록해보겠습니다. 내 프로필을 클릭해서 [계정 설정]-[전문가 정보]를 클릭합니다. 전문가 정보에서 '인증 정보' 카테고리를 클릭하면 세금계산서 발행 관련 내용을 입력할 수 있습니다. 사업자등록증 및 사업자/대표자명 통장 사본을 업로드하고 기타 정보들을 입력하면 됩니다. 이때, 서비스의 가격은 부가가치세 10%가 포함된 가격으로 수정하는 것도 잊지 마세요.

4 크몽 엔터프라이즈 프로젝트에 선제안하기

01 크몽은 기본적으로 고객들이 마음에 드는 서비스를 찾고 문의하는 프로세스입니다. 하지만, 기업 고객들이 먼저 프로젝트를 게시하고 전문가들이 입찰하는 방식으로도 진행됩니다. 크몽 웹사이트 상단에 '엔터프라이즈'를 클릭하면 기업용 고객들을 위한 페이지가 나타납니다.

02 '프로젝트 리스트'를 클릭하면 카테고리에 필터링을 걸어서 살펴볼 수 있습니다. [디자인]-[PPT·인포그래픽]을 클릭하면 PPT 전문가를 찾는 프로젝트 공고들을 볼 수 있습니다. 일정과 예산이 맞는 프로젝트라 판단되면 클릭해 주세요.

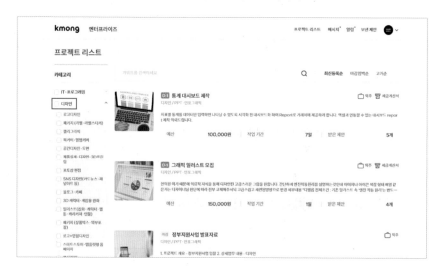

03 프로젝트 내용을 읽어보고, 입찰하고 싶다면 '제안하기' 버튼을 클릭합니다. 그러면 우리가 등록해 놓은 전문가 프로필의 이력과 함께 고객에게 제안 입찰이 들어가게 됩니다. 초반에는 리뷰를 쌓기 위한 전략으로 경쟁률이 낮은 프로젝트에 입찰 제안을 해보는 것을 추천합니다.

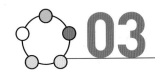

별점 5점 받는
고객 관리법

수많은 서비스 중에서 눈에 띄기 위해서는 많은 리뷰 수와 높은 별점이 정말 중요합니다. 프리랜서 업의 특성상 전문가에게 믿고 작업을 맡겨야 하므로 클라이언트는 리뷰를 우선순위로 확인합니다. 이 전문가에게 맡겼을 때 커뮤니케이션은 실시간으로 잘 되는지, 작업물의 퀄리티는 좋은지 기존에 함께 일한 사람들의 후기를 보는 것이죠. 이렇게 중요한 리뷰를 쌓기 위해 고객에게 메리트 제안을 하고, 빠르고 진정성 있는 문의 응답을 하는 법을 알아보겠습니다. 또한, 스트레스받을 일을 미연에 방지하기 위해 적절한 거절법도 살펴보겠습니다.

🖥 초기 리뷰를 위한 메리트 제안 전략

처음에 서비스를 오픈하면 리뷰가 없는 상태이기 때문에 첫 리뷰를 사수하는 것이 정말 중요합니다. 리뷰가 없는 서비스와 두세 개 정도 있는 서비스 중에 선택하라면 리뷰가 있는 서비스에 대한 신뢰도가 더 높기 때문이죠. 리뷰가 0개인 상황에서 첫 리뷰를 쌓기 위해 어떤 것을 해야 할까요?

오픈 기념 할인 이벤트 진행

리뷰가 없는 서비스가 고객을 유치하기 위해서 가장 매력적인 제안은 할인입니다. 문의가 들어왔을 때, 서비스 오픈 기념 할인 이벤트를 진행하고 있다고 안내합니다. 작업이 마무리되고 리뷰를 약속해 주면 특정 할인이 들어간 가격으로 진행 가능하다고 제안하는 것이죠. 가격적 메리트를 중요하게 생각하는 고객이라면 흔쾌히 리뷰를 약속할 수 있습니다.

> **예** 안녕하세요, 문의해 주셔서 감사합니다. PPT 디자인 견적은 장당 0000원인데, 현재 오픈 기념 할인 이벤트를 하고 있습니다. 작업이 끝나고 리뷰를 약속해 주시면 00% 할인을 해드리고 있는데, 관심 있으실까요?

선 리뷰 후 리워드 약속하기

할인이 문의 초반에 제안하는 메리트였다면 리뷰를 남긴 후 추가적인 서비스를 주겠다고 약속하는 방법도 있습니다. 정성스러운 리뷰를 남겨주시면 고객이 매력적으로 느낄만한 특정 서비스나 파일을 추가로 선물하겠다고 약속하는 것입니다. 이런 경우 실무에 도움이 될 만한 PPT 가이드나 템플릿 파일을 서비스로 준비할 수 있습니다.

> **예** 작업물에 대한 긍정적인 리뷰를 남겨주시면, PPT 작업하실 때 유용한 가이드북을 추가로 증정해 드리고 있습니다.

2 빠르고 정확한 고객과의 커뮤니케이션

의뢰인이 전문가를 찾을 때 중요하게 여기는 것은 바로 원활한 커뮤니케이션입니다. 고객의 가장 큰 우려는 즉각적인 피드백이나 조율이 이루어지지 않는 것에 대한 불안감입니다. 크몽에서 유선 통화를 하지 않고 작업 진행하는 대신, 메시지 응답은 빠르고 신속한 것이 중요합니다.

크몽에서 서비스 검색 시 '빠른 응답'이라는 옵션으로 전문가를 찾을 수 있습니다. 첫 문의에 대한 응답 시간이 평균 10분 내인 전문가들만 모아서 보여주는 것입니다. 처음 문의가 들어왔을 때 빠르게 응대하지 못하면 다른 전문가에게로 의뢰할 수도 있기 때문에 빠른 답장은 매우 중요합니다.

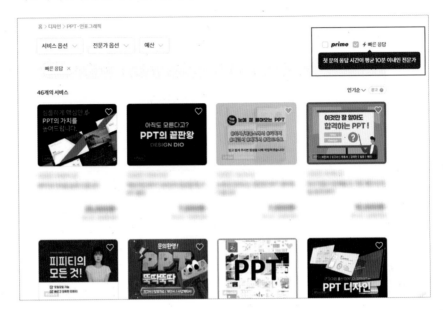

자주 쓰는 문구 등록해 두기

빠른 메시지 응답률을 위해 자주 쓰는 멘트를 등록할 수 있습니다. 대부분의 문의는
정해져 있는 패턴이 있어 문의 응대 멘트를 상황별로 써볼 수 있죠. 크몽 채팅창 하단
에 '자주 쓰는 문구'를 클릭하면 창이 뜨게 됩니다. '문구 추가하기' 버튼을 클릭해서 상
황별 응답 메시지를 등록할 수 있습니다.

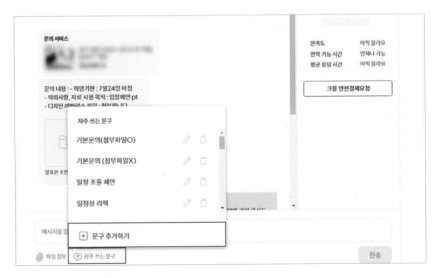

첫 문의로 많이 물어보는 것은 견적과 일정입니다. 그래서 '기본 안내'라는 타이틀로 인사말과 견적에 대한 자세한 응답을 적어서 저장해 놓았습니다. 추가로, 일정을 먼저 명시하지 않은 의뢰자라면 마감 일정을 확인하는 문장을 추가할 수도 있겠죠. 이런 식으로 자주 사용할 수 있는 문구를 등록해 두고, 문의 메시지가 오자마자 빠르게 답변할 수 있습니다.

> **기본 안내**: 안녕하세요, 문의해 주셔서 감사합니다:) 견적의 경우 세금계산서 발행이 필요하시다면 10% VAT(부가가치세)를 포함하여 장당 0000원이며, 세금계산서 발행이 필요 없으시면 장당 0000원으로 진행할 수 있습니다.
> **일정 안내**: 생각 중이신 마감 일정이 따로 있으실까요?

진정성 있는 응대로 감동시키기

상담할 때 단순히 일정과 견적을 안내하는 것에서 그치는 것이 아니라, 고객의 초안에 대해 진심으로 신경 쓰고 있음을 표현해 주면 고객은 감동합니다. 누구에게나 매크로와 같은 답변을 하는 것이 아닌, 고객이 보내준 자료를 확인하고 거기에 대한 플러스 알파를 제안해 주는 것이죠. 상호성의 법칙에 따르면, 내가 상대방에게 먼저 호의를 베풀면 상대방은 호의를 갚아야 한다는 부채 의식을 가지게 된다고 합니다. 먼저 더 많은 것을 제공하면, 감동한 고객들의 진심 어린 리뷰들이 돌아오게 될 것입니다.

> 예 전달해 주신 초안을 확인해 보니 IT 산업의 회사 소개서네요. 보통 이런 산업에서는 깔끔하지만, 트렌디한 디자인이 회사의 전문성을 높여주는 편입니다.
> 예 현재 초안에는 이미지나 비주얼적 자료가 부족하네요. 발표 자료로 사용 시 가시성이 떨어져서 집중도 떨어질 수 있습니다. 이미지나 일러스트를 추가해서 주목도를 높이는 방향으로 진행하면 좋을 것 같습니다.

3 정중하게 거절하는 법 알기

초반에는 들어오는 모든 문의와 작업을 무리해서라도 진행하려고 하기 마련입니다. 물론, 저도 초반에 리뷰와 포트폴리오를 쌓기 위해 밤을 새워서라도 모든 작업을 진행하곤 했습니다. 하지만 무리한 일정의 프로젝트를 여러 개 진행하다 보니 스트레스도 받고 작업물 만족도도 떨어진다는 것을 깨달았습니다. 고객에게 만족스러운 결과물을 제공하고 높은 별점을 유지하기 위해, 적절하게 문의를 거절하는 방법을 터득하게 되었습니다.

무리한 일정 프로젝트는 대안 제시하기

우선 내가 정해진 시간 동안 어느 정도의 분량의 업무를 처낼 수 있는지 파악하는 것이 중요합니다. 작업을 몇 번 하다 보면 생각보다 오래 걸리는 작업물과 내가 빠르게 마감할 수 있는 작업물에 대한 구분이 생기게 됩니다. 내가 하루에 몇 시간을 일할 수 있고, 그 시간 내에 몇 페이지까지 디자인할 수 있는지 가이드라인을 세워두세요.

이런 가이드라인을 바탕으로, 내가 감당할 수 있는 것보다 벅찬 일정과 분량의 일이 들어왔을 때 정중한 거절을 해야 합니다. 이때, 거절에서 그치는 것이 아니라 고객에게 대안을 제시해 주면 좋습니다.

> 예 안녕하세요. 문의해 주셔서 감사합니다! 다만 제가 현재 작업 일정이 차 있어서 말씀해 주신 작업은 어려울 것 같습니다. 크몽 엔터프라이즈 서비스를 통해 프로젝트를 등록하셔서 전문가들의 지원을 받아보시는 걸 추천해 드립니다.

안녕하세요!

다만 현재 저희가 진행하기에 일정이 여의치 않아, 다른 전문가의 도움을 받으시는 것이 좋을 것 같습니다.

크몽 '엔터프라이즈' 서비스를 통해 프로젝트를 등록하시면 예산 및 내용에 맞춰 진행이 가능한 전문가분들이 대기를 하고 있으니 해당 서비스를 이용하여 편리하게 지원자를 한번 받아보시는걸 추천드립니다.

프로젝트 의뢰 링크 : https://kmong.com/custom-project/requests?open=project_requests

23.06.28 22:36

나와 맞지 않는 프로젝트 미리 거절하기

뭔가 촉이 안 좋은 문의라면 일정 핑계로 정중히 거절하는 것도 현명한 방법입니다. 첫 문의부터 뭔가 삐그덕거리면 다음에 작업을 할 때도 수월하지 않은 경험을 많이 했기 때문입니다. 처음부터 맞지 않는 것 같다는 기분이 들면 다음에 클라이언트가 리뷰나 별점에서 불만을 표시할 가능성이 있어 미리 방지하는 것이죠. 개인적으로 몇 가지 기준을 정해서 의뢰를 거절합니다.

ⓐ 늦은 시간에 연락해 오는 문의

크몽에서 '연락 가능 시간'을 설정할 수 있습니다. 연락 가능 시간을 한참 벗어난 늦은 밤이나 새벽에 따로 양해를 구하지 않고 오는 문의는 바로 응대하지 않습니다. 작업하는 내내 밤이든 주말이든 독촉하거나 연락해 와서 매우 피곤할 가능성이 높기 때문이죠. 하지만 '너무 급해서 늦은 시간이지만 양해를 구합니다.'라고 미리 언급해 주시는 분들은 예외로 생각합니다.

ⓑ 무리한 요구를 하는 문의

당장 내일까지 급하게 작업을 해달라고 하거나, PPT 디자인의 범위 외의 작업을 요구하는 문의는 피하는 편이 좋습니다. 확실하게 우리 서비스가 제공하는 범위를 정해놓고, 그 외의 요청은 우리의 전문 분야가 아니라고 정중하게 거절해야 합니다. 이미지를 캡처해서 초안에 넣고 우리보고 텍스트 타이핑을 해달라고 한다거나, 알아서 자료 조사를 해달라는 분들께는 디자인의 업무 범위에 들어가지 않는다고 안내합니다.

ⓒ 무례한 말투의 문의

무례의 기준은 사람마다 다를 수 있지만, 디자이너에 대한 무시가 깔린 뉘앙스는 칼같이 차단해야 합니다. 다른 디자이너의 작업물을 보여주면서 똑같이 따라만 해달라고 하거나, 퀄리티를 대충해도 괜찮으니 싸게 해달라는 등의 문의는 단호하게 거절하고 있습니다. 작업을 진행하며 스트레스를 받을뿐더러, 본인이 스트레스받으며 작업한 경우에는 리뷰도 좋지 않을 확률이 높기 때문입니다.

04

PPT로 추가 수익 파이프라인 만들기

PPT 디자인이라는 스킬을 가지고 있으면 재능마켓 외에도 다양한 방법으로 수익을 창출할 수 있습니다. 열심히 PPT 스킬을 키웠다면 여러 가지 플랫폼에서 수익 파이프라인을 구축하는 것을 도전해 보세요. PPT 템플릿으로 패시브 인컴을 구축하는 법, 그리고 PPT를 주제로 강의를 하는 법도 함께 알아보겠습니다. 더 나아가, 나만의 브랜드를 만들고 싶다면 어떤 시도를 하면 좋을지 노하우도 공유할게요.

① PPT 템플릿으로 패시브 인컴 구축하기

우리가 이때까지 책에서 배운 내용은 초안을 바탕으로 맞춤형 디자인 서비스를 제공하는 것이었습니다. 템플릿은 내용에 상관없이 내가 만든 디자인 틀을 판매하는 것입니다. 사용자가 원하는 내용을 마음대로 수정할 수 있는 방식으로 편집할 수 있게 만듭니다. 한번 상품을 등록해 두면 결제하자마자 고객이 템플릿을 다운로드할 수 있기 때문에 유지 관리에 품이 들지 않습니다. 크몽, 스마트스토어, 클래스101 등 다양한 사이트에서 PPT 템플릿을 판매할 수 있습니다.

PPT 템플릿 제작하기

PPT 디자인 작업을 하다 보면, 나만의 PPT 디자인 제작물들이 쌓이게 됩니다. 이런 소스들을 활용해서 PPT 템플릿을 만들 수 있습니다. 작업을 진행할 때마다 다양한 산업의 문서를 다루며 여러 가지 디자인 컨셉을 시도해 보았을 겁니다. 이때까지 작업한 디자인 중 가장 매력적이고 반응이 좋았던 컨셉들을 몇 가지 뽑아보세요. 그리고 텍스트 박스들은 '입력해 주세요.'와 같은 더미 텍스트들로 교체해 주세요. PPT 문서에서 가장 많이 사용하는 표지, 목차, 여러 가지 버전의 본문 등으로 페이지를 구성하면 됩니다.

또한, 템플릿을 구매하는 사람이 어떤 목적의 문서가 필요한지 모르니 최대한 다양하게 준비하는 것이 좋습니다. 트렌디한 컨셉, 비즈니스 컨셉 등 여러 가지 컨셉별로 본문들을 구성합니다. 이렇게 파일이 준비되었다면 크몽에서 PPT 템플릿 서비스를 등록해 보겠습니다.

크몽에 PPT 템플릿 서비스 등록하기

[마이크몽]-[나의 서비스]에 들어가서 '서비스 등록하기'를 클릭해 새로운 서비스를 등록해 보겠습니다. 이번에는 유형의 자료를 발송하는 '자료·템플릿' 카테고리에 서비스를 등록할 것입니다. '기본정보' 카테고리에서 템플릿 서비스의 제목을 입력해 주세요. 상위 카테고리는 '자료·템플릿', 하위 카테고리는 '디자인 템플릿', 그리고 3차 카테고리는 'PPT 템플릿'으로 설정해 줍니다.

가격의 경우 템플릿에 대한 하나의 가격만 설정하면 됩니다. PPT 템플릿의 경우 적게
는 10,000원 정도부터 시작해 템플릿 분량에 따라 5만 원대까지 높아집니다. 크몽에
서 'PPT 템플릿'을 검색해 보고 내 템플릿 퀄리티와 분량에 맞는 적당한 가격대를 책
정해 보세요.

서비스 설명에는 PPT 템플릿을 어느 상황에서 어떻게 유용하게 사용할 수 있는지에
대한 설명을 적어주면 좋습니다. 앞서 배운 내용을 토대로 템플릿에 대한 차별화 포
인트들을 녹여주세요. 필수 기재 사항으로 아래 3가지 항목 중 해당하는 옵션을 남겨
주어야 합니다.

1. 저작권 귀속 여부 (전문가 귀속 vs 고객 귀속)
2. 고객의 상업적 이용 가능 여부 (상업적 이용 가능 vs 상업적 이용 불가능)
3. 폰트 사용 정보 (무료 폰트 이용 vs 유료 폰트 이용 (다운로드 링크)

메인 이미지와 상세이미지 등록은 앞서 PPT 디자인 서비스를 등록할 때 배운 내용을 적용해서 제작하면 됩니다. 이미지 규격에 맞춰서 눈에 띄는 섬네일을 제작하고, 템플릿의 유용함을 강조하는 상세페이지를 제작해서 업로드해 주세요. 또한, '자료·템플릿 첨부파일(필수)'에 내가 제작한 PPT 템플릿을 업로드합니다. 구매자가 결제하자마자 바로 템플릿을 다운로드할 수 있게 됩니다.

PPT 템플릿 셀프 마케팅하기

현재 크몽에서 템플릿과 전자책 서비스를 대상으로 베타 서비스로 시행하는 '셀프 마케팅'이 있습니다. [마이 크몽]-[셀프마케팅]에 들어가면 자세한 내용을 확인할 수 있습니다. 셀프마케팅에서 발급된 링크를 SNS에 홍보해서 해당 링크로 들어와 구매가 이루어진다면, 크몽 판매수수료가 10%로 적용됩니다. 즉, 기존 크몽 플랫폼에서의 노출이 아닌 개인 SNS를 통한 홍보 유입은 전문가의 수익금을 90%로 높일 기회라는 뜻입니다.

② PPT 클래스 오픈하기

회사 업무상 PPT를 필수록 다루기 때문에, 업무 효율성을 높이기 위해 PPT 노하우를 찾는 수요가 존재합니다. PPT 디자인 업무를 하다 보면 자연스럽게 PPT를 활용하는 스킬들이 쌓이게 됩니다. 이런 스킬들을 강의 내용으로 정리해서 클래스를 오픈해서 부수입을 얻을 수 있습니다. 어떤 플랫폼에서 내 PPT 클래스를 업로드하고 고객을 모을 수 있는지 알려드리겠습니다.

탈잉-배움 중개 플랫폼 (https://taling.me/)

탈잉은 다양한 온오프라인 클래스들을 중개해 주는 플랫폼입니다. 튜터 등록을 통해서 나만의 클래스들을 오픈할 수 있고, 수강생들과 연결될 수 있습니다. '실무·취업·자기계발' 카테고리에 'PPT'가 따로 있을 정도로 PPT 클래스에 대한 니즈가 있는 편입니다.

'PPT'로 검색해보면 다양한 형태의 클래스가 검색됩니다. 이때 VOD의 경우 강의를 녹화해서 영상으로 클래스를 제공하는 형태입니다. 온라인은 Live 화상을 통해 수강생들과 만나서 클래스가 진행돼서 장소의 제약에서 벗어날 수 있습니다. 오프라인의 경우 스터디룸이나 카페에서 수강생들과 직접 만나 대면으로 이루어지는 클래스입니다. 다양한 형태로 클래스를 등록할 수 있으니, 나한테 가장 잘 맞는 방식으로 클래스를 오픈해 보세요.

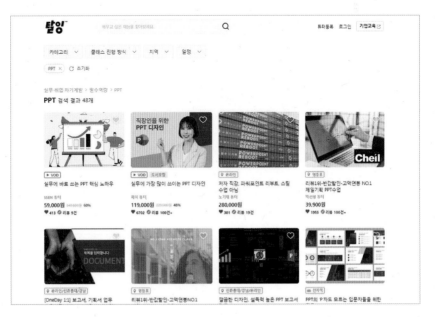

프립-세상 모든 취미 모음 (https://www.frip.co.kr/)

프립은 다양한 취미와 경험을 모아놓은 플랫폼입니다. 내가 재능있거나 관심 있는 분야를 주제로 호스트로서 모임을 이끌어갈 수 있습니다. 액티비티와 취미 외에도 클래스 형태로 등록할 수 있고, 최근 활발하게 운영되고 있는 플랫폼이라 추천합니다.

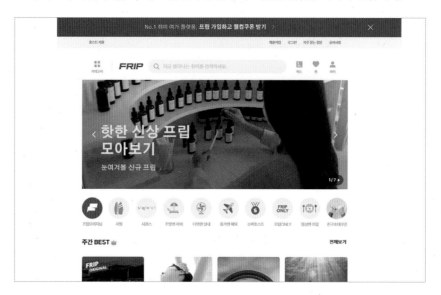

'PPT'를 검색해 보면 온라인 또는 오프라인 클래스들이 등록되어 있습니다. 꼭 단체 수강생 대상이 아닌 1:1 개인 레슨으로도 등록할 수 있습니다. 내가 여러명 앞에서 강의하는 것이 편한지, 소수와 소통하는 것이 편한지 잘 생각해보고 정해도 좋습니다.

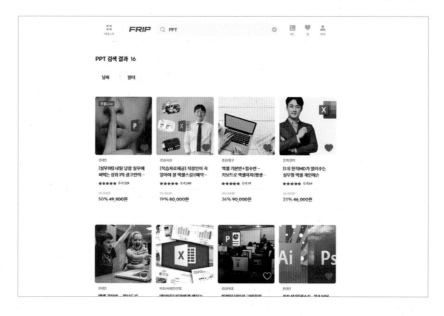

찾아보기

ㄱ~ㄴ

가격 차별화 전략	288
가독성	242
가독성 법칙	101
간지 디자인	264, 268, 275
개인사업자 등록	346
견적 안내	333
경력/경험 어필	299
고객 관리법	354
고객 니즈 공략	299
고급 목업 합성	150
공유 오피스	32
광고 신청	342
구매확정 받기	337
그래피로 도식화하기	206
그룹화 해제하기	69
그룹화하기	68
글래스 모피즘 효과	231
기본 텍스트 상자	87
누끼 따는 법	136

ㄷ~ㄹ

다이어그램 만들기	255
단축키	64
데이터 표현	249
도넛형 그래프	207
도형 결합	127
도형 교차	128
도형 만들기	202
도형 배경 만들기	186
도형 병합	127, 129
도형 빼기	128
도형 서식 복사	90
도형 서식 붙여넣기	90
도형 설정	79, 90
도형 조각	128
도형 통합	127
도형 편집	116
도형 효과	174
도형으로 변경	116
드리블	108
디자인 레퍼런스	105
디자인 무드	158
디자인 무드보드	166
디자인 시안	170
디자인 시안 작업	158
디자인 시안 컨펌	334
디자인 키워드 도출	161
디지털 노마드	30,37
레이아웃 구조	242
리모트 워크	30
리본 메뉴	60
리본 탭	60
리뷰 유도	338

ㅁ~ㅂ

막지 디자인	264
맞춤 기능	72
맨 뒤로 보내기	75
맨 앞으로 보내기	75
메인 컬러 선택	99
목업 이미지 삽입	178
목업 합성	143, 258
목차 디자인	220, 228, 237
무료 한글 폰트	95
배경 제거	136
백지 슬라이드	63
벡터 파일	116
복사	64
복제하기	65

본문 디자인	242
붙여넣기	64
브랜드 리서치	158
비즈니스 트립	31
비즈니스 표지	172
비핸스	107
빠른 실행 도구 모음	60, 70, 74

ㅅ~ㅇ

상단 타이틀 디자인	212
상세페이지	314
상세페이지 제작	322
상태표시줄	60
색상	78
색채 심리	97
서비스 가격 설정	305
서비스 금액	306
서비스 설명	310
서비스 제목	298
서비스 차별화 전략	289
서비스 타입 선택	300
선 설정	80
섬네일	314
세금계산서 발행	346
셀링포인트	325
수익금 확인	300
수정 진행	337
숨고	38
스토리텔링	311
슬라이드 비율 수정	60
슬라이드 창	60
슬라이드 탭	60
시장 조사	286
신뢰 차별화 전략	289
아이콘	112

아이콘파인더	112	테마 글꼴	82	PPT 기본 세팅	56
언드로우	114	테마 색상	82	PPT 디자인	20
언스플래쉬	109	텍스트 배치	174, 272	PPT 디자인 부업	39
업무 트렌드	30	텍스트 서식 복사	91	PPT 디자인 스킬	136
역피라미드 그래프	253	텍스트 서식 붙여넣기	91	PPT 디자인 시장	39
연혁 디자인	245	텍스트 정렬	176	PPT 세팅	60
워케이션	36			PPT 화면 설정	60
원티드 긱스	38	**ㅍ~ㅎ**		Shift키	66
응대 프로세스	330			S-T 전략	51
이미지 가이드라인	316	파이프라인	360	SWOT MIX	50
이미지 누끼 따기	139	패시브 인컴 구축	360	SWOT 분석	23
이미지 배경 제거	172	패키지 가격	307	W-O 전략	51
이미지 소스	109	퍼널 구조 만들기	253	W-T 전략	51
인포그래픽	212	포인트 도출	286		
일러스트 소스	112	포지셔닝 맵	24		
		포트폴리오	325		
ㅈ~ㅌ		폰트	94		
		폰트 설정	81		
작업 절차	313	표지 디자인	186, 202, 220, 231		
작업물 전달	334	프로세스 디자인	193		
재능마켓	37	프로세스 표현	181		
재택근무	30	플래티콘	114		
적성 유형 맵	45	플리커	111		
전문가 등급 승급 조건	345	픽사베이	110		
전문가 등급 시스템	344	핀터레스트	105		
전문가 프로필 등록	290	필수 단축키	69		
제목 표시줄	60	해상도 설정	320		
차별화 포인트	288	홈 오피스	32		
차별화 포인트 강조	299	후킹 전략	339		
카테고리 설정	300				
컬러	94	**A~Z**			
컬러 분리법	103				
코워킹 스페이스	30	Adobe Color	100		
크몽	37	Alt키	68		
크몽 플랫폼 광고	339	Ctrl키	67		
테마 글꼴	78	N잡	20		
		PowerPoint 버전 선택	57